演员尚惠芳

1934—2020

策划：沈虹光
编选：森　生

长江出版传媒　　长江文艺出版社

肖惠芳　1934年12月13日生，湖北应山县人，国家一级演员，曾任省戏剧家协会副主席，省六届人大代表，省六、七届政协委员，省对外文化交流协会理事，获中国文联颁发从事新中国文艺工作六十周年荣誉勋章，及文化部授予优秀话剧艺术工作者的称号，享受国务院对文化事业做出贡献的政府特殊津贴。

获得过全国文华表演奖，白玉兰女主角奖，话剧金狮奖，全国第四届戏剧节优秀表演奖，中国曹禺戏剧奖、小品小戏优秀表演奖，全国小剧场优秀表演奖等。在影片《开国大典》等影视剧中，六次扮演宋庆龄，并受到宋庆龄先生接见、指导和首肯，生平和事迹收入《中国艺术家辞典》《华夏妇女名人词典》《古今中外女名人辞典》《湖北文艺家传略》。

演了一生的戏，才知道演戏太难了，难在走进人物的内心，难在不停的角色转换，难在纵使耗尽一辈子的精力，也探不到底，看不到头。

——肖惠芳

肖惠芳

电视剧《洁白的手帕》剧照　　肖惠芳饰宋庆龄

电影《开国大典》剧照　　　古月饰毛泽东　　肖惠芳饰宋庆龄

目录

下篇　　　（评介文章）

点赞肖惠芳
（代序）

沈虹光

01

都坐在轮椅上了，她还说想演戏，说这辈子没演够。

这就是肖惠芳，20世纪50年代出道的话剧演员，都是这个范儿，言必称斯坦尼，动不动就是"要爱心目中的艺术，不要爱艺术中的自己"，念了一辈子，精神可嘉，却有点烦人，您都多大年纪了？保重身体是第一位的！

闲看楼外花开花落，午后小憩，啜两口茶，清理清理资料，那么多剧照和报章堆书柜里干吗？翻翻检检归置归置，想起什么再写两笔，美美地出一部图文并茂的纪念册，且不说"记录湖北戏剧的历史""保存湖北戏剧资料"，就是自己翻看，和亲友们一起分享品味，也是很有意思的。这也是保重身体的重要举措，动动脑子，提提精神，力所能及，于己于人都是有助益的。此前她先生曹艮俊就出了一部画册，那可不仅仅是舞美设计图和水彩画儿，那是一个时代的风貌景观。就曹先生那张舞勺之年的老照片，小屁孩儿，从头上的船形帽到脚上的小皮鞋，全套二战时美式军装，人五人六的，一看下面的文字"空军幼年学校"就明白了。小屁孩儿在学本领，准备升空跟日本空军血战呢！悲壮的民族历史，血泪的家族牺牲，全在这里了。

肖惠芳点头说是的，她也正想出一部，这就有了这本《演员肖惠芳》。书名是她自己取的，她喜欢这种朴素平实，不就是演个戏吗？别动不动就艺术家，让人挺不自在。

02

我与肖惠芳同事，又是师生，她教过我台词，挺着大肚子来讲课，她在上面教发音，我在下面担心她前衣襟的扣子可别崩掉了。肚子里的老二如今是资深摄像师，都快退休了。她是来代课的，教台词不是她的强项。

她的魅力在舞台上，阵阵落不下的穆桂英，哪个戏都少不了她。书中提到的都是她担纲的大戏，获奖出名的剧目，读者可以自己看。我想说说书中没有的，也是我印象较深的戏和事。

第一个是莫里哀喜剧《吝啬鬼》中的福劳西娜，一个说媒拉纤的虔婆。穿着大裙子的肖惠芳小旋风似的满台飞，台词成串，小珠子似的噼里啪啦往外吐，巧舌如簧，一上场戏就活。我那时才进团，感觉省话比市话"土"，演外国戏不像。看《吝啬鬼》时，感觉这个福劳西娜还比较像外国人。

第二个戏是在孝感，1963 年，配合"社会主义教育"还是"小四清"宣传演出。老团长许伯然根据刘介梅忘本回头的故事改编了《回头记》，有一场动员群众参加合作社的戏。肖惠芳演一个中农妻，不愿意入社，胳膊拦住丈夫，眼睛瞟向干部，噘着嘴皮子说，咱们是中农！人家说啦，中农是团结对象！团结就是团结你呀！那个酸溜溜的表情和语气，绝了。

肖惠芳有点"人来疯"，这种类型的人最适宜当演员，人越多发挥得越好，跑个群众都出彩。《姜花开了的时候》，听说"共军打来了"，上海小市民惶恐不安，有个群众过场，她夹着个包包一溜小跑，嘴里还嘀嘀嘟嘟说些水词儿，还是上海国语，特别抢戏。

这些小角色书里都不可能提及，肖惠芳也没在意。我跟她说中农妻，问她记不记得。她茫然而又抱歉地笑道，不记得了。

我却记得，我甚至觉得，这些仿佛是信手拈来的表演，比某些刻意雕琢的"艺术处理"更生动，更有人的真味儿，也更是演员才华的自然流露。所以特别要说一说。

03

想不到她能演宋庆龄，那么高大，又黑，她不是江姐，她是双枪老太婆。省话的《红岩》没有双枪老太婆，只有分配她演江姐B角，A角不病B角就上不了。倒是方言喜剧《七十二家房客》二房东非她莫属，市井的恶俗和愚蠢被她演得出神入化，无人能及。听说她演宋庆龄，熟悉她的人都吃了一惊。

当时舞台上鲜有领袖形象，扮演宋庆龄她是第一人。都住在剧团院子里，我知道她每天晚上提着一双黑色半高跟皮鞋独自到排演厅走戏。就练那"走"，实实在在的"走"，从中景的平台上走出，侧影，内心自矜，却又自然，"笃，笃，笃，笃，笃"，一步一步，走到平台中央，站定，缓缓转身，面对观众。就这么走，不知走了多少遍。

听说宋庆龄先生要接见，她吓得要死，化妆只有25分钟，粘睫毛的手都在发抖。这是在北京后海北河沿46号宋庆龄住宅，来不及换服装，只能把轻薄紧身的旗袍套在衬衣外面，半天都扯不好。

宋庆龄坐在单人沙发上，微笑地打量着她，好一会儿，轻轻地说，走几步看看吧。我的天，肖惠芳都要晕了，她忘了带高跟鞋，脚上是一双从武汉穿来的塑料凉鞋，地毯又厚又软，怎么走啊？真的晕倒了才好。可她皮实，经踹，硬是没有倒下，只有硬着头皮往前走，走近了那个高贵美丽的女人。

宋先生的秘书姓张，也蛮和蔼。《大江东去》演出了，"笃，笃，笃，笃，笃"的出场特别震撼。央视转播后张秘书给肖惠芳打来电话，"首长看了电视转播很高兴，祝贺同志们演出成功，她说你有些像啊！"

电视台、电影厂纷至沓来，那几年，只要有宋庆龄的戏，都请她，出了大名之后再演小人物，还有方言小品，反差太大了。有人说都"国母"了，还演什么小品呀？有点不屑。她不在乎，她拎得清，演"国母"可别真当自己是"国母"，可别端着，咱只是个演员，不演戏咱能干吗？电视台《都市茶座》请她，不仅是她点子多经折腾，还因为她好合作，否了也不生气，再来。

她总是有戏，"花期"长，花色多，一月梅二月兰三月四月桃花开，不论高低贵贱，总是满铺满盖热热闹闹的。拖着一条腿崴上崴下还要嘎嘎大笑，年轻人喜欢她，叫她肖妈妈，有的干脆叫老娘，有活儿都找她。

肖惠芳让我写一笔胡彦邦，就是那位Ａ版江姐，《回头记》中演刘介梅妻，戴上城里买回的新手表，听声儿，"还嘎嗒嘎嗒响呢"；穿上城里买回的新皮鞋，那几步路走得，把个贪小利慕虚荣的女人演绝了。"文革"与肖惠芳一起下放荆门农村，"花期"戛然而止。返城后渐行渐远地离开了舞台，晚年缠绵病榻，带话肖惠芳，要肖惠芳保重，"你为我们这一代人争了一口气。"

出演《临时病房》的肖惠芳已经70岁了。全剧三个人物，乡下老太，城里老头，小护士。演老头的王学峻当年主演《刘介梅》，比肖惠芳还大三岁。没办法，咬着牙请！谁让人家演技好呢？两老一人一张病床，老太打鼾，老头难眠，感慨说如今真是男女都一样，女人打鼾也能打得这么威武雄壮。城里老头文化高，还跟老太讲解打鼾的原理，为了让没有文化的老太明白，便通俗易懂地以猪为例。老太勃然大怒，你说我是猪？大吵一架。对词的时候就把我笑岔了气。如今我也年逾古稀，正是他们那时的年龄，老吾老以及人之老，由自己身体的变化想到当时两老的不易，真是后怕。我怎么敢的？

也是他俩状态太好，在北京演出后，中戏老院长著名导演徐晓钟先生撰文褒扬："这是一台有着浓郁的生活魅力，有着哲理思索品格，特别可贵的是充分展现了演员表演艺术魅力的演出"。"两位有才华，有修养，创作经验丰富的老演员在舞台上的表演，不仅令人感到是一种很好的艺术享受，而且对青年演员是一种具有说服力的示范"。

04

肖惠芳让人看过手相，说 59 岁有一关，难过。看手相的也是个演员，在外面演出闲暇好玩儿，剧组人围观。肖惠芳也笑，问那演员，这一关过不过得去。那演员又看了一下，有点犹豫，说，过也过得去。

1992 年肖惠芳 58 岁，遭遇车祸，虚岁正是 59。稀罕的是车祸也成双，第一次是铺垫，伤了腰；第二次是高潮，浑身是血，下巴上的大口子就像要把脸掀开，围观的路人惊吓得叫出了声。缝合时肖惠芳竟没觉疼，庆幸口子恰好在下巴底下，不显形。影响以后几十年的是腿脚，左膝盖粉碎性骨折，左踝骨开放性骨折，脚尖都转了个向。

老导演鲍昭寿赶到医院看她，下江国语说得很激动，惠芳啊，不要紧的，一定会站起来的！我搞到了一笔钱，排《武则天》，一定要让你来演哦！

这是鼓励肖惠芳，老导演好善良，肖惠芳站起来了，老导演倒下了，落幕谢世。

1994 年，我请肖惠芳出演《同船过渡》。准备写篇文字时，与肖惠芳聊天，她说，当时反对的人很多，说她跛着个脚怎么演？

我问她当时腿脚疼不疼。

她说当时不觉得。

《临时病房》呢？

她说，《临时病房》就疼了，不敢说，怕说了不让我演。

伤的是左腿左脚，右腿右脚就成了主力支撑，你喊"肖惠芳上场"，她"哎"的一声启动，急急忙忙迈出的就是右脚，用右脚右腿支撑身体，再把左脚左腿"拖"上前。她会保持身体平衡和出脚节奏均匀，不显"拖"的形迹。上车也是，右脚登上，手拽车把，用力一拽，身子上攒，左脚左腿就带上去了。

想起了《同船过渡》导演王佳纳，来自广州，第一次接触肖惠芳。我说肖惠芳是个挺聪明的演员。王佳纳说，我倒感觉她好顽强，不管怎么说，她来一遍又一遍，腿还不好，真的很感动。

嗓子也有过一关，哑到有气无音，耳鼻喉科看过了，都要她转业改行。这是《七十二家房客》演得太冲了，三伏天一天两场，也没有耳麦胸麦，只有不惜气力地喊叫，声带废弛。剧团领导急了，亲自出马找中医。

这就见到了笑容可掬的刘绍安，名医金针刘的女公子。民国时金针刘曾为蒋介石原配毛夫人治病，感谢回春之恩，蒋氏以戎装写真相赠，"文革"成为罪证，引祸身亡。刘绍安饮泣拖棺送父归山。只说接诊肖惠芳之后，刘绍安对穴下针，亲自熬药，第一次八小时，药渣滤出，挤干，再熬；第二次四小时，再滤，再挤，再熬；第三次一至两小时。中途罐儿要断气，急唤先生过来摇罐儿，命悬一线的火把药汁熬好，加蜂蜜，加芝麻，做出药膏，起死回生，声带一直沿用到如今，坐在轮椅上还是大嗓门，声震屋瓦。

05

酷爱演戏的肖惠芳早先却想当医生，不是一点点想，是非常之想，心底有一种强烈的渴望。背着书包从汉口江汉路那幢洋房前走过，就会看到那块大大的招牌，墨色饱满的楷书"肖宣森医学博士"方正平直，至今不忘，清晰如昨。

肖宣森是她叔叔。肖家祖籍应山，爷爷肖秀卿是私塾先生，被英国基督教会物色做了牧师，举家迁徙汉口，两个儿子进了博学书院念书。高中念完了，往下怎么办？牧师这个职业有没有钱很难说，可以肯定的是肖秀卿这个牧师是清贫的。他说，两个儿子只能供一个上大学，另一个做事赚钱，与他一起养家并供那一个上学。肖惠芳的父亲肖体泉是老大，他驯顺地服从了爷爷的安排。弟弟考上了齐鲁医学院，几年后成为医学博士归来，已然与哥哥拉开了身份距离。

硚口武汉四中校园内，保存着一座红色钟楼和一座典型英国哥特式乡村教堂风格的建筑，这是病故于武汉的魏牧师家人捐建的魏氏纪念堂，基督教伦敦会牧师杨格非在这里创办的博学书院，也是我国最早的西式学校之一。

曾经有一个叫袁隆平的学生在这里读书，后来他成了著名的杂交水稻专家。

博学书院以英文版课本教学，学生英语好，肖惠芳的父亲当过英语老师，在英国公司做过职员，高光岁月做到颐中烟草公司蔡甸站站长。无奈日军侵华武汉沦陷，英美公司撤离，父亲失业了。已然当上协和医院院长的肖宣森对哥哥怎样呢？送叔叔读大学时，爷爷说过，供出一个来，日后也好照顾另一个。叔叔照顾了父亲，让父亲当上了医院总务科长。可是，不知为什么，父亲竟然辞职了。

听肖惠芳说到这里，我也很意外。我问为什么。肖惠芳说不清楚，她当时也小，只说大概不适应吧。叔叔恨父亲不争气，说这是个肥缺呀！说话的语气和表情让人扎心。从此冷淡，形同陌路。

希理达女中毕业的母亲帮人带孩子，当保姆，做女红。肖惠芳想分担家庭困难，星期天就央街坊带她去码头分拣棉花。先要抢箩筐，抢到箩筐就有活儿干了。赚钱不多，买点酱萝卜回去。妈妈好高兴，说我的莲莲赚钱了！外婆家在黄陂，妈妈包过脚，剪脚指甲的时候，肖惠芳看到妈妈的小脚，大拇指后的四个指头都折断了，崴着这双脚支撑一个家。小小年纪的肖惠芳饱经世态炎凉，人情冷暖，她要上学，只有读完高中才能考大学，上医学院。虽然每逢圣诞节老师一定会让她参加学校的表演，虽然她也喜欢被人观赏的演戏感觉，但她从来没有想过要以演戏为职业。

"肖宣森医学博士"让她刻骨铭心。10岁时她长了淋巴瘤，眼看瘤子日渐增大，妈妈很纠结，不想找叔叔，又不得不找。

叔叔住在延庆里，这是钟恒记营造厂钟延生向安利英洋行租地自建的西式楼房，命名延庆里，1933年建成，网上有老照片，大门门楼上"1933"清晰可见。

妈妈带着肖惠芳来到延庆里叔叔家，话说得含蓄，说孩子命不好，得错了病，不知能不能治，请叔叔看看。叔叔一看就写条子到协和医院，一个外国大夫给肖惠芳做了手术。

医药费怎么办的？我问。

肖惠芳说，没有要我们交费，要交也交不起呀。

是你叔叔交的？

肖惠芳摇头说不知道。她念叔叔的好。叔叔与父亲是完全不同的人，相貌却惊人地相似，肖惠芳在叔叔脸上总能看到父亲的影子。她要当医生，咬牙发誓，要争口气。

06

她饿着肚子去上学，同学们吃午饭时她独自趴在课桌上假装午休。班主任发现了，买了一沓饭票送给她。班主任叫陶汉兴，是个老姑娘，肖惠芳想念她，打听她的下落，无果。

音乐老师叫周望，极严厉，发现有人唱低八度，目光横扫，"哪里来了个男生啊？"唱歌前不许清嗓子，不许咳嗽。所以肖惠芳演戏从来不清嗓子咳嗽。

60 年前的人名，肖惠芳不假思索地报出了一串，校长周毓瀛，教导主任张玉如，班主任陶汉兴，音乐老师周望。我上网搜索，杳无踪迹。只说懿训女子中学最初由一个叫富士德的女士创办，校址在武昌县华林，后搬迁到汉口格非堂，这是 1931 年教会同工同道集资，为纪念英国传教士杨格非 100 周年诞辰和来汉传道 70 年而建。肖惠芳说学校在格非堂，格非堂在云樵路，与网上资料吻合。

教会学校免学费，书本杂费还得交，一学期 10 块光洋，肖惠芳记得母亲为学费发愁的神情，跟着母亲去向同学借钱。希理达的女生追求自立，独身为傲，母亲到底是黄陂人，乡下局限，服从母亲之命出了嫁。两位同学都是独身，都是挂牌妇产科医师，合开一个诊所。见母亲牵着肖惠芳来了，不用开口，就热情地说：来来来，先吃饭，（钱）都准备好了！照顾人的自尊心，一点不让人难堪，让肖惠芳知道了什么叫善良。

救得了急救不了穷，书还是读不下去了。哥哥病弱，国军连长的姐夫战死在蚌埠，寡姐带着孩子回到娘家，母亲撑不住了。肖惠芳报考文工团实在是为了有口饭吃。每月115斤小米，发零用钱，女生有卫生费，不啻阴霾天空中闪出的一缕耀眼的阳光。

招生考试在武昌大成路衡青中学，唱了"解放区的天是明朗的天"，回答了"五一""七一"是什么日子的提问，就难以置信地被录取了。还有疑惑，一起考试的比她漂亮的女生为什么没有录取？就录取了她一个？到文工团后排《刘胡兰》，就宣布她演刘胡兰。她忽然想到，考试或许就是为《刘胡兰》选演员？她身材高大，嗓门也大，也是16岁，目测就通过了，考试或许就是走走过场吧。

鄂南文工团在鄂州，鄂州出萝卜，六人一桌，一天三顿，顿顿是萝卜，烧萝卜煮萝卜腌萝卜，萝卜片萝卜丝萝卜块，怎么都好吃，肖惠芳吃得开心。吃饱了，就要卖力地干活了。

她不知道什么叫怯场，叫上就上，上去就唱。不会跟乐队，乐队就跟她，跑调不慌，绝不笑场。小时候在学校演圣诞戏她就沉着，同台的同学笑场，她不笑；看戏的同学笑轰了，她还是铁打金刚，刀枪不入，照演无误。按照斯坦尼斯拉夫斯基的说法，走上舞台就必须建立信念感，相信自己就是这个人物，相信自己演的是真事，能够建立信念感，不受干扰地沉浸在规定的戏剧情境中，是一个演员极好的素质。

《刘胡兰》跟随"中央人民政府南方老革命根据地慰问团"巡演，汀泗桥，大冶，崇阳，通山，鄂城，一路演过来，山上不时有土匪打枪，她一点也不害怕，穿上向老百姓借的带着柴火烟味的大襟褂子，人物信念感就建立了，她就是刘胡兰了。

1952年文工团整编，要分为歌话两个专业剧团，考察甄别时，她表演的就是刘胡兰就义。考官胡少卿启发她，他是五师楚剧队出来的，一口铿锵的湖北话，"假比我是匪连长，你要看到我，对到我打，沃瑟（狠狠）地打！"肖惠芳激情被调动了，来真的，她本来就高大，举起巴掌"沃瑟"地一下，打得矮个的胡少卿连连倒退，捂着脸差点摔倒。多少年后胡少卿还说，肖惠芳啊，这一巴掌把你送进了话剧团哪。

专业剧团要脱离战争年代的供给制，实行薪金制。办公室干部找肖惠芳谈话，说经过调查，你家比较困难，决定先给你发薪金，每月多少多少钱。肖惠芳哭了，感觉自己成了拿薪金的国民党留用人员。可是，毕竟可以养家了。

连妈妈都感恩，听说《曙光照耀着莫斯科》道具钢琴上需要钩针编织的饰物，就马上勾织了送过来。希理达有家政课，妈妈学过钩针编织，会勾各种各样的花样，很美丽。

07

电视剧《洁白的手帕》也是描写宋庆龄的一出戏。宋庆龄由重庆到武汉，船上的戏拍了好几天。旅客和船员就开晚会，邀请剧组表演节目。这种场合肖惠芳从来不发怵，笑嘻嘻地站出来，说我父亲当过英语教员，我唱一支英文歌吧。什么歌呢？"奥德布莱德久"。

肖惠芳语言模仿能力很强，湖北好多地方的方言她都能学说，惟妙惟肖，俏皮有趣。她会抓特点，选最挖神的地方发音，"奥德布莱德久"的语感也让她抓住了，说得很"溜"，就像是成天说英语的。其实她根本不知道"奥德布莱德久"是什么意思，也不会写，只知道是一支英文歌，她会唱，发音挺唬人。果然一唱就轰动了，船上刚好有 13 名美国游客，全是牙医，一阵惊喜的欢呼后，就跟着肖惠芳唱起来，孩子似的摇呀摆呀开心极了。

后来有人告诉肖惠芳，这是一支著名的美国民歌，叫《老黑奴》，原名 old black Joe。

这是父亲教给她的。我猜想这个叫肖体泉的男子是很有艺术气质的，肖惠芳的艺术天赋或许就来自他。他在家中教肖惠芳唱英文歌，他有一个歌本"弯汉追德安德弯"，他告诉肖惠芳，这是美国歌曲 101 首，"奥德布莱德久"也来自这个歌本。

他是想找工作赚钱的，他把英文单词编成了武汉话的顺口溜，就是为教英语做的工作。没有人知道，为什么他没有找到一个英语老师的职务。他只有在家教小女儿肖惠芳，"来是卡姆去叫狗；是的叫艾斯，不是叫嗟；关到门家的多，打开门是哦盆多；洋行的买办康布朗多；二十四个穿的否；火轮船斯比嗟；为什么，花的否。"肖惠芳念两遍就记住了，记了一辈子。

妈妈嗔怪他，不出去挣钱，在家做这些鬼事。

我想起了巴金的《寒夜》，那个在流离的战乱中失业，在窘迫的家庭生活中挣扎的小知识分子。不是他没有适应社会生活的能力，是这个社会不良啊。

我问曹先生，可曾见过肖体泉。他说见过。什么印象？曹先生说，他几乎不说话。

沉默的肖体泉心中藏着许多东西，包括他对优美音乐的柔情。他的母亲，也就是肖惠芳的奶奶也擅唱，肖惠芳现在还记得奶奶唱的应山小调，"人家有年我无年，拿个猪头要现钱，有朝一日时运转，朝朝日日当过年"。今年春节电视台采访，肖惠芳现场唱了这段乡土小调，方言地道，有滋有味。

我又想到肖体泉的辞职，他干不了琐碎麻烦的杂务，应付不了方方面面的人情世故，尽管是人人眼馋油水丰厚的"肥缺"，他还是毅然放弃了。辞职说明他的诚实，这是做人做事最宝贵的品质。干不了就是干不了，宁可承受鄙夷也不沾权力的光。在肖惠芳的回忆中，没有父亲的诉苦，他没有说过初涉人生的艰辛，他不提这一切就是为了弟弟，他也不上门求告，只用沉默维护着做人的尊严。

在101首歌中，他选择了《老黑奴》，把歌教给小女儿，他一定非常喜欢那优美亲切而又哀婉动人的旋律，他一定知道作者写这支歌时，除了寄托对老黑奴的哀思，也融进了对自己境遇的哀叹。

肖惠芳说了一件事，父亲是开心的，那是一个早上，他捧着一个荷叶包回来了，叫肖惠芳，"莲莲，快来！"肖惠芳打开荷叶包，原来是几个烧麦。父亲说碰到了一个同学，这是同学给的，还是热的，快吃。看着小女儿莲莲大口大口地吃，边吃边说好好吃啊，父亲开心地笑了。

东一下西一下地回忆，絮絮叨叨，她又说起《临时病房》，去日本和上海演出时把她和王学峻换下来，让她"不好想"。说着表情都委屈起来，她说自己算"乖"的，说换就换，什么都没说。

我是应当道歉的。两老加起来 143 岁，都有病，演出时边幕里抢服装递道具的人都担心。去日本和上海演出，飞来飞去日程频密，不怕一万就怕万一。新人来旧人去，自然无情，错在没有坦诚相告，以礼相送。我是编剧兼导演，责任在我。两老宽容，从来没有责备过我。

为编这本图册，曹先生到省话找资料，意外发现了肖惠芳的笔记本，是一些排演手记，剧本分析和角色自传，写得密密麻麻的。他把搜集来的资料、剧照、报道、评论摊开，蔚为大观。曹先生对我感叹，肖惠芳好用功啊，这么多东西，他都不知道。

我也翻看了一下，其中《生活 技巧与二房东》是肖惠芳写的艺术体悟，发表于《楚天剧论》1988 年第 1 期。她说到这出戏的缘起，不是外来的概念，而是观众席中爆发的阵阵潮水般的哄笑点燃了他们改编的冲动；排演时那么民主，演员各改各的词儿，调动的是大伙的人生资源；虽然分了"生活的启示""形象构思""心理依据""情感体验"多段，但都没有离开生活，挖掘的都是真实的人生人性。肖惠芳说到了规律，说到了文学艺术的共通点。

希望肖惠芳编好这本艺术图册，可以独自反刍回味，也可以与同好分享交流。这是一件有意义也有意思的事情。我要为肖惠芳点赞。

2019 年 4 月 23

上 篇

（舞台生活）

从老照片说起

肖惠芳

　　人活到七十岁就古来稀，我都八十五了，人老了走路得坐轮椅，坐下来提笔手发抖，脑子更不好使，往往说过的事回过头就忘了，老熟人见了面一下叫不出名字来，尴尬得很，有时叫小孙子去拿东西，手指着方向却叫不出东西的名字，孙子看着我一片茫然，倒是看着老照片，有些事情还记得清清楚楚。

　　妈妈　姐姐　姨婆婆　外婆　哥哥　爸爸，站在妈妈身边的姐姐，比我大二十岁，拍照时我还没出生呢

老照片留下了我和我的亲人每个时期的容颜，留下了我每个时期的生活、工作、活动的瞬间，记录了我成长的历史，走过的道路，也间接地反映了社会和历史。

我的祖籍是湖北应山县，磨山王家店，上肖家店。以前归广水管辖，现在是属随州，地名听起来很长，还有些绕口，又是两个山几个店，好像隔山驻店离我们很远似的，实际上现在高速公路通了，一马平川只要个把小时就到了武汉。

哥哥　姐姐　妈妈　阿姨　小孩是肖惠芳

祖父叫肖秀卿，在武汉当牧师，全家都是基督教徒，人在武汉，老家还有上辈留下的家园，过年过节都在这里团聚，只记得房子天井很小，门槛很高，院后还有一片竹林，小时候和小伙伴拾柴火，挖地菜，放羊子，和所有农村小孩一样，干些农活，回来一身脏兮兮，还争着要帮大人们烧灶火，真有意思。

爷爷是什么样子我没见过，奶奶我是一辈子忘不了的，她八十多岁了，小脚，走路很不方便，过年跟我们讲故事，教我唱儿歌、小曲，音容可亲，慈祥和蔼，一口的应山话，教我唱穷人过年小曲："人家过年……我家过年……"至今我还能记得，哼上两句。

父亲早年就读于汉口博学书院（今武汉四中），毕业后留校任英文教师，在蔡甸当过一烟草洋行买办，母亲毕业于希理达女中，毕业后亦做英文教师。抗战期间，洋人走了，父母也先后失业，从此家道中落。为了谋生，父亲曾摆过香烟摊，母亲则靠给人帮佣补贴家用，靠点积蓄在汉口铁路外棚户区，搭了个棚屋，住在那里，就是汉口循礼门渣家路一带（今金茂大楼省商务厅所在地）。

棚户区就是贫民区，这里住得都是底层社会人物，棚屋也就是用木料和板子芦席搭起来的简易房子，不到二十个平方米，人多了就搬个竹床睡在外面，下雨屋里木板四处透风，到处接漏，铁路外地势低，经常被积水泡淹，进出都得蹚水，一出太阳，阴沟和渍水翻泡，臭气熏人，这就是我七十多年前生活过的地方。

我祖父是牧师，爸爸妈妈都是基督教徒，在教会和教友帮助下，我进了教会办的学校，小学进的是灵光小学（辅仁四小）原新华路口协和医院旁灵光教堂后面

丑小丫—肖惠芳

（已拆）。中学进了武汉懿训女中，这是一个教会办的贵族学校，学校收费很高，我受惠于教会，公免学费。平常学校管理很严，规定：女生一律短发，着阴丹士林旗袍，穿长白袜，黑布鞋。左胸前佩红线绣的校徽，我的胸号是12808。

爸爸　肖体泉

妈妈　余翠英

那时候流行一种思潮，不少女性，为了事业，或者为了避免情感上的纠葛和麻烦，立誓做"老姑娘"，我们校长周毓瀛，教务主任张玉如，班主任陶汉兴，都是老姑娘，受过高等教育，终身不嫁，抱着自尊独立新女性思想生活着，脾气怪，但人都很好，对学生管教严，很爱护很关怀，我平常在学校不吃午餐，同学们都回家吃饭，我不好意思就到外面转，要不趴在桌上睡觉，陶汉兴老师观察到了，不声不响地买了一扎饭票塞给我，叫我到学生食堂去吃饭，我激动得来不及道谢，她就走了。后来我到文工团又回武汉，想找她当面感谢，学校改革换了名字，老师人已走了。

好人啊！祝她一生平安。

武汉江汉关码头

在学校的时候，因为家里穷，星期天我经常和邻居陈英姐，一起去打包厂打工，打包厂在江汉关码头前面江边租界里，半夜四点钟赶忙起床，摸黑跑到打包厂大门口人行道上睡着等，门一开，跟着人群拥进去，首先抢箩筐，抢到了工具才有工作，我人小，陈姐她们都照顾我，工作很简单，就是选棉花，把籽棉和白棉分开，按质不同分开来，做完工过磅验收，付给工钱。

1950年暑假刚过，家境困难，我正在为学费愁眉不展的时候，听说在武昌大成路衡青中学，大冶地委文工团招生，只要有中学学历，男女年龄不限，为生活计，不得不辍学，我报考了，9月被录取，11月10日报到。就这样我参加了工作，熔入了革命的大熔炉之中。

不满十六岁的女生，第一次离家单独走上生活，有兴奋又有不舍，妈妈送我到江汉关码头，哭着不断地说："妈妈对不起你，没能让你继续读书……

不管干什么都得好好干……要自尊自爱、自强不息！"至今，我永远记着她的教诲。

参加工作前肖惠芳学生时代的照片

到鄂州那时要坐小火轮，晚上上船，第二天早晨到，鄂州又叫鄂城，是大冶地委所在地，大冶地委管辖湖北鄂南地区，所以大冶地区文工团，又叫鄂南文工团。到了文工团，发了新垫絮，还有蓝色的棉制服，吃穿不愁，对于刚刚走出贫困家庭的穷孩子，是最大的满足。剩下的就是好好学习，练功、练声、跳舞，学演戏，我们的任务，正如鄂南文工团团歌所唱：

我们是新中国的文化兵。
我们是年轻的文艺工作员，
在鄂南土地上，

为人民文化开辟道路，
把反动文化彻底肃清
……
为人民服务是我们的
终身信念！

1951年，我团参加中央人民政府南方老根据地慰问团，为我省咸宁、通山、通城、崇阳、阳新一带老根据地人民慰问演出，排演了大型歌剧《刘胡兰》，领导派我演刘胡兰。大概女演员中我的个子形体接近角色，仅仅识点简谱，未经过培训，靠着本色和乐队的配合，完成了数场演出任务。

当时有的老根据地，像崇阳、通山等很多是山区地方，反霸、土改尚未进行，土匪流窜，为了保卫工作，我们慰问团队伍也配有武装，《刘胡兰》做效果就是真枪实弹，战斗气氛很浓，但放枪也挺吓人，太原始了！有一回演出，效果要连续枪声，惊动了周围十里八乡民兵，紧急行动，带着武器赶来，结果虚惊一场。

建国初期，鄂南老根据地很

文工团员肖惠芳

多地方交通不便，县政民主改革，农村还处在减租减息、土改试点的阶段，文工团员除了文艺宣传，还要肩负配合政治中心运动的任务。

作为土改工作队员，我参加了两期土改，一期是在鄂州七里界，另一期是在阳新隔垅，还当过工作组片村组长，受到过区委表扬。

生活是创作的源泉，与农民同吃、同住、同劳动

中间高个双辫子女生是肖惠芳

三同，这一段经历，对我后来扮演劳动人民起了很大作用。

1952

新的里程

——踏进话剧专业

湖北全省文工团整编,文艺大队(省歌剧团 省话剧团 管弦乐队)成立,在博文中学操场合影.
1952.9.5

1952年9月，湖北省对全省三十多个文工团队，三千多人进行整编，整编是在武昌博文中学（现在傅家坡十五中学），分成三个大队，1.学习大队（以分配到教育部门当老师及深造为主）；2.电影大队（以电影放映队和修配为主）；3.文艺大队（成立省歌、话两个剧团，一个管弦乐队）。别的大队我不清楚，文艺大队宣布编制，省实验歌剧团一百人，省话剧团八十人，管弦乐队二十人。(管弦乐队由省话剧团管理)，话剧团团长是许伯然。

　　凡是下面文工团队来的，选入新成立的省话剧团，当演员都要经过表演测试，我演的是《刘胡兰》片段，由胡少卿同志辅导和助演。最后鄂南文工团只有三个人分到了省话剧团，李明杰（演员），我（演员），杨立熬（灯光），其中杨立熬不幸在话剧团排演第一个大戏《曙光照耀着莫斯科》装台时候，触电身亡，后来只剩李明杰和我两人留在团里。

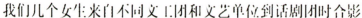

我们几个女生来自不同文工团和文艺单位到话剧团时合影

前排：胡玉（省文工团）　耿蒂（革大文工团）　邵爱华（省教育学院戏剧科）
　　　石兰（省文联文工团）　肖惠芳（鄂南文工团）
后排：崔之源（省教育学院戏剧科）　梁富臻（省文联文工团）　王香玲（XX文工团）
　　　张凤生（省文工团）　朱曼华（省教育学院戏剧科）

进了湖北省话剧团后，首先就是面临着要表演艺术专业化。文工团员是歌、舞、戏、曲、相声、杂耍，综艺越多越好，艺多而不精。话剧团就是演话剧，话剧姓"话"，第一难，是学说普通话，学拼音，为了练好普通话，我们演员还订了规矩，生活中不许说地方话，谁说罚款请客，开始不习惯，慢慢就好了，但说普通话只是最基本的基础，要变成"台词"就更难了，抑、扬、顿、挫，发声运气，要把台词说清楚，还要把声音传到剧场每个角落，是不容易的事，练声那是一辈子的事。把舌头都练麻木了那也是经常的事，何况演员练功除了声音，形体……基本功可多着呢。

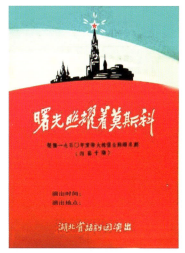

省话剧团成立演出第一张广告画

来省话剧团，演过几个小戏，排的第一部大戏就是《曙光照耀着莫斯科》，这是一部翻译过来的苏联话剧，那时是全

《曙光照耀着莫斯科》1953　安妞达—肖惠芳饰（图左穿白大褂女者）

国学苏联的时代，苏联就是我们的未来。演外国人，要染黄头发，穿高跟鞋，妆假鼻子，(用做球鞋的原料，加热塑成鼻型，粘到鼻上)，当时也算戏剧化妆行业中一大革新创造，实际就是现在说的乳胶。高跟鞋市面已经绝迹了，到旧货摊上找，找到还不一定合脚，穿高跟鞋还得练走路，且不说专业艺术表演的难度之大，就是剧中人穿高跟鞋走来走去，台上那几步路，也叫从来没穿过高跟鞋的人，吃了不少的苦头，脚打起泡也要练。

万事从头难，行行如此，学艺也不能例外。

在计划经济的年代里，省话剧团的未来，是按照文化部全国的省级专业团体发展计划执行的。即三化：专业化，剧院化，企业化。这是苏联的经验，建国已几十年了，全国省级剧团达到专业化、剧院化倒不少，全企业化还没听说有几个。

湖北省话剧团的具体方针任务是面向全省，面向基层，为工农兵服务。演出有明确的规划，每年下工矿及农村，不得少于全年百分之七十的场次演出任务。此外，我们还要参加一些时政改革的农村工作(如农村社教工作等)，因此我们下乡下基层时间很多，下去就接近了生活，也体验了生活。

1964年地委书记李衍授在当阳和我们剧团下农村工作人员合影

为了完成演出场次任务，剧团还分成两队，带不同剧目到不同的地方演出，同样为了占领剧场份额，还要集中排大戏，人员调配，上上下下，时分时合，总是感觉编制太小，人手太少。

我们话剧团有着优良的作风，老团长许伯然是从李先念的队伍转下来的，参军前是剧专学生，熟悉业务，老的说法是又红又专，对团员要求很严，按照三大纪律八项注意，要求我们搞好群众关系，因为我们一切努力，就是为他们服务。一切为了群众（观众），这是我们的口号。

为了不给群众添麻烦，自带炊事员，自己搭台，自己搬运。田间地头演，有台没台也演，严寒酷暑还要演，为人民服务，为社会主义的新中国建设服务，这就是我们的目的。

这里我还保存了一张 30 周年剧团团庆全体人员合影照。

湖北省话剧团成立30周年团庆全体演职员合影　1982.9.5

团　徽

［转点］ 送戏下乡

由一个演出点转到另一个演出点，在湖北江汉平原，从孝感到天沔一带，拉着板车，带着道具走在垸子大堤上。（注：湖北湖多水多，洪水常年泛滥，村子都要围垸筑堤，水涨堤加高，垸堤上就是大路）

中间低头高个女同志就是肖惠芳。她低着头还在想着，到下一个演出点编"三句半"的台词呢！

舞台队和青年演员拖着板车，高亢地唱着……我们走在大路上……

[搭台] 唱戏

老百姓有个习惯，搭台就是唱大戏，搭台，就是农村宣传广告，十里八湾都会赶来。

我们舞台部门根据地域特性，创造了一种竹竿活动舞台，总结了"精、轻、巧、省、好、快、安全"八个大字。因为分工明确，到了演出点，他们装台，我们化妆，准时演出，从来不误。当然，打前站的人很重要。

［土台演戏］

这是在孝感彭兴大队演出，最下面一张照片是肖惠芳饰演中农妻（穿黑坎肩者）。

回头记 [多幕话剧]   湖北省话剧团农村巡回演出

［露天广场演出］

演员在露天化妆 ◀

拉场子　维护秩序 ▶

［因地制宜］ 在土堆上演出，坐在地上的是肖惠芳

《两个队长》 演员：鲁有成 肖惠芳 周世珍 张狄翘　　湖北省话剧团农村巡回演出

1962年在农村露天演出《密电码》，突然起风，后台压天幕扶布景，乱作一团，团长导演许伯然也参加来了。（图右下方扶门的人就是他）。肖惠芳演配角兼管服装，蹲地上为王连举（马少奎饰）补裤子。

[下厂矿]与街头宣传

（上）1954年，到黄石大冶钢厂送戏上门，在其俱乐部慰问演出四幕话剧《四十年的愿望》。

（左）春节与民同欢，也不忘宣传，肖惠芳与周世珍在街头唱渔鼓。

武汉防汛，夜晚在江边码头演出，鼓舞防汛大军与群众的士气！
　　（肖惠芳在防洪大堤巡回宣传演出）

［下基层］ 报刊剪辑

1998 7.17 武汉晚报

省直艺团冒暑慰问防洪勇士

本报讯（记者赵明）当64岁的国家一级演员肖慧芳说到她20岁起就到防汛堤上慰问演出、今年可能是她慰问演出的"末班车"时，坐在长江大桥下观看省直艺团防汛慰问演出的人群爆发出热烈掌声。

昨晚，由省文化厅艺术处、武昌区区委宣传部、文化局联合组织省京、汉、楚、话剧院团和武汉电信艺术团，到汉阳门码头广场慰问江防堤最长的武昌区防汛大军。

来自省汉剧院的国家一级演员孟建国等表演的锣鼓词，把武昌堤防上刚发生的感人的人和事都唱了

出来：既有忍着丈夫去世悲痛上阵筑堤的女职工孙桂春，也有拄着拐杖来值岗的共产党员刘太华……身边活生生的模范事迹让在场的人们十分感动。

据艺术处负责人介绍，慰问文艺宣传队近日还将到青山、洪山等区防段慰问。

我省200位知名演员春节期间下基层献艺

湖北XX报 92.1.23

本报讯讯 通讯员戴崇俊、杨利民、毕大松报道：在全省人民喜气洋洋步入猴年新春佳节之际，我省近200名知名演员、艺术家，为了丰富节日期间人民群众文化生活，携带了一批优秀剧（节）目，奔赴农村、工矿、军（警）营演出，把艺术奉献给人民。

走在演出活动前列的知名演员有：饮誉全国的京剧表演艺术家关正明，当今京剧"第一名丑"朱世慧，饰演宋庆龄的话剧表演艺术家肖慧芳，摘取全国梅花奖桂冠的杨至芳、胡和颜、李喜华、张家昭、于盛乐，深受群众喜爱的国家一级演员李春芳、程彩萍、张巧珍、刘家宜，全国民歌比赛一等奖获得者傅祖光，在国际声乐比赛中获奖的李ं.华，还有在湖北喻户晓的曲艺演

员何祚欢、张明智，以及省戏剧牡丹奖得主杨俊、胡为之、彭青莲、蔡艳等。

这次演出活动从元月初拉开帷幕，至中旬已卷起第一次热潮。省直京、汉、楚、歌、舞等6个艺术团体及市所属剧团，于元月16日至22日左右，分别在丹江口市浪河镇、黄陂县泡桐镇、汉川县刘隔镇、咸宁横沟桥镇和仙桃、监利等地的社教工作点及邻近的工厂、矿区、军营进行了演出。县市剧团纷纷深入基层，为活跃当地的节日文化生活做出了贡献。

省文化厅等有关部门还将于元月底，组织以知名艺术家为主体的拥军慰问团到黄石、孝感、应城、黄陂等地驻军慰问演出。2月初还将组团分赴黄冈、荆门、咸宁及郧阳大山区巡回展演。随后，将开展省团（全省有107个专业剧团）下乡演出活动，以纪念《在延安文艺座谈会上的讲话》发表50周年。

1997年7月17日 星期四 第七版
责任编辑 张仕武 版面编辑 鲁红

肖"太婆"艺术家

本报记者 张艳 实习生 夏楠

听说肖慧芳是六演国母宋庆龄的演员，记者敲门前脑子里挤满了"高贵、雍容"一类词汇。进门后，却见她套一件宽松的直身裙、踏一双拖鞋，与大街上常见的太婆形象无异，只是火红的裙子上有着不俗的印花，显出几分艺术的韵味。

误。"有人说，你都60多的老太婆了，又不是缺钱花，干嘛还要去拼老命呢？"肖慧芳描述着亲朋好友的不解，又说，"我退休了，却一点失落感也没有，除了社会活动，最主要的原因就是能够常上台。能学点新东...

○余发助 "XX报" 92.4.11

"宋庆龄"来到土家山寨

3月27日下午，一辆面包车辗着泥泞缓缓驶进了长阳土家族自治县都镇湾镇福字坪村8组。车上下来一行4人，径直朝村民刘光喜家走去。

4位客人落座不久，其中一位身体微胖的中年妇女站起来亲热地拉着刘光喜妻子的手，风趣地说："过几天我就是这个屋里的主人了，你可要款待我哟！"说着，她便拿着锅铲，学着土家妇女做饭的模样，锅前灶后忙活起来。邻近闻讯而来的村民们心里直嘀咕，刘家何时来了这样一位客人？

这位特殊的客人不是别人，她就是在《开国大典》、《陈赓蒙难》、《陈赓脱险》等影片中给观众留下深刻印象的宋庆龄的扮演者——肖慧芳。肖慧芳现在湖北话剧团工作，先后在6部影视剧中成功地扮演了宋庆龄这位伟大的女性。受到了党和国家领导人江泽民、李瑞环、宋庆龄等亲切接见。

肖慧芳这次来长阳，是应邀前来参加拍摄电视剧《杜鹃》的。她在该剧中将奉献给观众一个新角色，扮演一个普通土家族农村妇女的形象。

1992.1.9 武汉晚报

肖惠芳利济街头演出侧记

"宋庆龄"在街头演出，去看呀！"咔嚓、寒风潮测，人们从四面八方涌向利济商场门前广场。湖北省话剧院著名表演艺术家、潮北省一级演员肖惠芳在此搭台公演，她周曾在多部影视片中成功地扮演了国母宋庆龄而在观众心目中留下深刻印象。

观众发现，她早早来到广场，在用汽车搭成的舞台上配赈情。

"肖老师，怎么刷到在街头摆演出这个份上了？！"利济商场对面省电视剧的工作人员激动了，他们知道"宋庆龄"在当今影视剧中的分量，象肖惠芳这样的名角，光接电视剧吃"宋庆龄"也够忙活的，本想下场中拿子会面，...

"话剧剧场市不景气，我们自然要寻找面对观众的新途径。"毕竟是名人，关心她、同情她的人太多了，肖惠芳不知答谁的好，她一上广场，开场了，肖惠芳聚精会登场，维妙维肖地扮演了一位工商管理干部的个体户丈母娘。

利济路是肖惠芳生长的地方，存仁巷的许多老观众、老邻居还依稀记得30余年前那个拖一对长辫子在利济路上跑来跑去的"小惠芳"，如今"小惠芳"当了"老亲娘"，又在利济路上和老邻居们用"汉腔"拉上了家常，怎不让人倍感亲切，尽管天气很冷，但人们还口袋里、袖筒里抽出手来，巴掌拍得震天响。

下场时，肖惠芳的眼眶湿润了，"20年前，水坝工地、田头地角都是我们演出的场所，说的是文艺为工农兵服务。现在走上街头巷尾演出，不尝不也是为人民服务？我们为什么不理直气壮。"

本报记者 尹又汉

- 36 -

［下厂 下部队 体验生活］

60年代为参加中南地区
戏剧会演剧目《永葆青春》
在襄樊棉织厂体验生活。

下广东罗浮山
XXXX部队练习
射击。

七十二家房客

湖北省话剧团演出　[七场方言话剧]

　　《七十二家房客》是湖北省话剧团的保留剧目，是湖北第一个用本地方言演出的话剧，"语言"是一门学科，要研究湖北各种方言，把它搬上舞台，取精去粕，需要做的事情太多了，经过他们的努力和创造，终于把它以通俗方言喜剧的方式贡献给观众了，演出非常成功。从1962年起，演了近四百场，翻演了五次，都是肖惠芳主演"二房东"，一直演到她出车祸的1994年爬不上楼梯为止，才放下了这个喜爱的角色。随着年龄不断增长，生活经验不断积累，她把这个角色越演越活，越演越好。老一辈的武汉人都喜欢她，很多老的观众见了她，至今还喊：二房东，肖老板！记得1986年在江夏剧场演出，到现在二十多年了，肖惠芳所扮的"二房东"，由俊俏少妇已经变成了徐娘半老，演出还是很火。《江汉早报》报道：她又当上了"二房东"。《文化报》报道：《七十二家房客》四度重演仍遇知音。当然，观众喜欢的不仅是某个演员，而是整个的戏，为什么这个戏和演员这么受欢迎呢？他们说：一方面是剧情幽默夸张，乡土味浓，口音亲切，韵味无穷，另一方面是演员们塑造了许多他们熟悉又喜欢的角色：金医生、二房东、三六九、老裁

缝等。用湖北话说就是他们"润心"，演员"下神"！

　　楼上画面从左到右：　晾衣者—王明簾　二房东—肖惠芳　桃香—何明兰
杜裕富妻—张秀华　杜裕富—马少奎　舞女—肖梅
　　楼下画面从左到右：　河南老乡—段军　老表妻—高佩芳　杨大爷—吴有才
小皮匠—周世珍　江西老表—黄子都　房客—王晞　洋车夫—乔夫　金医生—
王学峻　裁缝妻—胡彦邦　牵瞎子人—杨才奇　算命瞎子—曹艮俊　老裁缝
—张狄翘

　　排《七》剧演员们确实"下神"，在塑造角色中，大家都非常刻苦，努
力钻研和探索，就像哺育孩子一样，让自己扮演的"角色"诞生出来，自然
地生活在戏剧规定的环境里。其中有艰辛，有欢乐，也有苦涩……一切为了
观众的感受，为了观众的认可，赞许和掌声。

　　在长江艺术剧院档案室，我们找到一份肖惠芳当初演的"二房东"艺术
小结和体会，从这里可以看见她演"二房东"，对这个角色是多么"下神"
钻研的。看看她在演"二房东"这一角色时所写的《生活 技巧与"二房东"》
一文吧！

生活 技巧与"二房东"

肖惠芳 《楚天剧论》1988年第一期

　　1962年，我们在广州观摩了广东省话剧团演出的粤语方言喜剧《七十二家房客》，虽然我们完全听不懂粤语，仅就舞台上的直观形象及观众席里爆发出的阵阵潮水般的哄笑，说明台词是很精彩的，方言的亲和魅力无穷。这台戏原是上海滑稽戏，被广东的同行们移植成了粤语方言话剧。我们能不能移植成为武汉方言话剧呢？这振奋了大家的创作热情。

　　把上海方言译成武汉方言，把唱词改成韵白或快板，也不是件很容易的事。我们把剧本发给演员本人，各人翻译自己角色的台词，这个翻译的过程，也就是分析理解剧本和台词的过程，熟悉滑稽戏的手法，设想我们自己的创作风格过程。这样做既能在创作上集思广益，又节约了改本子的时间。最后，请文学家谢学勤同志加工、润色、定稿，就排演了。我们按照"通俗喜剧"话剧的表现方法，在排演厅搭上实景，楼上、楼下、院子、走廊、过道，让角色与人物生活在环境中，生活在排演里，效果很好。

生活原型

　　在阅读剧本翻译台词的时候，就引起了我对童年生活的回忆。我是在汉口循礼门铁路外的贫民区长大的，我的街坊邻居中就有像剧本里的老裁缝、杜裕富、金医生、老表、小皮匠、老乡、韩小姐这类人。我对他们熟悉极了，就好像回到了他们中间。

　　我扮演的"二房东"这个人物，可以说确有其人。在我们那条街上住着一位猪行老板刘大幺，他还是保长，他老婆人称"幺娘"。这位幺娘不像戏里"二房东"那么凶狠，老是与人扯皮吵架，她是我们那一带最有身份的女人。她不像别的妇女那样成天忙碌，疲于奔命，她总是那么闲散，悠然自得，拖着鞋，抽着烟，

靠在大门口，与人打打招呼，说说话，客客气气。邻里间有什么矛盾、纠纷，还愿找她评理，讲和。她"作中""作保"，从中渔利，看来倒像成人之美，她放债收利，脸上总是挂着和善的微笑，她在说笑、抽烟、剔牙时露出的金牙、戒指，都显示出她的地位和身份。有时她额头上系一条像坐月子似的手帕，没用手帕时就显出几条紫疤，据说这是因打牌熬夜头疼给掐的，这一切都突出了她那鹤立鸡群的地位。这个人，正是我塑造"二房东" 形象最早的，也是最基本的生活原型。

从剧本联想起熟悉的生活素材，从素材"看见了"人物形象（点滴片段），从形象又唤起更多的情绪记忆，甚至还能产生萌芽状态的角色"体验"与"体现"。

形象构思

可是这里出现了一个问题。剧本规定， "二房东"是"吵架过日子的"，我的那位邻居"幺娘"从不吵架， "幺娘"只具备"二房东"的某些特点。生活是创作的源泉，但生活原型不是艺术作品，这个吵架的形象又只好从另一个妇女身上去寻找了。

50年代的一天，剧团附近的一个小孩用石块砸破了我们排演厅的玻璃，有位同志一气之下跑出去就给了这个孩子一巴掌。几分钟后，随着一连串的吵嚷声，跟着一大群看热闹的人，我径直冲向剧团大院，只见一位中等身材的妇女，拖着一个哭天抹泪的孩子，操着地道的武汉话，大声嚷嚷："你们是话剧团，是人类灵魂的工程师，我的小孩，他是祖国的花朵，他的爸爸，是你们的团长许伯然过去的部下……"滔滔不绝，口若悬河，抑扬顿挫，还指手画脚，真是水泼不进，我们的同志想上前解释道歉的份都没有，我当时站在一边看热闹，"二房东"好吃懒做，不活动，不消化，又没亲人，没知己，一辈子玩，没想到若干年后，这场面竟成了我创作的营养，怄气不痛快，得了胃病，还想引起妍夫老幺的怜爱。这也是我那位邻居"幺娘"所没有的，在我们宿舍里有一位家属，因为没有孩子，比较清闲，好睡懒觉，有一天，睡到十点钟才起来，自觉不过意，向人解释说："胃气疼啦！"说完还有意打了个嗝，这一细节，我也移用到"二房东"身上了。还有一句哭腔也是剧本里没有的，第三场，"二房东"与小皮匠打架打输了，坐在地上号啕大哭，正巧老幺回来了，她拔高嗓门大哭叫"我的姊妹呃——呃——"这两处，演出效果都很好。这也是我打开记忆的仓库，使之得到恰如其分的应用。

如果说是灵感，那灵感又是怎么产生的呢？应该说是在创作中形成的"形象构思"。这个"形象构思"是在开始阅读剧本、搜集素材的时候就产生了，随着对剧本的深入理解，构思越来越完善。它是演员"第一自我"的意志炮制的角色的蓝本。焦菊隐的提法是"心象学说"，狄德罗的美学观叫"理想的范本"，而哥格兰则主张"看到角色应有形状"。我比较倾向学院派的提法："形象构思"。

演员的"形象构思"基于剧本，源于生活，是演员在创作角色过程中给角色勾勒的一个腹稿。也有的演员把腹稿描绘在纸上，像画家打轮廓草稿一样，史楚金就是如此。

米开朗琪罗说"先在大理石外面看见了被封闭的形象，才抓起斧子层层剥开，让原来的形象重获自由"，说明雕塑家也有"形象构思"，一个没有"形象构思"的演员，永远只能重复他自己。

"形象构思"可以帮助演员在茫茫的生活素材里进行筛选，提炼。"去粗取精，去伪存真"，它有时候就像一把钥匙，一下子能打开积累的生活素材和情绪记忆的仓库，使素材"不召而至"。如"二房东"与房客吵架，吵着吵着众房客聚到一边商量对策去了，这时"二房东"一人待在台上几乎形成空白，怎么让心理动作与形体线索不断呢？ 我下意识地从衣袋里抓出一把瓜子嗑（无实物）。嗑瓜子又分出两个层次。开始以右手"兰花指"捏着瓜子往嘴里送，龇着牙先嗑开，再将"兰花指"向右一转，用牙咬出瓜仁，既显得秀气，有身份，又摆出胜利者的姿态鹤立鸡群，当老表走过来向她求情，她又老练地把瓜子往嘴里一抛，用牙一嗑，然后将壳胡乱地吐出来，显得油滑、赖皮、蛮不讲理，一副女流氓相。生活中人们嗑瓜子千姿百态，而我选用的两种是符合我的"形象构思"的。

心理依据

斯坦尼斯拉夫斯基说："从动作中分析剧本和角色的方法"，像《七十二家房客》这样没有贯串事件，前后戏不接，滑稽荒诞的剧本是否能用上？我决心严格地按照话剧的创作方法，改造滑稽戏，移植和嫁接，让它姓"话"不姓"滑"，使荒诞的行为合理化；使人物形象性格化；使舞台动作生活化，并删掉一些虽有些笑料但属低级趣味的片段。这样一来"二房东"一系列胡搅蛮缠的行为，也能理出

一个头绪，有了"动作性"。这部通俗喜剧是对旧社会血泪的控诉，辛辣的

嘲笑，有人说喜剧是笑的艺术，但笑不是目的，应该说喜剧是严肃的艺术，因为它总是发人深思，使人振奋，给人以快感。法国喜剧大师莫里哀说："喜剧的表演是通过娱乐纠正人的错误。"他又说："恶习变成人人的笑柄，对恶习就是重大的致命打击。""二房东"就是这样一个该

受到致命打击的"母老虎"，人是复杂的，"二房东"是坏人，是假、恶、丑的代表，但是坏人并不认为自己坏呀！她有自己的处世哲学和道德标准，

所以她才理直气壮地干坏事，我要着手的工作是找出她在每一个事件里的"动作"。比如第一场戏，我找了三个动作：争水、报复、偷布。"二房东"一出场就吵架，为什么吵架呢？与房客"争水"，矛盾的对方是洗衣服的老表，接下去是老表烫破了金医生的裤子，别人着急我好笑。开始我把这一段定为"幸灾乐祸"，不是动作，是情绪、是结果。后来一想作为此时"二房东"的心理依据应该是"报复"，因为刚才顶了嘴，吵了架，此时她就用笑声来"报复"他，使他们痛苦、难受。这时我的心理依据、形体动作、语言动作三位一体，都是积极的，最后偷布的行为与前后可以没有什么联系，为了统一贯串，我设想"裤子烫破了，偷块布再说，管它那个的"这样一个心理依据，通过三个动作争水、报复、偷布贯串起来了。

情感体验

喜剧是很夸张的，夸张的角色在舞台上要夸张地笑，要演一场笑一场，演三百场笑三百场，我体验到了感觉很好，可是怎么保持创作的青春呢？剧情如此荒诞，再好笑，笑几天也笑不起来，这种情况也只好还是从生活出发，把在行动中感觉（体验）到的用夸张的形体动作、语言动作记录下来，然后每场演出去重复这一套形体动作和语言造型，便能唤起角色真挚的情感体验，这种重复就不是刻板的，而是积极行动的、有机的了。比如第一场老表烫破了裤子，在场房客无不同情，为他焦虑，唯独"二房东"存着阴暗心理大笑特笑，用笑来报复老表，在"动作"中笑，在"交流"中笑，在"感觉"中笑，开始耸肩弯腰笑得作揖地说："老天爷有眼睛哪！"笑老表自作自受，吵架烫破了裤子，笑金医生眼瞎枯了看不见，笑老表赔不起的哭丧相，笑金医生独一条裤子出不了诊，我回忆搜寻武汉市民底层妇女那种愚昧无知的笑：狂笑、傻笑、大笑、咪笑、阴笑、憨笑、假笑……我又设计了一连串形体动作，开始冲着老表笑，笑得鼓掌弯腰，接着冲金医生笑，笑得摇头晃脑，等到金医生把脚伸进破裤洞时，一个大动作，双手高举（像投降）又屈膝弯腰，两手拍腿又跺脚，又摇头。后来就干脆捂着胃，跑到房檐底下，侧身靠墙笑得像个虾米，还扭过头来欣赏他们扯皮，最后扯出手绢来擦那笑出来的眼泪（是想象的眼泪，事实上没有）。咧着嘴、眯着眼、笑得像哭；笑得丑恶，发出的笑声已不像人，像杀死的鸡还没有咽气时喉里发出的怪声，接着捧着肚子直喘气还说："哎哟，我的娘呃，把人肚子都抽疼了……"

这一系列从情感出发的形体动作，既揭露了"二房东"卑劣的灵魂，又帮助我保持了良好的创作自我感觉。所以笑了那么长的时间，笑了那么多场，既不空，也不假。

声音造型

为了丰富角色，对"二房东"的来龙去脉及她那特殊性格的形成，我为她写了一篇《用得着》的角色自传。所以这个人物我心里"有数"，内心是充实的，不可能脸谱化。这里，再粗略地回顾一下这个人物的声音造型，我作了三种情况下的处理：

①与人吵架，泼妇骂街，用大嗓，口腔、胸腔共鸣；如说"遗啰衣呀——"（参照那吵架妇女的音色音量）。

②自命不凡、自以为是时语言修饰，声音做作，位置提高；如："老太爷您家好生走咧"（吸取"幺娘"特点）。

③在姘头么面前嗲声嗲气，多用假嗓胸腔共鸣；如"劫数呵！""你一天到黑在外头跑，让我在屋里受别个的气哟！"（设计的）

以上声音语言的造型设计，也无一不是源于生活。技巧当然重要，但如果没有生活，巧妇也难做无米炊。前辈艺术家石挥说他演《秋海棠》用了18个人的素材。我演"二房东" 恐怕也不会少于18个吧。那一咧嘴，一扭头，一白眼，一转身，一叉腰，一句"莫吵噢依呀——"，一声"莫开洋荤嘞！""少一个刮痧皮都不行。"等等，无一不是有源之水，有本之木啊！

《七十二家房客》四度重演仍遇知音

——演员们"下神" 汉口话"润心"

升华 《文化报》 1984.4.8 第一版

　　三月中旬，江夏剧院内笑声接连不断。掌声时时有闻，湖北省话剧团演出的七场方言通俗喜剧《七十二家房客》受到观众热烈欢迎。

　　该剧是省话剧团的保留剧目，公演过三次。1962年在民众乐园演出时轰动了武汉三镇，曾形成一阵"房客热"。时隔二十四年，"房客"旧地演出，又引起汉口观众极大兴趣。一位青年观众幕间到后台对演员说："你们演得真好！明天我还要买票再看一遍。"另一些观众还嫌戏短了，希望看到《七十二家房客》的续集。

西马街一位年过五旬的老人刘某某，特地到后台找到著名话剧演员肖惠芳，对她说："您的'二房东'演得真好，形神兼备。您演的'宋庆龄'我也看了，真像。"老人拿出纪念册请她签字。肖惠芳题词："感谢您对话剧和影业的关心和支持！"

一台四度重演的话剧，为何仍然得到江城观众的青睐？笔者认为主要是：一、整个演出幽默夸张，妙趣横生，乡土口音，韵味无穷；二、该剧虽已上演二十余年，个别角色已换了五六任演员，但演员们始终坚持严肃地塑造形象。该剧复排导演梅荣清说："演员们都提着神在表演，戏自然就耐看了。"

1962 肖惠芳饰演二房东

1987 肖惠芳饰演二房东

在农村中劳动锻炼
1970–1973

摘自沈虹光散文集《落地》的段落

中国文联出版公司（270 页、280 页）

荆门的下放生活

一　出发与到达

荆门的下放生活是从 1970 年 10 月开始的，歌、舞、话、楚、汉等剧团及其他省直文艺单位共二百多人被编成"五七干校文艺连"，这一天就要出发了。我的老伴儿老张、当时还是小张也在这个队伍中。

欢送会在华中农学院一幢教学楼前举行，此前全体下放人员

肖惠芳下放一家人在农村 1970

在这里打通铺住了半个月，集中学习"五七指示"。

"五七指示"源自毛泽东1966年5月7日写的一封信，信里充满着澎湃的革命理想，要求解放军学工学农开荒种地加强革命化，希望各行各业比照军队，把全中国办成一个革命的大学校。怎么才能办成革命的大学校？毛泽东没有细说，各行各业便主动设想，文艺界的做法就是把唱歌的跳舞的演戏的人们下放到农村去，通过艰苦的体力劳动改变思想。现在，到农村去的人就要出发了。

10月天气很好，不冷不热，军代表主持大会，下放人员胸前戴了大红花，有代表到话筒前念稿子表决心，换气间歇有人见缝插针地喊口号……

"坚决走五七道路！""向贫下中农学习！""改造世界观！"文艺界的人讲究丹田气共鸣点，一听就与众不同。敲锣打鼓的也是专业水平，出发仪式很热闹。

麻烦发生在装车时，拖家带口的东西太多，锅碗瓢盆坛坛罐罐，还有一筐筐蜂窝煤死沉死沉，准备上车的家什堆得像小山，谁看了谁发愁，名演员肖惠芳就是个典型。旁边有人要她精简，她下不了手。

肖50年代初进文工团，配合乡下的清匪反霸土地改革，打腰鼓演活报剧，嗓子不好也敢唱歌剧刘胡兰，观众越多越来劲，属于人来疯类型，天生演戏的料。后来搞专业化，文工团整编进入省话剧团，学习了俄罗斯的史坦尼斯拉夫体系，羽翼更加丰满，外国戏也演起来，演员表上名字总排在前几位，在观众中满有些影响。1970年她36岁，演技成熟容颜未衰正是大好时光，突然把她下放了。仿佛一出戏演到高潮时突然停了电，台上的人顿时懵怔，一片黢黑。

"不是不要你们了，下放是储存干部，积累财富。"肖不止一次地复述军代表的话。但这话的真实性很可疑，其他下放人员都没有听到过。只有肖言之凿凿，说是军代表做思想工作时说的。既然是"储存""财富"，那就还有用，就可能再上舞台。她死死攥住这句话，就像在黢黑的舞台上摸到一小截残烛。她太喜欢演戏了，为了早点回来演戏，她甚至急不可待地想下乡吃苦改造。她知道应该精简家什，可身边两个儿子人小饭量大，落地就要开火烧饭，一块洗碗布都不能少的。正两难，她爱人老曹爬上了卡车。曹是剧团舞美队长，下乡演出装车有经验。只见他大开大合地倒腾，重的垫底，轻的搁上，不规则的、乱七八糟的东西扣的扣，拼的拼，塞的塞，挤的挤，总算一样没拉地装上了。

车队终于浩浩荡荡地出发了。

那时的荆门叫县。县城小小的，距县城30里有个更小的地方团林铺，再往下有个团林公社，这就是"文艺连"要去的地方。

卡车在路边停下时已是傍晚。天阴

肖惠芳在团林农村时照片

着，一些农民在路边等候，三三两两地散立着，臂弯夹着扁担手上拿着烟，仰着脸向车上张望。旁边停着一些空板车，准备接人的样子。

除了剧团的人，"文艺连"还有图书馆、群艺馆、博物馆的人，分配时各单位相对集中，比如省话剧团的人，就集中在天星大队，由大队再分到各个小队，谁谁去哪个小队在武汉也都宣布停当，但当农民们用荆门方言此起彼伏地招呼分到本队的人时，大家还是听不懂，好一会儿才反应过来，知道农民的意思。

迎接我老伴儿的是七队队长，那是一个笑眯眯的小个子农民，他带着会计来接下放干部，不由分说就把行李抢着挑上了肩。高高大大的老伴儿跟上，"某某队的在这里，过来"。大家便分别向那个代表自己要去的某某队的陌生农民走去。在后面看着前面挑着大包行李的小个子，很不好意思。

肖惠芳被分在十队，她那一车家什卸下来堆在路边，横看成岭侧成峰，来挑行李的农民叹为观止，咋着舌，摇着头："我的个娘嗳，嗳（这）样多啊！"肖至今想起来都忍俊不禁，学着荆门方言模仿农民们惊诧的样子很传神。

由路边到住处要走两里多田埂小道，农民们挑的挑，扛的扛，碗盘都没有磕破一点边。但农民们实在不能理解，城里的一家人怎么会有"嗄"（这）样多的东西。二十多年后，省话剧团去荆演出，肖特地去拜望老乡，肖同志东西"嗄"多还是老乡们笑谈的内容。

当天晚上没有挑完，东西就堆在路边，后来再慢慢往回搬，两个儿子也跟着妈妈，一天搬一点。乡下民风纯净，东西堆路边多日也没人偷。附近有"五七"油田，熟识了便请油田的大卡车给下放干部拖煤，卡车进不了村，煤就卸在路边，还是没有人偷。

十队为肖准备的住房比紧邻的农户低矮一些，小开间，门边新搭了灶台，地上的土也是新垫的，踩上去有些松软。当晚累极了，倒头就睡，第二天起来才看清楚，小屋原来是个牛栏……

下放连队肖惠芳 胡彦邦 蔡虹 张露 祝道斌 以及家属和孩子们在天星十队合影

六　返城

第二年开始就有人零星返城。省话一个头脑灵活的男演员在武汉买了很多打火机用的火石，下乡后到处送给队干部和农民，搞好和贫下中农的关系。不久就称病回武汉，一去不返。"文艺连"有人提意见说要他返回荆门，不能做"五七道路"的逃兵。不过后来又听说他真有病，病也很奇怪，是什么睾丸结核，大家将信将疑不了了之。

最令人羡慕的是奉调返回剧团，那时省直剧团改叫了毛泽东思想宣传队，省话是第三队，已经开始招生排戏了。

返城人员里没有肖惠芳。再过一些时，她接到通知，让去荆门县文工团报到。从外形看肖就不像县级文工团的人，体形那么大，一占半边台，谁能跟她配戏？小小的县文工团也刚恢复，新招了些孩子，小瘦猴似的都没长成型，演大人都撑不起来。

一向很听组织话的肖反抗了，拿着通知单，就是不去。

搞分配的人劝说道：这就算不错了，我们拿下放人员名单给人家挑，人家首先就挑了你！有的人我们要给别人，别人还不要呢。

肖咬紧牙关不松口。她想到一个大领导，省长张体学。解放初她在鄂南文工团时，张是鄂南地委书记，看过肖的戏，"文革"中还询问过肖的去向。肖回到武汉寻找拜见省长的门路，却听说省长已然病重。

肖不甘心，抖擞精神找到了宣传部长罗明。部长"文革"前常到省话剧团看戏，在排演场跟演员们亲切座谈，端着一只很大的搪瓷茶杯，边谈话边啜茶，一口一口谈兴很浓。罗部长果然记得肖，知道她是个好演员。部长态度依然亲切，但言语很谨慎，返城的事情他没有表态。

转机是怎样出现的不得而知，肖只听说小文工团欢迎省里的大演员，房子和家具都给她准备好了。日子一天天过去，却没有人催她去县里报到，她也奇怪。

等到第三年，"文艺连"的人全都走了，最后才轮到了肖。五年后，她令人震惊地扮演了"国母"，这是中国舞台上的第一位宋庆龄。

我对下放荆门的一些回忆

肖惠芳

1970 年，我省贯彻了文艺工作者走"五七道路"政策，大批干部下农村，剧团也在其列，1958 年我也下放过，那是在潜江总口农场接受再教育的。

与以往不同的是，这一次是带户口的举家搬迁形式。动员时将这种下放定位为"储存干部"，说归说，不过大家心里的感觉还是很复杂，一来觉得似乎是一种崭

1958 年省下放总口农场劳动文艺连队的女同志们
(后排右三肖惠芳用手撑在王玉珍的肩上)

新生活的召唤，二来停止了工作去劳动，将来干什么？对"前途"都有莫名的不安。

剧团的名单下来了，我去荆门，同去的还有几十个同事。好多人都是在戏剧专业上有一些成就的，原戏校校长、音乐学院院长黄振，来话剧团看着下放名单后说："咧（这）！咧下气（去）了一台好戏！"

毕竟这是拖家带口去农村生活过日子，于是从锅碗瓢盆到全家老小生活用具都得准备。打前站的回来说，那儿是挑水吃，没柴烧，从城里还要购置水桶水缸，带足过冬的蜂窝煤炭。

第一个困难，这么多东西只有一个车怎么装运，装车可是技术活儿，所幸我爱人做过话剧团的舞台队长，又有长期下乡练出来的装车技能，临行前，他很有经验地把拉拉杂杂的一堆东西弄得严丝合缝，把我和两个儿子送去。

他因为受"文革"冲击，要在武汉接受审查教育，直到安顿好我们母子后，才返回武汉。

去荆门的车朝发暮至，天快黑了，傍晚开始下着丝丝小雨，终于到达荆门团林天星十队，因为住地距大路很远，小道土路狭窄，车只能停在公路边，卸车后全靠村里的农民帮我肩挑背扛家什，足足走了两里多田埂路。东西都没损坏，累得他们可够呛，老乡们也闹不明白我这一家城里人，怎么会有这么多些东西。那时，我真愧疚，对这些朴素的农民充满感激。

我的新家安置在当地一户牛屋里，为了我的到来，村支书刘坦林和几个村民可费了一番心思。他们将原先

的小牛栏填上新土，打扫出的一块地方，大约十几平方米的样子，门边搭灶台、摆水缸，屋里安放折叠小饭桌和孩子的小床铺。虽然还留有臭味，以当时的条件，能够这样是很不错了的。

我们下去的时候已是冬季，依照当时的分配制，生产队粮油早已分配完毕，那时我的两个儿子随我一起下放，读中学也是农村户口，按计划供应每人每月能分到的二十六斤谷子，不够吃，还有食油问题。这个时候，刘坦林书记先是匀给我小半瓶油，又要动员全村家家户户都给我匀一点，我坚决拒绝了。刘书记反倒觉得工作没做好似的，村队长给我们送来一些柴草，还来

帮我挑水，问长问短很亲切，妇女队长昌英是个大声大气的热情女人，跑来告诉我，队里给我分了菜地，还安排好种子和菜秧等等。

年轻时候我在农村参加过"土改""社教"工作，和农民同吃同住同劳动，真正的种地就不行了，大冬天里下菜子可不是件容易的事，是他们手把手教地我，并且还经常帮忙松土，除草，浇水……也许我是弱者，她们同情我，帮了忙我还不知道是谁？有次我碰到了才知道是万英姐。

这位万英姐，父亲是个老裁缝，年事已高，很多年都不做活儿了，后来看见我从武汉带去的棉毛裤不能御寒，就用新棉花新布料特意做了条农村人的那种"老棉裤"送我。因为棉花铺得太厚，棉裤穿上身浑身燥热不说，两腿还不能打弯儿，不过我深深懂得老人的一番心意，直到后来返回武汉，我依旧把它当纪念品保留了多年。

为什么我要唠唠叨叨把这些帮我的人名字写出来，一个女人带着两个孩子，人生地不熟，又无劳动力，非亲非故他们帮我，关怀我，好人呀！比亲人还亲，好多年后，再见面拥抱满眶热泪。朴素的情感始终不能忘怀！

如果记流水账，我在荆门生活的每一天基本是这样的：清早天不亮出工，早工回来忙着做早饭；乡下学校中午不放学，两个孩子下午很晚才能回来，要为他们准备带饭，吃完早饭后两个儿子上了学，我再和妇女社员一起出工；中午回家，抢时间洗衣、喂猪，下午打完工，做煤饼、打理菜园，天黑了烧饭，点灯了一家人才在饭桌上团聚；晚上孩子学习功课我洗全家衣服，碰到学习开会，每天的事熬夜都得做完。一天一天就那样按部就班地过下来，很忙很累，开始人都要趴下了，慢慢地习惯了就好了。

作为一个女人，带着两个孩子的女人，出工干活，还要为本队下放干部养一头猪，三年我坚强地生活过来了，我很自豪，有一种开心的成就感，更开心的是和当地人打成一片，我和他们的感情越来越亲密了。

下乡时我带了一套理发工具，本为给儿子理发。不想儿子常常带来同学和玩伴理发，接着又是同学的同学、玩伴的玩伴，再后来附近村里的孩子几乎都来，越来越多，如果有热水，我也会起劲地先洗他们那些小脏脑袋。有的孩子来时会用手帕包几个鸡蛋，羞涩地喊着："肖妈妈，我来剃头呢。"这样时候，我会说："你把鸡蛋提回去，我就给你剃。"

还有带去的缝纫机算是"大件"，我虽然不会裁剪，但用它做缝缝补补还不错，结果到了下乡也大有可为：村里有个四川过来的农民娶了个当地媳妇，那女人双目失明，农活家务外带仨孩子很辛苦。一次那个丈夫拿了两件裁剪的男孩西裤，请我帮他们做出来，我精心缝好那两条裤子，连扣子都钉得好好的才给他；还有一次一个中年社员去世，家里穷没钱买寿衣，就拿了死者的一件旧棉袄和一块布料，想让我把布料缝在旧棉袄上做寿衣，我也很精心地把那件寿衣做好。这样一些小事，也使我和当地村民更加贴近了。

我是下放连队最后一个返回话剧团的，在荆门整整三年时间，风风雨雨，天天和那些最普通的农村人在一起，经历的事情讲起来也许拈不上筷子，可是每回想起来，却又那么真实那么温暖依旧。

有一回劳动间隙和妇女们一起休息，当时有个妇女就那么大声笑说："肖同志呃，跟我们一样一样的。"我有些吃惊也有些高兴，因为这是对我那一段人生最高的肯定和褒奖。

作为文艺工作者，我在下乡那段时间也做过一些专业工作。比较多的就是给地方的"毛泽东思想宣传队"进行一些辅导工作，那时农村各级的这种文艺宣传队很多，但基本是业余性质，有活动集中排练一些节目。我的专长在这时得以发挥，或许有人会觉得，作为一个艺术工作者，荆门生活的三年实在离艺术有些遥远啊。但我想说的是，尽管那段生活有着强烈的时代印记，可我从未对此后悔过。因为从那些纯朴的普通人身上，我了解了他们最平凡的喜怒哀乐，也懂得了感激和回报的含义。所以说，荆门生活的三年，对我作为一个演员如何吸取生活养分，如何以艺术回报社会，以及如何秉持艺术的职业理念和道德等等，都是不可多得的积累。今年75岁的我没有停止前进的步伐，依然从事我热爱的艺术工作，并且得到了很多荣誉和褒奖。有时我想，当我离开这个世界时，会真诚感谢很多关心和支持过我的人，这其中，荆门的父老乡亲占有很重分量。

二十年后，1993 年，我"有心"地联系了所有省话剧团下放过荆门的同志，以小分队形式带着小品去荆门为人大和政协会议演出，同时下基层，专门为下放过的团林巡回演出，到团林天星大队那天是下午，大多村民都出工了，整个村子房舍变化很大，以前老旧的茅草屋已经被青瓦房代替。我慢慢走过去，终于开始有人认出我，"肖妈妈回来了"，很快，更多的人来了，坦林书记、昌英姐、万英姐……叫啊，喊啊，万英姐抱着我又哭又笑道："我这没饭吃的时候你来这里，有饭吃的时候怎么不来呢？"很多往事就那

么一幕幕清晰地涌上心头。值得欣慰的是，在他们眼里，我不是什么省里来的演员，依旧是那个"肖妈妈"。

演出时我去说开场白，几十年的舞台历练对于我，开场白是小菜一碟，可是那天我刚刚说了几句回忆和感激的话，眼泪就如泉涌出，声音哽咽无法继续。演出特别火爆，很多人是来看"肖妈妈"演戏的。演完小品，我走到台前，向那些父老乡亲深深三鞠躬。

后来荆门电视台采访我，我告诉他们，吃了荆门三年的米，喝了荆门三年的水，请荆门人放心，我一定不会辜负大家的期望。

长江日报

努力探索不同的艺术形象

——访省话剧团名演员 肖惠芳

卢富洲 《长江日报》1981.2.18 第四版

　　湖北省话剧团新排的话剧《香港大亨》上演了。舞台上，一位性格奔放庄重的美国妇女，高兴地同她丈夫来到中国观光。看着她那典型的西欧妇女神态，观众不禁叫出声来，扮演得多么逼真呀！这就是省话剧团的肖惠芳。

　　演这类的角色，肖惠芳还是第一次，剧团同志告诉记者，早几年她在方言喜剧《七十二家房客》中扮演的那位尖刻、贪婪、狡诈、毒辣的"二房东"才真是演神了。可不

《香港大亨》 肖惠芳饰李夫人

是么，生活是创造角色的源泉，她的童年就在汉口循礼门铁路外的贫民窟中度过，她的邻居中就有一个类似"二房东"这样的角色，笑嘻嘻地放债，乐呵呵地收利息，剥削了你还让你不知道，当肖惠芳担任这个角色时，童年的回忆唤醒了她脑海中这些沉睡的东西，这个邻居就成了她塑造"二房东"的雏形，所以她演来真实可信。同类角色能演出个性而不雷同。那才颇见功夫呢！她在方言话剧《孝顺儿女》中扮演一个缺乏伦理道德、眼睛只看"钱"的媳妇杨映兰。肖惠芳说："我一穿装进排练场，一招一式大家都说像二房东，但杨映兰毕

《枫叶红了的时候》　肖惠芳饰秦昕（中者）

《尤里乌斯·伏契克》　肖惠芳饰安娜（右者）

竟是另一个人啊！"于是，肖惠芳决心把原来"二房东"的习惯动作、语气、面部表情等全部丢掉，一切从头开始，重新寻找"这一个"人物的自我感觉，并且对生活中的现象认真分析琢磨，有的人为了从父母那里要钱财，假意奉承，不择手段，有的为了经营自己的"安乐窝"，兄弟几个竟丢下父母不管，要把这些现象集中起来狠狠鞭挞一下。于是，肖惠芳说她从生活出发，从动作入手，按照话剧的表演方法塑造喜剧人物，把一个"一切向钱看"的人物栩栩如生地推到观众面前。

话剧《大江东去》在北京调演时，观众奔走相告：剧中的宋庆龄演得真像，演这样活着的国家领导人可真难啊，肖惠芳始接受扮演

《收租院》 肖惠芳饰扁担姑娘红英

《雷雨》 肖惠芳饰鲁妈 石兰饰四凤

这个角色的任务时觉得难度很大。1927年间的宋庆龄是一个年轻貌美、举止端庄的政治家，要塑造好这个人物，肖惠芳着实下了番功夫，体形胖了，她不顾自己是患有冠心病，并且四十多岁的年纪，像小朋友一样练习跳绳，以此来减轻体重，她不熟悉宋庆龄，就阅读了大量有关资料，有时到图书馆看宋庆龄当年的照片，一坐就是半天。她说："我硬是要把照片看活、看得她能立起来。"《大江东去》上演前，省委指示该剧编

《霓虹灯下的哨兵》 张文甲饰陈喜 肖惠芳饰春妮

《吝啬鬼》（1960） 肖惠芳饰福劳辛 王继志饰阿巴公

导和主要演员到北京，请宋庆龄副委员长审定化妆、造型。年已八旬的宋副委员长高兴地接待了大家，临别还握着肖惠芳的手说："祝你演出成功，祝你演出成功！"这种直接接触，给肖惠芳从形似到神似塑造这一形象启发很大。谈话中，她努力地去模仿宋副委员长的言谈、举止，追溯她当年作为政治家的神韵，融进自己创造的角色之中，一步步探讨，一步步深入。

《大江东去》中虽然她出场不多，但就那几句台词、几个动作，较好地将宋庆龄当年的气质刻画出来。宋副委员长收看电视演出直播后，很高兴地让秘书打电话来表示祝贺，还说："有些像呀！"。

肖惠芳同志 1950 年进鄂南文工团，她的最初演出是在歌剧《刘胡兰》中扮演刘胡兰，当时只有十六岁。1952 年，她就被整编到刚刚建立的省话剧团。三十年的舞台生活，她塑造了众多的令人难忘的艺术形象。大大小小演了四十多个角色，如：《幸福》的胡淑芬，《八一风暴》的刘群，《海滨激战》的周洁，《槐树庄》的老成嫂，《红岩》的江姐，《收租院》挑扁担的姑娘红英，《枫叶红了的时候》的秦昕，外国话剧《曙光照耀着莫斯科》的安妞达，《尤利乌斯·伏契克》的安娜，曹禺《雷雨》的鲁妈，法国喜剧大师莫里哀《吝啬鬼》的福劳辛……

《红岩》(1962)　　肖惠芳饰江姐

她说：我没上过戏剧学院，也没有得到话剧专业培训进修的机会，在话剧团养成了体验生活，观察生活的习惯，每演一个角色，都认真地写下自己的心得，对角色分析和探索的笔记。为了追求完美，追求表演的进步，她为自己提出许多新的课题，每演一个角色，就有一步提高，如今她已写了有几十本笔记，迄今，长江人民艺术剧院档案室还保留着她演过角色的所写下的上十本有关笔记稿本。

她靠自己的努力，不断地求知和探索，经验和生活的积累，使她达到了现今的艺术境界，也成功地塑造了一系列舞台艺术形象，同时获得了很多观众的褒奖。而最为可贵的是她对每一个角色，哪怕是只几句台词，上场只几分钟，她都能一丝不苟，孜孜以求。同志们常说："老肖这个人哪，搞了这么多年，别人看不上眼的小角色她总是搞得蛮带劲。"是的，对待党的文艺事业她总是充满着旺盛的革命热情。她常说："我是一个没有小角色只有小演员的信奉者，虽然已经四十七岁，可以说，在艺术事业上还仅仅是开始哩！"说得多么好啊！艺无止境。在这浩瀚的艺术海洋里，永远操起你那勤奋的双桨，朝着理想的彼岸划吧！用你那辛勤的汗水，给人们以更多的精神熏陶和艺术享受！

肖惠芳常说：我没有进过戏剧学院，没有得到演员专业培训进修（深造）的机会。她向往着科班，能学到理论，有老师，有高人指导。她对话剧如痴如醉，对表演艺术的探索与追求，凡是同台演员都是知道她的执着精神。她参加了全国首届话剧表演艺术研讨会，还有全国艺术嗓音医学学术研讨会，并在会上作了"话剧舞台语言的声音造型与角色形象的塑造"专题发言。对待每次能学习的机会，她都不放过，正因为她事业上的不满足，求上进，孜孜不倦地努力和踏实地探索追求，在话剧舞台上自学成才，摸索到了一条属于自己的，塑造不同艺术形象的方法。她为自己的艺术实践积累经验，已经打下良好的基础，为更上一层楼、创造舞台上更多的更好的艺术形象，她继续努力。她还说："我的戏还没演够，在艺术事业上仅仅开始！"她的精神值得我们永远学习。

全国首届话剧表演艺术研讨会合影

前排中间坐者是曹禺和戏剧界的大师们

（中排左四为肖惠芳）

话剧舞台语言的声音造型
与角色形象的塑造

——在全国艺术嗓音医学学术研讨大会上的发言

肖惠芳 《楚天剧论》1988 年 第二期

我没进过任何艺术院校，只是在多年的舞台实践中深深体会到：要塑造完美的舞台艺术形象，绝不能忽视语言的声音造型，要达到这一目的，就得要有适合于话剧创作规律的经常性的声乐培训，以及科学的、合理地使用嗓音的方法。

周总理 1961 年就说过："话剧几年来有进步，但比起其他方面来要弱一点，什么道理呢？是由于不承认基本规律，不搞基本训练，似乎演话剧很容易，只要会说话就行，话剧是一种综合艺术……其中最重要的是语言的艺术化，话剧要通过语言打动人。”

几十年过去了，话剧语言的“音乐性”“艺术化”“科学化”问题仍然没有很好解决，就连检验的标准也很难说清楚，戏曲演员荒腔掉板被认为丢人现眼，歌剧演员唱跑了调也似乎不能容忍，而话剧演员除了把台词背得滚瓜烂熟以外，也应该讲究一点语言的性格化，语言的声音造型，以求得向舞台语言的“音乐性”“科学化”方向发展。

（一）

话剧是比其他戏剧更接近于生活的剧种，是以说话为主要表现手段的艺术。接近生活并不等于生活本身，在舞台上说话又不同于生活里说话，在生活里，怎么想就可以怎么说，而在舞台上说的话，是剧作家写好的台词，要说好角色的台词，就是对文学语言的再创造。萧伯纳曾说：“写书的艺术，哪怕在文法上修饰得多么好，在表达语调时，却是无能为力的，例如：‘是’可以有50种说法；‘不是’也许有500种说法，可是写法只有一种。”

话剧演员要说好台词，要以剧本为依据，以生活为源泉，以观众为对象，因为话剧是剧场艺术，是直接演给观众看的，话剧的特点就是“活人演活人给活人看”，这个“活人演活人”的工作，看似容易做却很难，在生活里，每一个人一个长相，每一个人一种声音，“闻其声如见其人”的体会人人都有，不仅是每一个人一个声音，就是同一个人，在他的各个不同时代声音也不尽相同；就是一个人在同一天里，由于环境、心情、对象各异，说话的调门、音量、语气也不可能一个腔，同时，在生活里说话只给对方听，而在舞台上说话，哪怕是悄声细语也得让上千观众能听见，能听明白，这都需要技巧，需要基本功，需要娴熟的语言表现力，常言说：“装龙像龙，装虎像虎。”总不能装老虎学猫叫，装猫又像鸟鸣。

我们话剧演员不分行当，剧目选择，古今中外，什么都演；历史之长，国度之广，创作周期之短，是其他任何剧种都不能比拟的，有时突击任务，一个月甚至半个月排一台戏，演员就那么三十至四十号人，十八罗汉团团转，一个演员既要演屈原，又要演汪精卫、鲁贵、日本的军曹、古巴的老头、苏联的小伙子。这个戏里演许云峰，另一个戏里演阿Q，还要演杨子荣、赵大大、刘介梅、吴运铎，以及苏联的党委书记，捷克的伏契克，法国的克富央特，等等，由于不分行当，也就不分声部，排练时间紧，领导在分配角色时，主要考虑的是演员的形象气质，至于嗓音条件，声部的搭配，就无法顾及了。

话剧演员是靠自己"谱曲"的，戏剧界早就有"四两唱，千斤白"的说法，但在实际生活里往往重"唱"而轻"白"，戏曲演员学念白有老师一板一眼耐心传授，有传统的程式可循，话剧演员念白，却没有现成的段子可循，全靠自己琢磨，自己"谱曲"就是同一行当，如花旦，有四凤、铁梅、卓娅、莎翁笔下的奥菲丽娅，莫里哀剧本里的玛丽亚娜……这些不同时代、不同国籍、不同处境、不同个性的花旦，应有各不相同的声音造型，以达到舞台艺术形象的完美。这全靠我们自己去设计，去创造，电影《高山下的花环》里演雷军长的童超，在《茶馆》里成功地扮演了庞太监，单那声音造型就像一具僵尸，听了叫人毛骨悚然。而他在《蔡文姬》里演的左贤王，语言声音又是那样明快、豪爽，显得英武剽悍。于是之在《茶馆》里演王利发，从青年、中年到老年，他运用音色的变化，调整共鸣腔的位置，加上其他表演技巧，成功地塑造了王利发这样一个完美的舞台艺术形象。李默然的台词有独到的功夫，他坚持向戏曲学习，追求鲜明的舞台艺术形象，包括声音语言的形象。黄宗江介绍过他说的一句台词："撼山易，撼解放军——难！"（难字高八度），这样异峰突起能达到出奇制胜的效果。同是这句台词，别的演员就不一定能做这样大起大落的处理，可见话剧演员确实是自己谱曲的。

话剧的创作天地是广阔的，同时难度也很大，因为我们不仅要用自己的天然嗓音去扮演与自己的声音特点相近的人，还要善于运用和调整自己的音高、音量、音长、音色，去扮演与自己的声音条件相距甚远的各种角色，那种把自己特有的嗓音，强加给一切角色，"以不变应万变"的做法，必然形成"千人一腔"。这既不符合生活的规律，又不符合专业的需要，是毫无生命力的。

（二）

话剧演员为了设计各个不同角色的声音造型，需要有很深的功夫，很高的技巧，因为这种探索很容易坏嗓子，我就是在这种探索中喊坏了嗓子，几乎被我的专业所抛弃。

我 15 岁参加文工团，第一个角色是演歌剧《刘胡兰》里的胡兰子，排练中，我就那么稀里糊涂地唱下来了，说明我的嗓音条件本来还可以，紧接着第二个戏，分配我演话剧《母亲的心》里的母亲，这就迫使我拉开自己的戏路子，当时我才十六岁，感到说台词比唱歌剧还难，心里没着没落的，只好模仿生活中老年人的说话，压低嗓门，放慢节奏："我的孩子呵！"这是我最开始的声音造型。当然是极其幼稚的。1952 年，全省文工团队整编，我被编入了省话剧团，三十多年来我扮演了五十多个角色，塑造了一批性格各异的人物形象。凡属能称得上塑造了形象的角色，都包含了声音语言的造型，不然就不能算完整的艺术形象，如"二房东"、宋庆龄、江姐、鲁妈、福劳辛、老成婶、秦昕、春妮、乐老师、杨映兰、朱大姐等，有些戏就得大喊大叫，甚至声嘶力竭才真实，如《万水千山》；有些角色本来就是个叫叫嚷嚷喜欢吵架的主，如《两个队长》里的魏三婶，这个角色我是用孝感方言在农村演出的，她这人在田地畈里喊叫，撒野惯了，那音色能柔和圆润吗？她大叫："队长呃——咧（这）是么样得，得了喔！……"声音带着沙哑，略显干涩，只有这样才真实、深刻。

"二房东"是通俗喜剧《七十二家房客》里的一个五毒俱全的母老虎，她要与众多的房客吵架，不管大家怎么叽叽喳喳，七嘴八舌，二房东一张嘴就要镇住全场，这需要多大的音量呵！ 演一天吵一天，演三百场吵三百场，声带出血了也不能停演，因为戏票已卖到后半月了……本来就缺乏科学声训的我，再加上超负荷使用，嗓子就用坏了。

嗓子坏了是很遗憾的，但是，这使我更加发奋地去探索角色形象的声音造型，因为我的嗓子不能得心应手，就更感到声音造型的重要，在这期间我有幸担任了大型音乐舞蹈史诗《东方红》的朗诵工作，接触了一些歌唱专家，他们对我的发声方法提出了一些意见和建议，若干年后，我又在医院里偶然遇到了湖北艺术学院的田寿令教授（现已调厦门大学），她主动提出，愿意帮助我通过正常的声训来治疗声带的疾病，可惜，因为她很忙，我也很忙，只上了三次课她就调离湖北了，正因为有这么多专家给我帮助，医生们为我精心治疗，我才能坚持到现在，仍然在舞台上蹦跶。

<h1 style="text-align:center">（三）</h1>

表演艺术是一门科学，作为话剧表演的重要手段之一的语言声音造型也同样是一门科学。它有其自身固有的规律，需要我们在实践中不断去认识、去总结、去掌握、去运用。我认为，舞台语言的声音造型，又必须要与角色创造的全过程同步进行。

1　认真分析剧本和角色

话剧《香港大亨》写一个劳改释放犯，冒充香港大老板，欺骗了一些崇洋媚外的人的故事，里面写了一个美籍华人李念华，带着他的美籍夫人和女儿回祖国观光探亲，我演这位只有几句台词的李夫人，怎么让这个小角色有点色彩呢？说普通话，没味道，也不真实；说英语，我说不好，观众也听不懂，于是我选用了外国人学说中国话的那种特点，把腮硬抬起来，舌面拉平，加上头腔共鸣，音量含着点，不完全放开："我的手提包"，我说成"窝的收提报"，还有"我是在中国出生的，中国，是我的第二祖（zhu）国，我又和念华结（zhie）了婚，中国有句古（zhu）话，叫（zhi yao_）做（zhuo）嫁鸡随鸡（zhi），嫁（zhi ya）狗随狗嘛！""哈……"我还设计了一串自嘲的笑声和模仿中国妇女害羞时双手捂脸的动作，使这个人物生动了，立体了，如果把这仅有的几句台词说成标准普通话，这个人物热情活泼的性格及她来中国后的欢快心情，就无法展现了。

2　角色台词的形象构思

在分析了剧本和角色以后，还要设计台词的声音形象，也就是给台词"谱曲"，语言的声音形象找准了，角色也就成功了一半。这里说说我在两个方言喜剧里扮演的角色，一个是《七十二家房客》里的"二房东"，一个是《孝顺儿女》里的"大媳妇"，又因为这两个人物都说武汉话，所以在排《孝顺儿女》时，有同志对我说：喂，你怎么还像"二房东"啊！这使我非常震惊。这两个人物虽然都说武汉话，但她们所处的时代不同，出身不同，教养不同，年龄性格也大有差异，怎么才能区别开呢？我只好从生活里去寻找依据，渐渐我发现：知识分子层和居民层的人说武汉话的味道不一样，年轻人与年老人说话的味道也不一样，于是我将大儿媳的声音朝武汉青年人说话的特点上靠，多用头腔共鸣，声音位置要高，以真声为主，混以假声，使之灵活多变，语言节奏明快清晰，嘎嘣脆，使这个人物虽已到中年，仍显得精明能干，很有心计，如她编造的那段母亲遗言："爸爸我对不起您家……"全用假嗓，直到最后一句："我把姆妈的话都忘记了啊！"一下子降下八度，用本嗓，以显示她的痛心疾首之情。最后一场的"哭丧"，其哭腔来源于生活，再加上声音造型的艺术处理，被专家誉为"绝活"。

"二房东"的声音形象更是从生活中直接摄取的，因此人粗俗、凶狠、喜欢吵架，她的声音形象也是武汉居民层中最痞俗的一种，但她又具备多种色彩，如吵起架来像雄狮怒吼："莫吵啊咿呀！"欺侮别人又居高临下："只怕搞邪完了啊！"自知理亏又要强词夺理："老裁缝噢，你来说句公道话，伙计！"这些都用本嗓，用口腔和胸腔共鸣，但有时又因人物关系的不同，处境的变迁，在声音造型方面采用别的调子，比如：她在姘头老么面前显得嗲声嗲气："劫数噢，你一天到黑都在外头跑。"最后一场以为找到了公安局长做女婿，身份变了，于是就说："我的女婿说了的，三天之内，统统搬家！"这些台词打开胸腔共鸣，提高声音位置，语音靠前，并启用假声区，以显得矫揉造作，令人恶心，这两个戏都是从滑稽戏移植的，但我仍严格地以话剧的创作方法塑造人物，包括声音语言的形象设计，结果获得了成功，为在湖北培植方言话剧这朵花做出了贡献。

3 从语言的性格化入手，进行宋庆龄艺术形象的台词处理

我扮演宋庆龄时，是舞台上第一次出现她的艺术形象，承受的压力是很大的，我只得从实际出发（即剧本虚构的规定情境，各种客观条件，特别是我本身的条件），一点一滴、一步一步地走向形象，所有的资料都记载，宋庆龄说话音量不大。在我被她接见时也是这个印象，但是我要塑造的是一个完整的、有血有肉的人物形象，不仅仅是声音大小的模仿，所以就要深入地了解促成她这样说话的生活环境，内心依据，她的精神世界，她的独特的性格，于是我贪婪地阅读她的著作，摘抄有关她的评论，收集剪贴图片资料，并在做形体动作准备的同时，也在做声音语言造型的探索。比如，艾泼斯坦说："……她总是用平衡的语调表示自己的看法，但这些文静的话语具有很大的说服力——雄辩、清晰和讲求实际"，"她热情洋溢，健谈而幽默。"罗曼·罗兰说："……她是一头名副其实的力图冲破一切罗网的雄狮。"王光美说：她"……文静温和而又坚强有力；她慈祥宽厚而又不失原则；她才识过人而又谦虚谨慎。"丁玲写道："……温柔中显露刚强，平稳中突出智慧，始终虚怀若谷，文质彬彬。" 而李湄介绍说："她是一个复杂的人，思想和外形并不统一，她像一个贵夫人，很注意礼节仪表，声音不高，不快……"从宋庆龄同志的著作里，我们也能看出她那政治家的胸怀，以及革命的原则性，如她那篇《电斥蒋介石》的文章，是 1927 年 12 月 18 日从莫斯科发给蒋介石的，蒋介石与宋美龄刚于 12 月 1 日结婚，宋庆龄没有理睬，于 18 天后就因蒋驱逐苏俄领事一事，去电痛斥蒋为"误党误国之罪人"，在另一篇文章《为"皖南事变"电斥蒋介石》中，她坚定地指出："必须停

止弹压共产党的行动。"另一方面，她在敦促鲁迅先生就医的文稿中则写道："你的生命并不是你个人的，而是属于中国和中国革命的！为了中国和中国革命的前途，你有保存、珍重你身体的必要，因为中国需要你，革命需要你！"情真意切，感人肺腑，文如其人。从她著作的字里行间，能"听"到她的心声。肖像塑造，首先是靠近形象，由不得演员自己海阔天空去设想。

特型角色的创造，当然离不开特有的声音语言的造型，但是这里有一个生活真实与艺术真实的问题，我们的目标是以生活真实为依据，创造出艺术真实的形象来，也就是说，在塑造领袖形象的工作中，也得遵循创作其他角色的方法和规律，比如：既要熟悉宋庆龄的声音语言特点，又要掌握台词本身的动作性，及其环境、对象；既要置身于剧本的矛盾冲突之中，又要不失宋庆龄的语言特点。总之，要塑造出典型环境里典型人物的典型语言。

本团创作的多幕话剧《大江东去》里，宋庆龄的戏很少，台词也不多，我分析只有两个动作：①反对分共决议案，②要求处决黄耀祖，任务是："继承逸仙志，挽救汪兆铭"，以前，我以为大起大落的台词不好处理，现在体会到，像宋庆龄这样身份高、语言平的台词更难掌握，刚柔强弱，抑扬起伏，轻重缓急，都得从人物出发，我采用中声区，使声音靠前，音色尽可能修饰一点，但不能造作，不能飘浮，也不宜太沉重。表现庄重、坚定、真挚、沉稳，对汪精卫说的每一句话都明确其动作，如"询问""劝告""诱导""敦促""责令"等……而在完成这些动作时又不脱离应有的人物关系与真诚的内心体验与交流。当然，宋庆龄的台词不好掌握，尽管我前后扮演了五次，也仍在探索之中。我在拍电视剧和电影的后期工作时，都曾有人建议找别人为我配音，但导演不同意，我也不赞同。导演说，我的音色虽不好听，但已经把握了宋庆龄的语言特点。

4　台词的情感体验与语言声音造型

台词的情感体验也就是角色的情感体验付诸语言的内涵，是在充分分析剧本与角色的基础上，通过设身处地的、想象的角色情感体验。体验，是"人的主观世界对客观世界的反映"，巴甫洛夫在以高级神经活动的学说为指导的心理学中提出："人在生活过程中所形成的条件反射联系，不仅能够产生现实事务所引起的情绪体验，而且能够产生想象的情绪体验。"我们演员在对剧本进行二度创作中所追求的正是这种"想象的情绪体验"。

话剧《万水千山》中，有周大娘送子参军一小段戏，规定情境是1934年底，在遵义附近的农村，红军要出发了，苦大仇深的周大娘急匆匆地赶来找教导员，要"送子参军"，她为自己的行为有些激动，她大声而高兴地叫了两声"李教导员"，然后跑到教导员面前，边喘气边笑着说："这孩子听说红军要走，非让我来替他要求，参加红军，你就收下他吧，啊？"这一段，周大娘一直是笑眯眯地"说情"，声音越说越低，越说越近乎。可是教导员说："大娘，您就这么一个孩子啊！"他不接受。周大娘一急之下，勾起满腹的悲愤，就开始"诉苦"了，在这里，调子完全转了，节奏也变慢了，她有千言万语不知从何说起："教导员——你可不知道哇，孩子他爹给二阎王背了一辈子的盐，也没还清他那阎王债呀！……"对"阎王债"三个字要有深恶痛绝的心情，要略微重读，这一段，要用哽咽的声音铺垫出下面的"哭诉"。"哭诉"从"去年……"二字开始，一开始就变调，音量收小，位置抬高，硬腭托起，具体地说就是用"哭腔"……"叫二阎王给活活……"停顿，不忍说出又不得不说，慢慢用发颤的轻声推出"打死了"三个字。下面一段词因时间的紧迫，心情的急切，不得不加快速度，放出本嗓，略带号啕的感觉说出"……二阎王还逼着我们娘俩给他干活抵债，我们孤儿寡母的，苦啊！苦啊！"到"苦啊！苦啊！"就放慢节奏，因为那吐不完的苦水一时半会儿说不完，也说不清，这四个字要容纳周大娘饱尝的一切苦痛，但声音不能平列，第一个"苦啊"稍重一点，音拉大一点，后一个"苦啊"配合摆手、摇头的动作，用轻声收住，然后，再换上一口气，用热烈、急切、清晰、明快的调子说出："你们回来了，消灭了白狗子，枪毙了二阎王那条毒蛇，给我们穷苦人报了仇，申了冤！教导员，让孩子跟上红军，替穷苦人打天下吧！啊？"这时候的音高、音量、音色，都恢复到上场时"说情"的调子，只是心理节奏更为紧迫，是在"求情"了。

说实在的，任何一个角色的台词处理，都是难以用文字表达详尽的，因为在这短短的几句台词中，为了获得"想象的情感体验"所展开的设想，足可以写成小说，我不仅"看见了"小周他爹那衣衫褴褛、瘦骨嶙峋的模样，还"看见了"他那永远愁苦的脸，甚至他被打死以后，躺在岸边的那双被盐水泡得又皱又白的赤脚！我设想指导员是住在我的家里，所以感觉特别亲切、特别熟识，但由于他太忙，没有交谈，所以他还不了解我的家世……总之，我把自己想象到、体验到的一切，都通过台词的抑扬顿挫、通过声音的形象固定下来，就如同给歌词谱曲一样，然后在每一次的演出中去重复这设计好了的声音造型，从而唤起并保持内心的体验。同时这种设计，又在演出时与对手的交流中不断得到完善，不断找到新的感觉，不断得以提高。

《万水千山》演出了很多场，这一小段戏一直比较稳定，感情也比较充沛。这不只是表演态度好的问题，里面更包含了科学的表演方法和控制嗓音的语言技巧，这就是：在认真开展"想象的情绪体验"以后，用台词把体验到的感觉记录下来，然后在演出时像唱歌一样地去重复它，以唤起你体验过的那些感情，我不管这是"体现派"还是"体验派"，是"行动的艺术""感觉的艺术"或"我就是""我不是……"我什么都学，以博采众家之长，为我所用，走自己的路。

一位美国专家说过："你的嗓音是一件乐器，要熟悉它，掌握它，使用它。"这话颇有道理。演员的功能就是塑造人物形象。作为演员，我们不能忘记自身拥有嗓音这一乐器，要运用科学的方法去掌握它，运用它，保养它，修整它，让它为我们的舞台艺术形象弹奏出一曲又一曲优美的乐章。

肖惠芳

参加音乐舞蹈史诗《东方红》
与《中国革命之歌》

肖惠芳

1964
参加音乐舞蹈史诗《东方红》的演出

我幸运地参加了中国革命史诗的两个大歌舞，这是很多表演艺术家梦寐以求的机会，一次是 1964 年在湖北演出的音乐舞蹈史诗《东方红》，一次是 1985 年在北京舞台上演出的《中国革命之歌》。这两个歌舞调集众多的艺术精英，气势磅礴，规模宏大，创造了当代歌舞世界之最。

上千人的组织和有效的管理，仅演员上下场五千多人次，换景、改妆，换服装道具，都是在几十秒暗场中进行，舞台调度根据节目顺序按分秒计算，演员候场都是以班和组战斗列队，组织军事化，行动战斗化，没有统一思想和严格管理是不行的。毛泽东思想就是指导我们的武器，一切都是在党中央和中央文化宣传部负责同志直接领导下进行的。

周恩来接见《东方红》的演员

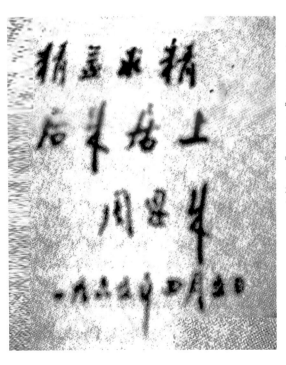

　　经典之作《东方红》，它是我们共和国团结安定，兴旺发达的象征，是时代的信息，是反映经济建设成就的窗口，只有我们中国可以做到，也只有我们国家的优越体制才能做好。

　　湖北的音乐舞蹈史诗《东方红》，完全是按北京的样子排起来的，周总理是我们总导演，他来看过演出，并且题字"精益求精，后来居上"，剧组前前后后千余人，政治气氛非常浓厚，每个参加的人都很投入，热情很高，参加《东方红》演出者，来自我省市、部队专业文艺团体和业余文艺工作者八十多个单位，千余名演员，这是空前的大团结，大合作，大家对艺术上每一个动作，每一个音符，每一个台词，都严格要求，按照脚本做到精益求精。

我是经选调来朗诵组的，全组六个人，有空政文工团的，武汉歌舞剧院的，加上省话剧团的，我们真是五湖四海，为了一个革命目的走在一起了。我们的任务，除了搞好本职朗诵外，还要帮助独唱演员吐词归音，互相研讨发声呼吸的问题。

《东方红》在武汉剧院演出了六十多场，场场爆满，激情的演出，搅动了江城观众，先辈革命的历史教育了我们，也感动了后来的人们。

1984
参加革命史诗《中国革命之歌》的演出

参加《中国革命之歌》演出，那是 1984 年，我正在上海参加电影《陈

赓蒙难》拍摄，快要杀青的时候，突然接到湖北省话剧团转来文化部调令，限日赶到北京参加《中国革命之歌》演出，剧组把我在剧中的镜头抢先拍完，我就乘飞机赶到北京报到。

我是来演宋庆龄的，得知《中国革命之歌》已经上演很多场了，临时换演员，时间紧促，当天戏没经过排练，试完妆就顶上台了，好在我在《开国大典》戏很少，天安门上领导人物，排位、站着前后都是有规定的，我和古月（饰毛主席），王铁城（饰周总理），在一起拍电影演过领导人的戏，都很熟悉了。

原来是中央领导同志陪同朝鲜领袖金日成来看戏，金日成老爷爷看戏后，还送我们许多他们从朝鲜用火车运来的糖果，每人分几块，糖虽少，也不如我们的糖甜，但是很有意义。

参加全国性的革命大歌舞，最激动人心的是我国新老演员济济一堂，同声歌颂我们的党，我们的事业。

我们很多艺术精英聚在一起，演

朝鲜领袖金日成上台接见演员

了七十多场歌舞，故事和趣事不少，交了许多新朋友，也学习到许多新的东西，受益甚多。

写在《中国革命之歌》上映之际

肖惠芳《长江日报》1985.10.5

　　最近我看了影片《中国革命之歌》。虽然我参加了演出和拍摄，但那都是在舞台上或在镜头前，视野和感觉都是局部的，片面的。而这一次则是坐在观众席里，第一次看到它的全貌。我由于是影片的参与者，看后心情格外激动和振奋。

　　舞蹈史诗《中国革命之歌》的舞台演出，是作为向祖国三十五周年大庆的献礼，以它拍摄的舞台艺术纪录大片又是作为向祖国三十五周年节日的献礼，两份厚礼体现了一千五百多名文艺工作者对祖国的热忱，对党的深情。

　　回忆在《中国革命之歌》七十多场的舞台实践中，总的来说我们经受了不同层次观众的检验，效果很好，感动了观众，振奋了人心。

《革》剧是我第四次扮演各个时期、不同风貌的宋庆龄，而此次演出困难很大，既无语言，动作又少，几分钟 "亮相"，要臻形似神似。这对我确实是又一次重要的考验。

　　我六点进化妆室，八点半上场，两个半小时的造型，就为这几分钟的形似，而短时间内求得神似，就要靠平时的不断学习和体验了，我通过与身旁"领袖"们的情感呼应，与同台"代表"间眼神交流，努力将宋庆龄特有的气质、神韵，尤其她对新中国深沉的爱，全倾于这几分钟。宋庆龄为人类解放事业，追随孙中山历尽艰辛，深得党和人民的敬重，新中国诞生，她作为第一个党外布尔什维克当选中央人民政府副主席，登上天安门，感慨、欣慰、自豪……交融在这幸福的时刻，作为演员，我意识到剧中几分钟是宋庆龄光辉的一生中最闪光的一瞬，能扮演这几分钟的宋庆龄也是我演剧生活这三十多年来最荣幸的一瞬，我要珍视、爱护这几分钟，

肖惠芳在《中国革命之歌》中获奖

并尽我最大的力量演好这几分钟。今天，再看到的影片，又经过广大电影工作者的再创造，使我们又有许多新的感受。它不但圆满地记录了舞台演出的那些精彩动人的场面，而且运用电影的各种手段使原舞台上的一些场面，效果更加强烈，更富有感染力，收到了很好的效果。

湖北省话剧团演出

大江东去

话剧

一九七九．十．北京

　　1976 年以来，我们伟大的领袖毛主席和敬爱的周总理都逝世了，许多无产阶级老革命家也相继走了，为了反映他们的丰功伟绩，我国的话剧舞台上，不断地出现着许多无产阶级革命领袖的形象，有的已经上演，有的正在写成剧本。

　　首先是中国儿童艺术剧院推出了《报童》，这是歌颂周总理的，上海人艺准备推出《陈毅市长》，是写陈毅同志的，还有《长征》，那是写毛主席的。我们湖北省委的领导认为：董必武同志是我们湖北人，老一辈革命领袖，我们湖北义不容辞地要写董必武，要反映他的光辉形象。于是就成立了一个创作组，专门来写董必武同志，剧本就叫《大江东去》。

　　开始以后有作者介绍说：省委领导要求，在剧本当中还要加上宋副委员长的形象，并且谈到宋副委员长 1927 年正好在武汉。她的革命功绩、作用与地位，出现在剧中都是必要的。骆文同志（文联书记）在洪山宾馆也谈到了，当时作为国民党左派的宋庆龄同志，忠实地继承了孙中山的遗志，坚决要同共产党交朋友，坚持联共扶助农工。王群同志（省委书记）也说：女演员，你们任务很重，在剧本里要出现宋副委员长的形象。结果，万万没想到这个任务交给了我，我不是团里的主要演员，形象、嗓子也都不怎么样，但是任务交下来了，就得完成。

宋庆龄—肖惠芳饰　董必武—张安福饰

宋庆龄和董必武　剧照

　　宋庆龄同志1927年才34岁，年轻貌美。而我呢？已经40多了，身体又发胖了，怎么办呢？我很着急。当然，我知道万丈高楼平地起，千里之行始于足下。我只有一点一滴地向我的角色靠近，一点一滴地不断努力。

　　导演给了我一本书，是宋庆龄的著作《为新中国而奋斗》。谢谢任卓伟同志，这本书给了我很多的帮助。因为在这以前，我只知道宋庆龄是孙中山夫人。从这里开始，我就到处去搜集一些有关的文史资料。同时，我每天到省图书馆，找寻和阅读那个时代的一些报纸杂志，有什么就看什么，我在那里学习，一坐就是一整天。在《大江东去》中，我的戏是在第五场才出来。随着一声通报"宋庆龄先生到"，我要走进国府大厅，从出场门走到台中央，要有很长一段路。宋庆龄要和当时的国民政府汪精卫斗争，第一次亮相很重要，怎么走？宋庆龄同志在1927年的时代背景中又该怎么走？我一点点地摸索和感觉。我从服装组借来了一双演出穿用的半高跟皮鞋。那个皮鞋是带响的，这双皮鞋给了我很多的帮助，每天早晨就在排练厅练，这样走，那样走，带着感觉走，带着人物关系和台词走。我慢慢就感觉到，这个走路学问太大了。我觉得我脚底下有台词、有感情，每天早晨起来，带着感觉在排演厅里练。我走了两三个月，一方面减轻体重，一方面从走路当中，去体会、去接近我将要扮演的宋庆龄同志。走快了，没有身份。太急了不行。走慢了，也不行，带着剧中所需要的心态一直走一直走，走到后来，我感觉到慢慢靠近角色，找到了在动作中我所需要的一些东西。可是距离真实的"国母"还很远呢。现在我们国家领导人物，活着的时候很少是由演员饰演的，出现在舞台上的，只有宋庆龄副委员长例外。演她，还是正在台上工作着的国家领导人，这就难了，尤其"国母"风范，国人无不知晓，怎么演呢？只能学习，摸索，一个好的机会来了。

"这是我一生难忘的美好回忆。"我碰上了机会！为审定剧本和领袖人物的造型，省委领导决定让剧组编剧、导演、演董必武的张安福和我以及化妆师一行，到北京走一趟，听听董必武夫人和宋庆龄同志的意见。

在北京，通过董必武夫人何连芝，与宋庆龄同志联系，我以为见宋副委员长很困难，谁知通知来了，说宋庆龄同志要接见我们。幸福来得真快，一想到就要受到自己要扮演的那位领袖的接见！我充满了

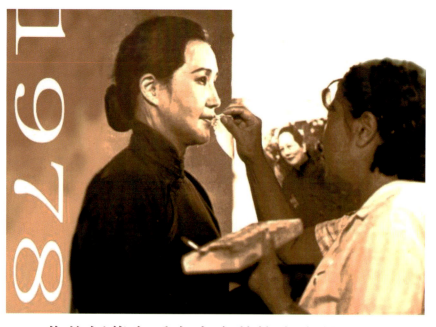

化妆师蔡庆瑶为肖惠芳饰宋庆龄化妆

喜悦和不安。

我的造型能不能通过呢？

在我们国家里，有许多在舞台和银幕上扮演领袖人物的演员，他们谁能像我这样，能受到自己要扮演的领袖生前的接见！没有，真的没有！

那是 1978 年 8 月 29 日下午四点钟，我们准时到了宋庆龄同志的住宅。秘书见到我，第一句话就使我们惊住了，他说："还没化妆呀！首长已经在等着你们了！"我一下子慌了，要化好妆，扮成宋庆龄同志的模样去见宋庆龄同志。平时，这样一次化妆要花上几小时。现在，没办法，只得先让其他同志进去，我和化妆师留在外面一间屋里，急忙化妆……

时间很紧，只用了二十五分钟。化妆师粘睫毛的手在发抖，我脸上的油彩也没有擦抹匀。穿服装时，自己的衣裳都来不及脱掉，就那么往身上套，算是上了妆。更滑稽的是，长裙下面穿的一双平底凉鞋——高跟鞋没带来，直到现在想起来还难为情！

化完妆，秘书把我领到会客室门口，对室内说："演员来了！"我都不知道自己是怎么走进门的，仿佛有些头重脚轻。走廊上有许多工作人员在看我，我感到有人正在轻声交谈，当我一出现，交谈声就止住了。

客厅一双美丽的眼睛转向了我。呵，那是什么样的目光呀！那么明亮，又那么柔和，她注视着我，仿佛在端详，在思索，一刹那，又仿佛在回忆。那静如纯洁湖水的眼波里，似乎蕴藏着几十年的波澜。透过它，我看到了一个高尚纯洁的灵魂。我整个身心被这目光所吸引，不由得想要向她走去，然而挪不动脚步……

哦，她几乎是不易察觉地吁了一口气，然后莞尔一笑。也许这笑中有某种神奇的力量吧，这一来，我顿时释然，也轻松地笑了。

"你先走给我看看！"宋庆龄同志说，那声音犹如柔风拂来。

我如排演似的迈开步子，呃，不对劲！脚下的地毯软绵绵的，脚上又没穿皮鞋，排练场上的那点自我感觉荡然无存。我感到这是我一生中最糟糕的一次表演。原以为只看看我化妆像不像，没想到还要我走台步。我越走越自信。汗都要冒出来了，我悄悄看了宋庆龄同志一眼，呵，她还是那么亲切、和蔼，仿佛没有看到我的笨拙。

"胸脯再挺一挺，头再抬一抬。"她说。那声音使我镇定下来。

我走动着，努力领会着她提示的要领。我觉得我直到最后也没有使她满意。然而她是宽厚的。

我告诉她：演出时，我将拿一个手提包。她说："不要用手提包，要用公文夹。"

她让我坐下休息，同时对我说，她看过一台戏，戏里面的宋美龄穿了双白色高跟鞋。她说："宋美龄穿衣服是很讲究的咧！冬天穿什么，夏天穿什么，早上穿什么，晚上穿什么，很讲究的。她那次到西安去是冬天，还要爬山的，怎么会穿白高跟鞋呢！不实际，不实际的！"接着，她笑笑指着我说："你不要给我穿白高跟鞋。我喜欢穿黑高跟鞋。"在座的人都被她的诙谐逗乐了。

她又对我招招手说："你过来，我看看你的头发是怎么梳的。"

我走过去蹲在她膝边。她用双手摸着我的头发说："嗯，基本上是这样的。只是这个（指假发髻）要紧一点，不要翘起来。"她边说边用手帮我按了按发髻。那天的发髻确实没梳理好，手忙脚乱，发卡都没卡进去。

她又招呼化妆师说："你来你看看我的头发是怎么梳的，摸摸看。"这对化妆师来说也是很意外的。化妆师走到她身后，轻轻地摸了摸宋庆龄同志的发髻。事后同志们说，这是多么好的镜头呵，宋庆龄同志坐着，我蹲着，化妆师站在后面，一起研究发式那么和谐自然。可惜，秘书有言在先，我们没敢拍照。

接着，宋庆龄同志把手搭在我肩上，笑着叮嘱道："你可不要给我烫头发。我一辈子都不喜欢烫头发。"我点点头。她把我扶起来，让我坐下，然后，她站起来举起自己的一杯饮料，让我和其他同志喝。我忙说："我有！我有！"我们每人面前都有一杯饮料。

她坐下后，像突然想起什么似的对我说："我是喜欢这样坐着的。"她将左肘轻轻放在沙发扶手上，手腕自然下垂，右手执着左手，然后欠身看着自己的脚，对我说："有时左脚在前面，有时右脚在前面。我一辈子都喜欢这样坐。"

"宋庆龄同志，您生气的时候，有什么特点？"我们一位同志问。

宋庆龄同志仰脸笑起来，笑罢，她说："我要生谁的气，我就这样对他说……"她眼神严肃起来，伸出食指点着想象中的"他"，加重语气说道："你一定要改！"说完，她有意让自己的表情和动作定在那里，让我看清楚了，才把表情和动作一收，又笑了。预定的接见时间早就超过

《大江东去》 宋庆龄—肖惠芳饰

了。我们站起来，向她告别。她缓缓站起来送我们。我紧紧握着她的手说："宋副委员长，湖北人民非常爱戴您，我一定努力塑造好您的形象。"她笑着，握着我的双手摇着说："祝你演出成功！祝你演出成功！"

四年后，我又来到北京，又来到这个地方，能不想念我们敬爱的宋庆龄同志吗？回想起来，我感到欣慰的是，她健在时看了我在《大江东去》中扮演的宋庆龄。她的秘书打电话来，愉快地说：首长昨晚看了电视转播，她很

高兴，谢谢同志们！她让我向你们表示歉意，因为身体不好，没能到剧场来观看演出。她说你演得有些像啊……

　　老人家已经离我们走了，然而，我感到她始终和我在一起，感到她仍然在指导我行走艺术之路。宋庆龄同志的高贵品质，为祖国事业献身一生的伟大精神，我将永远学习，永远追随……

北京演出《大江东去》董必武夫人何连芝接见演员

能塑造形象的演员—肖惠芳

石 金 《长江戏剧》1984 第一期

1979 年，新中国诞生三十周年的前夕，湖北话剧舞台上出现了令人瞩目的两台戏《大江东去》和《七十二家房客》，其中，两个栩栩传神的艺术形象很受观众称道，一个是高风亮节、正义凛然、毕生致力于中华民族解放事业的"宋庆龄"；一个是庸俗卑劣、贪婪歹毒、蝇营狗苟于剥削劳苦大众的"二房东"。两个如此天地之差的角色却出于一人之手，她，就是湖北省话剧团的著名演员肖惠芳。

通俗喜剧《七十二家房客》是反映我国解放前某城市一角，二房东剥削压榨房客的故事。观众们看了肖惠芳演的二房东，就像看到一

饰演宋庆龄在孙中山故居照

个蠢得像猪似的丑陋恶煞，她用尽了自鸣得意的害人诡计，到头来反把自己的庐山真面示了众，又像让我们看到了个狼似的"能唠鬼"，为了一己之私，管你是什么一贫如洗的远亲近邻，她一律是连皮带肉一口吞下去不吐半块骨头；但她又狡诈得像只躲在树旁的狐狸，为了骗取一块奶酪，唱尽了舍己为人的赞歌。你看她，为了把栋破房子顶出去开妓院可以换来八根金条，拿出了浑身解数去赶身无立锥之地的房客们搬家。不搬？串通伪警三六九来撵！反抗？把巧取豪夺来的养女送给伪警局长"填房"，借以施淫威、逼百姓。戏的结尾虽然使她落个人财两空、丑态百出的结局，但肖惠芳塑造的这个坏蛋形象却使人感到，在必然灭亡的命运降临二房东的头上之前，她还是那个破败、腐烂社会里响当当、硬邦邦的害人虫。

这个形象叫我想起了陈戈同志在《抓壮丁》里塑造的王保长，那条冷森森的毒蛇，那个一拍二诈三丢手的变色蜥蜴。王保长是个敲骨吸髓的土皇帝，二房东是个煎熬贫民的吸血鬼，两个不同的反面角色，都是我欣赏过的不可多得的艺术典型，这两出喜剧都使观众从苦笑、冷笑、开怀大笑中否定了旧社会，丰富了人们对祖国今天的热爱感情，特别是那些饱尝过剥削之苦的观众，看到舞台上这两个真实、细腻、泼、尖、损、毒，活脱脱地再现了他们似曾相识的人物后，更要长吁一口郁闷之气，会心地笑起来。

肖惠芳能不凡地塑造这个形象，基于她有一颗执着的孜孜以求的事业心，敢闯敢做，百折不挠，以及她对创作的源泉——生活素材的处理方法的不断改进。

保姆之女肖惠芳是在贫民窟里长大的，她的少年生活就是在遭歧视，受冷遇中度过来的。她的邻居中就有那么个"笑嘻嘻暗地放债，乐呵呵地收息，卖了你还叫你无从叫屈的家伙"。1962 年，此剧筹备开排，导演和创作任务要求二十多岁的她去追忆自己的生活经历并从中吸取营养。那时，她还不太善于从直接、间接的生活里挖掘，提炼素材运用到人物身上去，但她顽强地去找资料，研究剧本，又直观地去模仿那个放高利贷者的举手投足、一颦一笑。他们是怎样跺脚捶胸、声嘶力竭地去招财进宝的，她也去比划一番，他们是怎样娴熟自如地要弄一哭二闹三上吊的把戏，以求私欲得逞的，她就忠实地、反复地模拟下来，当外在的模仿终于产生由点而线的正确的人物的感觉和节奏时，立刻激起了演员内心的回响，二房东的动作积极而有分寸地进行着。与此同时，演员的逻辑思维和形象思维能力都活跃起来了，从感性认识到理性分析，综合的能力大大地飞跃一步，反转来引导演员走一条捕捉形象真实、生动的创作道路，她从模仿、借鉴，进而领悟到对生活中模特儿要"博采众长，荟萃一身"的创造典型的方法。艰苦而漫长的由外而内、内外结合的创造性劳动，使她在舞台那有限的方圆之内赢得了自信，夺得了自由，博得了"把人物演神了"的观众评论。

　　1979 年，她在夜晚演出这个粗俗不堪的人物的同时，白天去赶排反映董老（必武）在 1927 年时革命生活的话剧《大江东去》，她在戏里扮演宋庆龄。在全国第一次通过艺术的方法，讴歌了我们敬仰的伟大女性宋庆龄主席。在排演场里，肖惠芳真使我惊讶，眼前这位"宋庆龄"既是疾恶如仇、力挽狂澜的政治家，又是俊秀刚毅、雍容大度的社会活动家，她的扮相有些形似，难能可贵的是，她竟有几分我在历史文件和纪录片中看到的宋庆龄同志的神韵，二房东的形体动作已是荡然无存，细看演员的自我感觉也不禁使我肃然起敬。我在想，她要用多少精力、多少个日夜去学习历史，学习并感受宋庆龄同志光辉的生平啊！又要用多少气力、多少汗水去进行模拟并进行形体控制才使我们感受到和谐的人物美啊!我只记得，她在首都的深秋演出时，一场不到二十分钟的戏演下来总是汗水湿透了服装。

　　宋庆龄在全剧只出场一次，动作是坚持惩办屠杀革命工农的顽凶，反对分裂国共的"决议案"，面斥汪精卫的叛变行为。

　　戏开场不久，侍卫报告"孙夫人到"，汪逆惴惴负隅以待于国府大厅，这位扮演"国母"的肖惠芳昂首阔步走上台来，然后，戛然止步，伫立片刻，直视前方，静默无语。这个上场，把人物的愤懑心情和端庄肃穆的气质统一地体现出来了，人物的心理节奏、行动的速度和形体感觉水乳交融般地融合，一下子就征服了观众，使他们相信她就是当年的宋庆龄同志。

扮演汪精卫的演员曾对我说，肖惠芳这个上场不啻千钧重棒在汪逆头上，使他在台上感到心头一紧。这个看似淡然的"平起"又使观众意识到饱含矛盾的上场，是演员成功地运用先抑后扬手法的一例。下面，当宋庆龄坚持处决刽子手黄耀祖，揭露汪逆使他恼羞成怒公开对抗时，宋庆龄严厉地谴责了他，勃然摔碎了酒杯，然后前视、转头，又回转头来深深地扫视了这个叛变者一眼才愤然离去。

还是扮演汪精卫的演员对我说，这临下场前的目光，扭头和专注的扫视，给本来就色厉内荏的汪精卫加上了一种令人窒息的压力。这场大起大落、正义与邪恶展开白刃战的政论戏，因为宋庆龄形象的成就，产生了相当激荡人心的艺术效果。两年以后，肖惠芳被邀请在得奖电视剧《洁白的手帕》中再度成功地创造了宋庆龄这个形象，使更多的观众欣赏到这位演员塑造形象的艺术魅力。文艺界的前辈金山同志看过后，夸奖她是"能塑造形象的演员"。

又过两年的今天，她在话剧《五二班日志》里为我们塑造了一位善良、敦厚、为儿童的成长不惜呕心沥血的乐老师形象，连作者也称赞她"往台上一站，观众就得看出她是个小学老师"。此剧在北京和武汉连续上演中，不断获得儿童和其他观众的肯定。

时光流逝得真快，文工团时期说说笑笑的大姑娘，如今已是耳顺之年的妈妈，不久后就要当奶奶了。生活得到了改善，社会地位也大大提高了。这在某些世俗者看来，满可以躺在沙发床上打呼噜了，或是多尽一些妻子和母亲的责任，沉醉于天伦之中了，但是她不。她期望话剧艺术有新的突破，切望新一代迅速成长，对自己她深沉地以"吾将上下而求索"的精神在奋力开拓、创造、迈进。

有位青年演员对她说："老肖，我要像你（那么有才能）就好了。"肖惠芳脱口而出地回答说："我要像你（那么年青）就好了。"简短的一句话，道出这位老演员的胸怀和酷爱话剧艺术事业的赤子之心。

孝顺儿女

省话剧团来我市演出《孝顺儿女》

老班底珠联璧合 肖惠芳出类拔萃

郑天锡　刘迎春　《黄石日报》　1981.5.15　第四版

湖北省话剧团改编并演出四幕方言讽刺喜剧《孝顺儿女》，在汉连续公演五十余场，载誉来我市，昨晚在供电局俱乐部作首场演出受到欢迎。这台戏讽刺味道较浓，对"文化大革命"中涌现出来的某种丑恶嘴脸进行了揭露和批判，并贯穿着社会主义精神文明的教育，具有一定的思想性和艺术性。

省话剧团是我市观众比较熟悉和喜爱的表演艺术团体之一。早在50年代初期，该剧团反映工人生活的话剧《四十年的愿望》，曾同黄石观众，特别是同冶钢职工结下了深情厚谊。这次《孝》剧组的主要演员，都是60年代初期成功演出方言喜剧《七十二家房客》的老班底，功底厚实，各有所长，表演细腻，配合默契，可谓珠联璧合，相得益彰。

陈协诚　何明兰　张家柱　吴有才　肖惠芳　张狄翘

中国戏剧家协会会员、该团著名演员肖惠芳，集三十余年艺龄，造诣精湛。她在《七》剧中扮演的二房东，至今还为观众们津津乐道，她在《大江东去》中扮演宋庆龄，受到宋庆龄副委员长本人的赞许，获得首都文化艺术界名家们的褒奖；这次她在《孝》剧中饰大儿媳杨映兰，更是别有风韵。她善于运用真假嗓合用的发声方法，吐词清晰，字字悦耳，兼之文武打样样在行，展现出多方面的表演艺术才能。她塑造的大儿媳的艺术形象，刁钻泼辣的性格，栩栩如生，不是二房东，胜似二房东，贵在相似不相同。

昨晚演出的剧场效果良好，观众不时地发出阵阵笑声。演出结束后，市党、政负责同志刘树维、李夫、盛大礼以及市文化局等单位负责同志上台同演员亲切握手，祝贺演出成功。

吴有才　张狄翘　何明兰　阮喜生　陈协诚　肖惠芳

杨晓兰（肖惠芳饰）　胡老太（张狄翘饰）　胡伟生（张家柱饰）　陈凯川（王学波饰）　胡江英（何明兰饰）　大风·吴力绘

话剧《五二班日志》

国庆献礼

中华人民共和国国庆 35 周年，天安门前反映文艺界成就的《五二班日志》彩车游行。

（站在最高讲台上的是肖惠芳）

新花吐蕊 芳香袭人

《五二班日志》奉调进京

祝道斌 《湖北日报》 1984.5.17

本报讯 我省话剧团创作演出的儿童剧《五二班日志》。根据文化部的安排，将从二十日起在京公演。剧组人员已于十六日晚上启程赴京。

该剧曾荣获1982年全省专业剧团创作剧目汇演的创作、演出一等奖。自去年十月上演以来，已逾百场，受到广大群众、教育工作者和青少年的热烈欢迎，被誉为《陶冶人心灵的一篇好教材，献给少年儿童的一朵飘香的鲜花》。

在京期间，该剧将为全国妇联召开的全国幼儿少儿工作者，先进集体和先进个人代表大会做专场演出，并将参加庆祝六一儿童节的演出活动，同时，还将广泛听取意见，进一步提高艺术质量和演出水平。

赴京前夕，省委、省政府负责同志观看了该团的汇报演出，并同全体演职员见面，预祝进京演出成功。

王光美同志在舞台上接见演员。

如预期一样，在北京上演这个戏，轰动了首都文艺舞台，引起了各界人士的关注，并被接到怀仁堂，为中央领导同志、首都优秀辅导员、少先队员，演出三个专场，全国政协主席、敬爱的邓颖超同志在百忙中，带着病到剧场接见了剧组主要成员，并关怀询问剧组情况。

妇联，青少年工作者，老师和学生们，观看后一致认为：这是一出具有深刻的现实意义，有强烈的艺术感染力，震撼人心，发人深省的好戏剧。整出戏情景交融，浑然一体，乐老师（肖惠芳饰）的表演，稳重娴熟，生活、自如。学生演得各具特色，性格鲜明逼真。

中宣部部长邓力群接见《五二班日志》全体演职员

这个戏写儿童少年的，学生们是主角，肖惠芳演的乐老师，是个配角，但是很主要的配角，全剧虽没有贯穿的事件，但有贯穿的人物，有很深沉炽热的感情线索贯穿全剧，这就是乐老师。感情体验的戏，很不好演，尤其是"教育"人的戏更不好演。功夫不辜负有心人，她成功了，全剧大家演得很好。《五二班日志》获得"五个一工程"奖。

肖惠芳创造的新角色

沈虹光　《文化报》1983.2

　　我还是个小学生时就看过肖惠芳的戏。她是个戏路子很宽，可塑性较强的演员，她能一会儿是端凝典雅的伟大女性宋庆龄，一会儿是厚颜凶狠的女性地痞二房东，从神到形是天上地下天使魔鬼，观之不禁叫绝。

　　话剧《五二班日志》分配角色时，我想，连宋庆龄都扮演了，一个小学老师还在话下？谁知不然，角色一分，她比谁都紧张，"哎呀小沈，快点给我介绍几个小学老师吧，心里空得一塌糊涂，怎么演哪？"

　　我不信。你看她在排演场上，应付自如：这样处理不行？好，换一种，还不行？再换。她点子多，戏来得快，仿佛什么都难不倒她。然而那苦恼是切实的，苦就苦在她不愿用技巧和经验来代替真正的艺术创造。演员的身体和情感，既是创造形象的材料，又是形象本身，因此即使天才的演员也难免有局限。乐老师既没有特殊的外部造型，又没有强烈的形体动作，她很普通。然而她往台上一站，观众就得看出她是个小学老师。这很难，然而肖惠芳

做到了。只要排别人的戏，她就抽空溜出去，或去附近学校或到教师家中，每去必有所得，回来总是满面红光，喜气洋洋，脑子里不"空"了。

　　演员站在台上，有多少只眼睛看着你，就有多少张嘴发表评论。我佩服肖惠芳听取意见的本事，多难听的意见她都不拒之门外，不过她又不轻易地被意见牵着走。有一次导演未给她转达意见，她还真的生了气："你就这么不相信我？"我和她是邻居，常在一起交谈，有回我说："你台词说得没有味儿。"她想想不服，跑过来说："你台词写得蛮有韵味儿吗？"肖惠芳的创作热情和精力都特别旺盛，好像一个乐老师还不够她演。在排演场，她有时还跑出来比划几下孩子的戏，还真有味儿，不过她脸上孩子的顽皮天真和身躯的高大胖硕对比太强烈，使人忍俊不禁。观众反映乐老师演得好。肖惠芳在医院看病，有位陌生的医生拉着她道："乐老师，你再演演我们医生吧，你一定会演得很好！"可是我说："乐老师和你的内在素质距离比较大，这并不是你演得最好的角色。"她又不服气了，"没距离还要你创造吗？我有自信，再演出时你看吧！"

补记

肖惠芳

让我最高兴的是，《五二班日志》，奉调参加 35 周年国庆彩车游行，以前天安门检阅游行，只是在电视中看过，没想到自己能亲身参加彩车游行的队伍，还是一个人站在彩车最高的讲台上。

彩车排队等检阅时间很长，走过天安门觉得很快，检阅队伍有人打出"小平您好！"，望着检阅台上欢庆的人们，邓小平同志招着手，就像指引我们改革的方向，蓝天白云，阳光灿烂，晴空万里……象征着我们祖国繁荣，伟大，前途无限，眼眶充满了热泪，自己非常激动。

彩车游行展示了我国在 35 周年文艺战线上的成就，《五二班日志》获得了"五个一工程"奖，为国庆献了厚礼，我也为祖国尽了自己的努力。

带着自豪的心情，我们文艺队伍参加检阅大游行，彩车走过天安门，难忘的时刻，我永远刻记在心中！

宋庆龄和她的姐妹们

宋美龄—冯冬霞饰　宋庆龄—肖惠芳饰　宋蔼龄—詹致茹饰

新的探索

肖惠芳　《武汉剧坛》　1987 年 1 期

　　为纪念孙中山诞辰一百二十周年和辛亥革命七十五周年，武汉话剧院创作了五幕历史话剧《宋庆龄和她的姐妹们》，该剧历史跨度十年，上起 1915 年宋庆龄东渡日本与孙中山结合，下至"皖南事变"后宋氏三姐妹携手投身抗日救亡，着力地讴歌了宋庆龄为中国革命的献身精神，描绘了一个家庭中两个阵营里三姊妹悲欢离合的命运纠葛。

　　我能参加武汉话剧院创作的《宋庆龄和她的姐妹们》的演出，感到非常荣幸。尽管这是我第五次扮演宋庆龄，但仍然感到是新的课题，因为这一次涉及她的家庭生活，姐妹情谊，她们的悲欢离合，喜怒哀乐，由于宋氏家族的内幕是封闭着的，作为资料的素材有限，一些西方作者撰写的史料，是否可靠，也很难说。这样一方面要从仅有的资料里寻觅生活原型，同时也应该看到宋氏家族也都是人，她们总有"人之常情"，这是我们能够体会到，捕捉到的。正因为抓住了"人之常情"，才使得这一次塑造的宋庆龄形象比较生活一些，自如一些了。

　　工作需要我扮演宋庆龄，然而我和宋庆龄之间，无论从内到外真乃天壤之别，差距太大了，怎么办？我曾竭尽一切努力去靠近她，我贪婪地、如饥似渴地阅读宋庆龄的著作以及有关的能抓到手的一切史料、画册、图片。我越是熟悉她就越是崇敬她，觉得她真是伟大，真是了不起。虽然我曾从模仿入手，从外到内，又从内到外一点一滴地去感觉她、接近她，体现她，但总觉得她毕竟是宋庆龄，她是那么高大，那么完美，因此心里总有些战战兢兢，诚惶诚恐，老是松弛

宋庆龄说：子文（鄢纪烈饰），我们已经分道扬镳，你走吧！请你，替我在母亲面前尽一份孝心！

（蒋介石"四一二"叛变革命后，派宋子文带其亲笔信，到武汉面交宋庆龄，欲以亲情劝说二姐宋庆龄脱离武汉，遭到宋庆龄断然拒绝，并发表严正《讨蒋声明》：退出中国国民党中央执行委员会）

不下来。到了这次创作时，由于题材不一样，我逐步领悟到：是我在扮演宋庆龄，除了努力向她靠以外也不能丢掉我本人的实际条件，正如刘文治演的孙中山有刘文治的特点，马奕演的孙中山有马奕的风采一样，不必忌讳"角色形象带着演员本人的色调，也就是说允许让角色向演员靠"。我年龄比较大，我演的宋庆龄就都往我这个年纪靠，但是有一个前提，就是要观众认可，要观众承认你"像"。

"像不像"的问题，是塑造领袖形象的主要课题。"像"

在上海听到杨杏佛等人被捕的消息

为进步民主人士鸣不平，一定要营救，要进行斗争。

包括"形似"和"神似"，就是通常说的"形神兼备"。"形似"包括化妆师的艰苦创作与演员对"形态"的掌握，演员不可以把"形似"的任务甩给化妆师，因为演员不是画布，而是活生生的有独立创作意志的人，要不然就会形成常常见到的那种情形，就是有的肖像造型，不动还像，一动，一说话就完全不像了。这是因为化妆师的"形似"任务完成了，而演员的"形似"任务没完成。

我塑造宋庆龄的形象是从模仿入手的，我模仿她的微笑，模仿她的抿嘴，模仿她的眼神、步伐，模仿她端坐的神态，但是模仿只是"入手"，一时半会儿也不能停留，稍一停滞就僵化，就呆板，一定要有内心感觉为依托。"模"其"形"，"拟"其"神"。

第五幕宋庆龄在音乐声中走进蒋介石官邸并对欢迎

抗战时期三姊妹聚会在重庆

共赴国难

的队列微笑点头，频频招手致意，这一系列动作，我做得比较自如，因为我的感觉是充实的。这些动作和微笑是从照片上模仿来又加以创作的。动作唤起了内心的感觉。感觉越充实，形态便更加生动，在这里"形似"与"神似"是相通的，浑然一体的。

"神似"是基于对人物全面理解熟悉后所焕发出来的总体感觉。对于神韵的琢磨可是很费功夫的，它不只"动于衷"，也必然会"形于外"，这大概就是"神态"吧。

三幕二场，宋子文背离了武汉政府，投靠了蒋介石，宋庆龄非常失望，非常痛心，她站在那里，好一会儿不说话，她了解宋子文的处境和为人，她深知武汉政府面临的危机，她痛恨蒋介石给革命事业带来的损失，她思索着、判断着，在下决心，在找出路……有一天，我突然想起宋庆龄有一张三十年代的照片，眼睛里抑制着痛苦和悲哀，双唇紧闭着，好似咽下了个人的不幸，强忍着愤懑不平，坚毅、顽强、自信……这是我在体验中又抓到的一个神态，于是我又找出那张照片反复端详琢磨，当我模仿着紧闭双唇的时候，我内心的感觉更充实更具体了。

我又一次荣幸地扮演伟大的女性—宋庆龄

肖惠芳 　《长江日报》1986.11.12

作为一个话剧演员，我是非常幸运的。因为自一九七八年以来，我曾五次扮演了宋庆龄这位伟大女性在不同历史时期的艺术形象。更为难得的是，在所有扮演过宋庆龄的同行中，我又荣幸地受到过宋庆龄的亲切接见，而且她本人还观看了我演出的实况转播，并在看过演出后的第二天上午委托她的秘书给我打来电话祝贺演出成功，还说"有些像"。这是对我的鼓励与希望，也是我终身的荣耀。

回想这五个戏的演出，一次比一次更接近生活的真实。第一个是描写一九二七年宋庆龄在武汉的生活片段，第二个是电视剧《洁白的手帕》描写一九四五年宋庆龄途经武汉收养两个孤儿的故事，第三个是电影《陈赓》里宋庆龄营救陈赓将军的经过；第四个是在《中国革命之歌》里出演开国大典上出现约一分钟的宋庆龄形象。在最近一次为纪念孙中山先生诞辰一百二十周年及辛亥革命七十五周年而创作的大型演出《宋庆龄和她的姊妹们》

肖惠芳饰宋庆龄

中，我又扮演了宋庆龄。这个剧刻画的宋家姊妹的艺术形象，个个都很有性格。既写了她们的疏离，也写了她们的情谊。为此，我回想起一九七八年八月二十九日，宋庆龄接见我时谈到宋美龄的情景。那是我们请她审定化妆造型及剧本时，她兴致很高，像一位耐心的导演一样，审看了我走路的神态、发式、服装，又示范了她坐着的习惯，生气时的特点等，在谈笑风生中，她谈起了宋美龄，流露出了姐妹之谊的柔情，她说："宋美龄穿衣裳是很讲究的，冬天穿什么，夏天穿什么，早上穿什么，晚上穿什么，都很讲究的。有个戏中，宋美龄到西安穿了双白高跟鞋，这是不实际的。她到西安去是冬天，还要爬山的，怎么会穿白高跟鞋呢？不实际，不实际的。你（指我）不要给我穿白高跟鞋，我喜欢穿黑高跟鞋。"这次接见，定下了我第五次扮演宋庆龄的基调，我将宋庆龄对她妹妹真挚的情感融于表演之中，故而很多观众看完演出后赞赏地说："这个戏好就好在写了人，写了姊妹情，有人情味！"

邀 请 信

肖惠芳 同志:

经第二届中国话剧金狮奖评奖委员会评定，您荣获本届奖的 **金狮** 奖，谨向您致以热烈的祝贺!

发奖大会订于今年11月1日在京举行，特邀请您届时出席大会。关于出席发奖大会的有关事项，我们已通知您的所在单位，请您与所在单位进行联系。

中国话剧艺术研究会

一九九一年十月十日

金狮奖

肖惠芳在话剧《宋庆龄和她的姐妹们》演出中，成功地塑造了宋庆龄的鲜明形象，一九九一年，获得中国话剧艺术研究会颁发的第二届中国话剧演员"金狮奖"。

《丢手巾》

肖惠芳从"国母"到看门老太太

余萍　《楚天周末》1990.5.26

　　湖北省第六届政协委员中有她，《古今中外女名人词典》等好几本名人词典中有她……对于湖北省话剧团的国家一级演员肖惠芳，武汉的观众非常熟悉。迄今她已塑造了 50 多个艺术形象，其中，最引人注目的是曾在《陈赓脱险》《陈赓蒙难》《开国大典》等片中先后六次扮演了宋庆龄。欧洲、东南亚的一些报刊赞誉她"演出了国母的光彩"。扮演中老年的宋庆龄几乎成了肖惠芳的专利。

今年，肖惠芳走下宏伟的天安门城楼，住进了话剧《丢手巾》中那间女宿舍楼的值班室。

《丢手巾》是湖北省话剧团的剧作家沈虹光继《搭积木》之后创作的又一部反映普通人生活和情感追求的话剧。

剧中的看门人周师傅是位50多岁的女工，头上一顶软塌塌的白色无檐帽，胳膊上套着蓝色袖笼子，上身是老爹穿过的，下身是儿子穿过的，患关节炎的腿，走起路来一拐一拐的，脾性暴躁，说话粗俗，嗓门大，烧水扫地收份子钱盘问来客接电话……无事不管。

肖惠芳接这个戏时，有人劝她：这个角色还是不要接吧，免得破坏了国母的形象。

肖惠芳有自己的理解："我非常热爱这个角色。在周师傅身上，集中体现了中国劳动妇女吃苦耐劳的品德。几十年，连舒舒服服睡个早觉的日子都没有，活了一辈子，丈夫没给买过一件衣服……然而，她仍然那么热爱生活，在平凡的岗位上，尽职尽责。国母有国母的真、善、美，她们在精神上、灵魂上都是非常美好的。"

肖惠芳特地到医药设计院的门房里烧水，切身体会周师傅起早贪黑的艰辛，品味水开之后楼上楼下叫人打水时的欣慰和满足。

肖惠芳特地为周师傅设计了走路的姿势，笨拙，右脚有点跛。每天，她照这模样在家里走开了，周师傅的言谈举止呢？肖惠芳从一位女劳模身上借来一副粗嗓门，从看自行车的老太太身上抟来用手抹鼻子的习惯动作，从卖水果大娘那儿搬来把耳朵对着人说话、听话的姿势……

这种创作灵感得益于肖惠芳的平民意识。生活中的肖惠芳实在太平凡了，以致许多慕名来访者一见到她总觉得认错了人。至于演出时被剧场门房拦住严加盘查更是常有的事。"这样便于观察。"肖惠芳道出缘由，"该让人看的时候，别人看我，不该让人看的时候，我看别人。"长期的观察给肖惠芳的表演提供了丰富的素材，入戏快，对导演意图悟得也快。

《丢手巾》的导演阮喜生对肖惠芳的表演很佩服："我的新观点，她能很快融到表演之中，不露一丝痕迹，看不出是别人的观点。"

在"文艺之春"文艺晚会上，肖惠芳曾把周师傅的戏串成一段十几分钟的小品，效果很好，但是肖惠芳说："有些地方我还在琢磨，她好像没有满足的时候。"演了六次宋庆龄，她不满："许多地方还不如人意。"迄今，从艺已有四十个年头的她也不满："我要是年轻人就好了，还能再演四十年。下辈子，我还演话剧。"

（

肖惠芳的新角色

段卫华　《湖北日报》 1991.10.2

一级编剧沈虹光的新作《丢手巾》在武昌江汉剧场首演的时候，我去观看。那天剧场音响效果极差，场内秩序因之有些乱，听不清台上那些年轻的演员在说些什么，只有那个看门人周师傅声音高亢洪亮，字字句句都能听得清清楚楚，表演也是游刃有余，格外引人注目。那个看门人正是肖惠芳奉献给观众的新角色。

肖惠芳是省话剧团的一级演员。老观众对它非常熟悉，年轻一茬爱看电影的，则从《陈赓蒙难》《陈赓脱险》《开国大典》等影片中领略了她扮演宋庆龄的功力。肖惠芳是幸运的，受过宋庆龄的亲切指点，成为扮演中老年宋庆龄的权威人选，曾先后六次饰演这位伟大的女性，而且每次都相当成功。

剧作家沈虹光与肖惠芳同船共事多年，据她讲，"若说肖惠芳有什么特殊禀赋，恐怕只有一条：热爱生活"。历经沧桑的肖惠芳在农村生活过很长时间，接触的正是普普通通的劳动者。她热爱他们，在同他们朝夕相处中积累了丰富的素材，头脑里拥有了一个"表演素材仓库"，所以她的表演总是那么亲切自然。

演《丢手巾》中的看门人周师傅时，她再次打开了记忆的仓库，并注意观察起湖北剧场和剧团附近看车的、摆小摊儿的太婆来，还起了大早到医药器材设计院烧开水。她全身心地投入到新角色中，终于体会到周师傅在平凡单调生活中的全部，是那种典型的对家庭、对工作、对周围未婚男女都极负责任的中国老太。她那揩鼻涕用手挟、流了眼泪用袖擦的动作，耳朵送到人家嘴边听话的神态，闪着自以为是的聪明的眼睛以及跳起脚来大骂"非法入侵者"的蛮劲儿，令我想到了在大学宿舍、在村头、在菜市场、在许多其他场合遇到过的老人的乐趣与满足。

《丢手巾》讲的是发生在一座女工宿舍楼里的故事。周师傅自然不是主角，但女工宿舍嘛，自然也少不了一个烧水扫地传电话收份子钱的太婆，所以身兼数职的周师傅戏码也不轻，她操一口纯正的武汉话，戴顶清洁工的白圆帽，走路拖着一条腿，极热情、极认真地招呼着楼里的一切太太，我心叹：神了！而肖惠芳自己也感觉到这一次在表演艺术上进入了另一个境界：以前她总是记上一大堆手记，而这一次她一个字手记也没写，完全凭着对剧本的熟悉和对人物的理解，轻松自如地演完了全场。

剧本没写起时，沈虹光曾找到肖惠芳，把周师傅的戏串在一起编成一个11分钟的小品。这个小品今年三月在中南地区话剧小品电视大奖赛上一举夺得编剧、导演、演员、演出四项奖。

1990年的全省新人新作比赛中，由于肖惠芳在《丢手巾》中出色的表演，她荣幸地被授予"绿叶奖"。

陋室观戏说"念经"

——肖惠芳的敬业精神

曾立慧 《武汉晚报》1993.3.15

报载：去年全国280个吃"皇粮"的剧团全年未演过一场戏，占全国国营剧团的十分之一强。戏剧不景气早已不是新闻。但戏剧市场是否就萎缩得连一场戏都不能演了呢？这使我想起了去年在湖北省话剧团排练场看的那场《丢手巾》。起先，肖惠芳打电话让我去看戏。我满以为是在湖北剧场。哪知这场戏竟是在团里一个十分简陋的排练场里，团长见我惊诧，便说：票卖得很少，我们租不起剧场，只有在自己家里演了，我看了看观众席各式各样的板凳倒是摆得整整齐齐的，三四十名观众都神情专注地看戏，我和另一位戏剧评论家大约是今晚观众中最"高级"的上帝。团领导特意安排我们坐在前排两个有扶手的椅子上，演员们便在离我们五六尺远的地方演戏，灯光虽不甚好，也觉得比舞台上更有一番滋味更亲切。

省话艰苦奋斗的作风，早有口碑，但90年代了，演员们尤其是青年演员们能在这几乎不具备演出条件的情况下坚持工作，不拿架子不要"派"。这真是难得。我深深地被感动了。据说，该团在工厂、在学校，在文化站，不论是操场、礼堂、教室都照常演，没有怨言。春节期间肖惠芳等还曾在利济路街头演小品，其爱业敬业精神，让人难忘。

我们这三四十名观众认认真真地看戏，演员们也认认真真地演。为排这个戏，许多朋友费尽了心血，话剧是拉不到资助的，编剧沈虹光便只有卖文——她无偿地帮潜江某工厂写了一个电视片，换回搭景的钢材，我总爱傻想，和尚是要念经的，演员终归是要演戏的，不景气的流行病困惑着那不演戏的280个剧团，当然，也困扰着湖北省话剧团。可他们在困境中闯出了生路。如今不是时兴现场会，传经送宝么？干吗不请那280位全年不演一场戏的团长们到这简陋的排练室里看一看《丢手巾》，听一听《丢手巾》的戏外戏。我想，只要谁在这里坐坐，看一看肖惠芳那些从家里带来的服装和道具，看一看肖惠芳对一个平凡的看门人的角色塑造和敬业精神，再看一眼沈虹光化缘化来的演出台（钢架结构舞台），我敢肯定他们会在汗颜中受到启发，找到一点点儿振兴话剧的激情的。

1991年3月4日，中南地区话剧小品电视大奖赛，在广州长城小剧院降下帷幕，肖惠芳代表湖北省话剧团一个人演出的独角小品《女工宿舍的看门人》（乃作者沈虹光为《丢手巾》肖惠芳饰演剧中的看门人周师傅缩编的单人小品），荣获编剧、导演、演员、演出四项奖。另外肖惠芳还获得了个人"荣誉奖"。

《同船过渡》

劳动报·文艺新闻 3
1995年1月1日　星期三

剧坛人士叫好之余别有一番滋味在心头——

上海剧团何以放弃《同船过渡》

武汉话剧院的小剧场话剧《同船过渡》近几天在戏剧学院上演大获成功。圈内人士在感慨话剧盛景突然转来的同时，也不无惋惜地表示，这部精彩的话剧剧本原藉最早是交给上海某剧团的，而由于"种种原因"，该团最终放弃了《同船过渡》，非常潇洒地与这部好戏失之交臂。据了解，《同船过渡》的编剧沈虹光最初是为上海某剧团写这出戏的，而上海方面也为此支付了定金。剧本成稿后，沈虹光曾亲抵上海朗读原稿。然而，在听过原稿后，该团却对这出戏的上演可行性表示了犹豫态度，原定的排演计划一拖再拖。在经过反复研究与斟酌后，该团最终放弃了上演《同船过渡》。如今，武汉话剧院排演的《同船过渡》挟轰动京城之势杀到上海，上海剧坛人士在震惊此剧慑人的艺术感染力之后，亦别有一番滋味在心头，有专家尖锐地指出，上海某剧团当初放弃《同》剧，根本原因是出于商业赢利的考虑，一般认为，这样一部反映老年人黄昏的戏很难吸引观众，但事实上，到剧场里看戏并大喝其彩的很多观众是年轻人，而另一种揶揄的说法是，幸亏上海剧团没有排[同船过渡]，因为找遍上海所有话剧演员，又有谁比得上"武话"的胡庆树和肖惠芳呢？

□ 记者 刘华

　　上面，是《同船过渡》在上海演出时《劳动报》一篇记者报道，报道了这个剧本原来是上海某剧团定作排演的，作家沈虹光已朗读了原稿，因为种种原因，经反复研究斟酌后放弃了。无独有偶，我们自己省话剧团，也因一些情况，没及时安排上演这个剧本。倒是武汉人民艺术剧院，慧眼识珠，抢下这个剧本，而且不惜一切，从广州请来导演王佳纳，从省话剧团借来老演员肖惠芳，加上本院的戏骨老演员胡庆树，青年演员王雷、李铁，还有儿艺女演员肖俏梅，五个人组成了一个班子，演了一台戏。

这个戏演员少，场景集中，风格化的布景，各种小型剧场演出都适合，经过艰苦而紧张的排演，上演后好评如潮，想不到一举夺得了多个全国大奖。

肖惠芳也获得了文化部颁发的第五届文华表演大奖。

《同船过渡》打破我市文华大奖"零"纪录

郑萌

肖惠芳（左一） 王佳纳（左二） 严正（右二） 胡庆树（右一）

沈虹光同志这个剧本，构思好，题材新，她从老年人的生活中找到了亲情和人性——百年修得同船渡主题，运用了一些不同的手法，把时间和空间，不同场景，不同的戏，自由切换，时虚时实，处理得淋漓、流畅、创新，非常好看，非常感动人。

老船长按报上征婚启事地址找上门来

小剧场演出，地方小，观众和演员距离很近，舞台上卧室、客厅、阳台，一会儿门里，一会儿门外，场景多，戏又无场次当场切换，什么样细小的地方，表情的真真假假，都会看得清清楚楚，就像生活中的一样，逼真就很难了。要打破一些旧的框框，适应新的环境，新的表现方式，而如何把舞台的假定性和表演的真实性结合起来，自然而生活，又能感染观众，表演就更难了。老演员胡庆树与肖惠芳却在戏中展示了他们的艺术魅力，把人物矛盾、冲突和感情的戏，演活了，把平凡的老人

你也老不小了，我们做个伴是个照应……

老船长—胡庆树　　方老师—肖惠芳
刘强—李铁　　　米玲—校俏梅

配合记者（王蕾饰）采访按其要求摆成画面

升华到很真实的高境界，看后令人热泪盈眶，感动不已！

《同船过渡》第一次演出，是在武汉话剧院小剧场里，领导，文艺界同行，场子里挤得满满的，连上厕所走路都很困难。乱哄哄的热闹非凡，戏一开场，便鸦雀无声，全被台上的戏吸引住了，随着精湛的表演和剧情的发展，观众忘掉自己，跟着时而欢笑，时而泪眼蒙眬，被演员的表演和完整的演出征服了。戏一结束，就爆发了雷鸣的掌声，鲜花和笑声，夹杂着泪水、期待、祝贺，台上台下打成一片，有人欢呼：万岁！好极了！戏完了，观众散场余兴未了，还恋恋不舍地离开剧场。

观众走了，来看戏的市委领导上台看望演职员，副书记李岩握着老演员的手说：多年未看到这样的好戏了，不做作，不夸张，真实感人！谢谢，辛苦了！宣传部部长李宪生发现音响效果不好，为了戏的质量，吩咐剧院院长马上打报告说：文化经费是困难，该花的还得花。领导的支持和关怀，几天后，一套新的进口音响进了剧组。报纸接着也有很多评论和宣传，认为《同船过渡》为小剧场话剧实践，为话剧理论的发展开拓了新路。小剧场演出虽然观众少了，近距离直接与观众交流，对演员提出了更高的要求。这个戏真实、自然、质朴、平淡，演员的表演是出色的，特别是饰演方奶奶的肖惠芳与饰演高爷爷的胡庆树的表演，堪称是对剧本成功的再创造，确实为该剧增色不少。高爷爷的几段对白，那么自然真切，那么感人肺腑，仿佛是自然地从心底迸发出来的，方奶奶性格化的表演，对人物心理、情绪极其细致、准确地把握，使一个渴望晚年幸福的饱经风霜磨难的形象活脱脱屹立在观众面前。置身于小剧场中，观众可以明显地感到演员不同的语情、语势、语速、语调，也可以清晰地看出演员面部表情的细微变化。其中传达出来的凝重的人生体验，到了催人泪下的境地，而这些精湛表演，也只有在小剧场演员与观众、观众与演员的同步交流中才能充分显出其魅力。《同船过渡》确实是近年来不多见的好戏，难得的好戏。

有了领导支持和观众的喜爱，《同船过渡》很快红遍了武汉三镇，声名也远传到了北京。

1994年11月，《同船过渡》被选为"全国话剧交流演出"剧目，是十八个剧目之一，赴京在实验剧场演出，演出成功，一票难求，它搅动了北京的文艺界和观众。演出时，全国政协副主席钱正英来了，文化部副部长陈昌本来了，中宣部文艺局局长李准来了，一大批艺术权威、大师、老艺术家、戏剧家全到剧场来看戏了。还有实验话剧院、戏剧学院带队伍前来观摩学习，演出后，剧作者沈虹光，老演员胡庆树、肖惠芳都收到了许多的赞誉与好的评价。

中国剧协副主席、著名话剧表演艺术家于是之，看了《同船过渡》以后说：激动得我像喝醉了酒，我握着胡庆树同志和肖惠芳同志的手说不出话来，顶多说着好……好……记者问我，我说：这不是一般的好戏……不是一般……这是我最近看到的最好的戏，是可以称得上真正意义的话剧。他还请黄维钧带话告诉肖惠芳说：于是之更喜欢你的表演。

著名节目主持人倪萍，十分真诚地说："两位老演员的表演称得上是炉火纯青，看完戏，仿佛心灵的某扇窗户被打开了，真正体会到生活中宽容的美好。"著名戏剧、影视、小品演员陈佩斯谈：我觉得这个戏的成功关键

著名话剧表演艺术家、原北京人艺院长于是之看完话剧《同船过渡》后，激动地拥抱着肖惠芳连连称赞。

陈佩斯与肖惠芳

在于号到了时代的脉搏，在新旧价值观变革的今天，为人们寻找到了一种亲情、人性。

在北京，为了满足观众热情的要求，几乎每天都加演日场，人很累，但是心情很好。因为与上海有应邀演出日期协定，没来得及喘口气，戏演完了，带着北京演出一片赞扬和美好的声誉，就去了上海。

上海人多，戏剧演出气氛很好，观众热情，素质也高，我们住在戏剧学院，在他们学院小剧场演出，学生们很热情，几乎每天都有人来观摩学习，还为他们演了个专场。

当然，看戏的不只学生，各行各业的观众，艺术大师，文化界人士，评论家，记者，还有上海白玉兰戏剧表演艺术奖组委会的评委们。

一九三四年十二月十三日是肖惠芳的生日，今年的生日是在剧组过的，在上海过了六十花甲。

喜上加喜，又收到了一个喜报！

上海白玉兰戏剧表演艺术奖组织委员会

喜　报

　　肖惠芳　同志在　一九九四　年上海舞台上

演出《　同船过渡　》剧目，

扮演　方静娴　角色，成功地塑造了角色形象，

经评选，荣获第　六　届上海白玉兰戏剧表演

艺术奖　主　角奖，特向你们和获奖演员本人

致以热烈祝贺。授奖仪式将于　五　月　二　日至

五　月　五　日在上海举行，请给予积极支持。

上海白玉兰戏剧表演艺术奖组织委员会

一九九五　年　四　月　四　日

上海白玉兰戲劇表演藝術獎

証　书

肖惠芳同志在一九九四年度上海舞台演出的《同船过渡》中，饰方伯娟角色，荣获第六届上海白玉兰戏剧表演艺术奖主角奖，特发此证。

上海白玉兰戏剧表演艺术奖组织委员会

主任　徐像西

上海白玉兰戏剧表演艺术奖评委会

主任　袁雪芬

上海白玉兰戏剧表演艺术奖组织委员会

1995 年 5 月 4 日

上海白玉兰戏剧表演艺术奖评委(签名)

　　得了白玉兰奖，当时有位同志来采访，写了篇文章，发表在报刊上。

　　附录于后：

花开花落曾几何　今朝终得白玉兰

——记著名话剧演员肖惠芳

　　第一次见到肖惠芳是在上海会景楼大酒店，她是来参加第六届白玉兰戏剧表演艺术奖颁奖活动的。她获得了第六届白玉兰戏剧表演艺术奖主角奖。初次见面，肖惠芳给人一种亲切、朴实的感觉，没有一点大演员的架子，使人愿意与她接近，谈到她这次获白玉兰奖，她显得异常激动。她说，她做梦都没有想到她会得奖，她已是个年近花甲的老太太，早已过了表演艺术的黄金年龄，而且她又是一个文工团员出身的没有经过任何正规学校学习的普通演员……但是在了解了一些情况，又同肖惠芳进行了一次长谈之后，我觉得肖惠芳获白玉兰奖是当之无愧的。

从小喜爱演戏

　　肖惠芳的祖父是个基督教徒，肖惠芳早年曾在教会学校学习，教会学校的文艺活动很多，有唱歌、跳舞、演戏，她常参加演戏并受到了好评。这鼓舞了她，从此她就喜欢上了演戏。14 岁后，她的父亲失业了，家里很困难，为了减轻家里的负担，她自己去报考了文工团，并被录取了。为此，母亲大哭了一场，因为她一直希望女儿做医生。至此，肖惠芳走上了舞台。她的第一部戏是 1950 年在鄂南文工团主演歌剧《刘胡兰》，第二部戏是演话剧《母亲的心》，52 年她调到湖北话剧团，开始了她长达四十多年的专业话剧演员的舞台艺术生涯。

演戏有原则

肖惠芳酷爱话剧艺术，对于演戏，她为自己确立了两条原则：一是不管什么角色只要有戏她都演。肖一直认为舞台实践是一种学习提高机会，所以不管是主角、配角，甚至是只有一两句台词的龙套她都演，而且一丝不苟，孜孜以求。有几次让她演连排练都没有的二线角色她也演，没有排练就自己准备，做人物笔记，看资料，一线演员的每次排练她都坐在台下认真观看。

还有两次还真的遇到了突然情况，一线演员不能演了，她一下就顶了上去而且获得了成功。她常说：她演戏的第二个原则就是勤奋、好学、认真。对于多年来的演艺生涯，肖唯一感到遗憾的是她从没有去表演学校进修学习过。她非常羡慕那些在表演学校受过正规训练的同行们。为弥补自己在表演理论方面的不足，她就要求自己比别人更勤奋、更好学、更认真。首先，生活成了她最好的老师。肖惠芳认为：中国的传统戏曲表演难度很高但有程式可循，而作为舶来的话剧表演艺术却没有程式可循，没有流派。话剧演员要表演应该以剧本为依据，以生活为源泉，在生活中找寻所需要扮演的角色，然后将角色在舞台上体现出来。在平时，她很注意观察生活，积累表演经验。在车站等车，她会注意观察候车人各自的心态和表情，在她丈夫住院期间，她看出了住院医生和实习医生的不同，住院医生负责，实习医生马虎。生活在变，人们在变，作为一个演员必须注意到这种变化，才能塑造出各类不同的人物形象。除了向生活学习外，肖惠芳也从不放过任何其他的学习机会。一次团里排演莫里哀的《吝啬鬼》，导演从人物动作入手来分析角色，寻找人物的行动线，这对于没有受过正规教育的肖来说很新鲜，也很高兴，她又多了一次学习机会，她认真地听导演说戏分析角色，做了大量排练笔记，最后，她成功地扮演了剧中人物媒婆福劳辛，受到了圈内外人士的好评。以后只要团里请人来讲表演课，她都去听，还做笔记，年龄大了，眼睛老花了，戴着老花镜做笔记。有年轻的演员问她："年纪这么大了，为什么还这么专心？"她回答说："话剧艺术太迷人了。这个领域太深奥了，有学不完的东西呵。对于话剧表演艺术，她一直在苦苦追求，探索，每演一次戏她都要求自己学到点什么，提高点什么，摸索出点什么。"

演活了各类人物形象

三年的舞台生涯，肖惠芳塑造了众多的性格迥异的令人难忘的妇女艺术形象，"文革"前，她演神了方言喜剧《七十二家房客》中贪婪、尖刻、狡诈的"二房东"，还扮演过《霓虹灯下的哨兵》中的春妮，《雷雨》中的侍萍，《江姐》中的江姐等。"文革"中，基于她只要有戏演什么都演的演戏原则，她居然也演了不少戏，她演过女民兵，演过《收租院》里挑担子的，还做过报幕员。在农村下放劳动期间，她也从不放过任何表演的机会，她为农民表演、朗诵，还指导农民排练文艺节目，她太迷恋于舞台了，她有很大的戏瘾。现在她仍常常参加各种表演，朗诵、小品她都演，许多甚至都是义务的，团里同仁常说："老肖这个人，搞了这么多年，别人看不上的小角色她总是搞得蛮带劲。"

她塑造了一个"伟人形象"。正是这种对话剧表演艺术的不懈追求精神，使肖惠芳在粉碎"四人帮"后获得了很大成功。她先后六次在影视、话剧中成功地扮演了宋庆龄，她也是第一个扮演宋庆龄的人。1978年5月，她被挑选在话剧《大江东去》中扮演当时还健在的宋庆龄副委员长。在戏中她扮演的宋庆龄只有34岁，年轻、美丽而且还是个政治家，同年8月，她有幸地受到宋庆龄的接见，接见时，宋庆龄对自己走路的姿态、坐时的习惯、生气时的神态等作了具体的指导。第二年10月《大江东去》在北京演出，宋庆龄看了电视转播后，让秘书打电话祝贺演出成功。81年，她在电视剧《洁白的手帕》中再演52岁的宋庆龄，并得了奖，在剧中，她成功地将宋庆龄关怀新生一代的博大情怀自然地表达出来，她将宋庆龄作为伟大的母亲形象和伟大的政治家形象有机地结合起来了。电视剧播映后，她收到了许多观众来信，称赞她的表演质朴无华，已故艺术家金山也为此赞扬"她塑造了一个形象，这是很不简单的，这样的演员要大力表扬"。以后她又在电影《陈赓蒙难》《陈赓脱险》《中国革命之歌》和话剧《宋庆龄和她的姐妹们》中演宋庆龄。为了演像、演活宋庆龄，她着实下了番功夫，体形胖了她不顾自己有冠心病并已四十多岁年纪，像小朋友一样练习跳绳，以此来减轻体重。她不熟悉宋庆龄，就阅读大量有关资料。多年来有关宋庆龄的资料，只要能收集到的或翻拍或复印，或摘抄或记录，她都保存在她的"仓库"里。她对宋庆龄的生平轶事的了解，甚至超过了许多专职的工作人员，功夫不负有心人，她成功了，演像、演活人们十分熟悉崇敬的宋庆龄，说明惠芳在艺术创作的道路上又迈出了坚实的一步。

演出频繁　成绩突出

粉碎"四人帮"后，肖惠芳的艺术创作活动异常频繁，创作情绪十分旺盛，表现出比过去任何时候都更加充实的干劲和成熟的才华。她参加了《于无声处》《枫叶红了的时候》演出，82年始在儿童剧《五二班日志》里扮演班主任，该剧还应邀在北京公演了28场，中央领导同志也曾在怀仁堂欣赏该剧的演出。以后还在话剧《寻找山泉》《丢手巾》等剧中演出，除了演话剧，她也常常表演小品，表演朗诵，她在中南地区小品比赛中获奖。

迎接命运的挑战

肖惠芳演了这么多戏，塑造了这么多光彩照人的形象，或许有人会以为肖的演艺生涯相当顺利，其实则不然，肖的演艺生涯历经沧桑，她曾三次面临离开舞台的打击，第一次是"文革"前，她的声带坏了，有些台词念不出，医生说她再也不能演戏了，"倒仓"了，让她转业。当时她还很年轻，面对这沉重的打击她没有屈服。她想，除了演戏她什么都不会干，她横下一条心，一定不能转业。一定得治好声带留在舞台上。她找团领导表明了自己的决心，然后她就去治疗声带，她打金针，吃中药，还去武汉音乐学院找声乐教师练四声发音，最后还动了一次手术。在她的努力下，她终于战胜了疾病，她又能念台词演戏了。第二次打击是在粉碎"四人帮"后不久，她被发现患有冠心病，她常感到胸闷、气短，呼吸急促，医生明确要求她停止排练、演出，并告知该病随时随地都会发作，并且很有可能就再也起不来了，团里领导很为她担心，但她对此很镇静，坚持演出。当时她正参加《五二班日志》演出，有时一天还演两场，在台上她看上去像个"好人"，而一下台她就瘫了下来，许多人都替她捏了一把汗，而她却神情坦然地说："演员的生命价值在于为观众奉献鲜明生动的艺术形象，多演戏，演好戏，即使猝倒舞台，也是死得其所。"她的这种对艺术的献身精神来源于她对艺术的挚爱和不懈的追求。92 年又一次更大的打击降临到了肖惠芳身上。92 年年底，她遇到了车祸，当场不省人事，腿、手都严重骨折，下巴破了，缝了十几针。她在医院整整躺了四个月，当时她已年近六十，她的腿还能不能完全恢复连医生都没有把握。面对这一切肖惠芳又一次显示了她惊人的冷静，有人来看她，鼓励她说："你大难不死必有后福。""福是什么？"她问自己，她想起了郭小川的诗"有用处就是福"，她想：如果我这辈子真的再也站不起来了或是跛了一条腿不能演戏了，我也要找其他事，可以写写书，谈谈表演艺术经验，或去学校讲座，讲讲宋庆龄的故事，等等，反正我不能闲着，得有用处，得干点什么。皇天不负苦心人、凭着坚强的意志，肖惠芳又一次战胜了命运的挑战。她站了起来。95 年 8 月，她正式加盟《同船过渡》剧组。当时她的腿还跛着，从家里去武汉话剧院排练厅来回得几个小时，她不顾年老身残，坚持每天参加排练。《同船过渡》的演出获得了巨大成功。在剧中她所扮演的"小学教师方静娴"生动、亲切、自然，令人难以忘怀。肖惠芳以她那深厚的生活积累，精湛的演技，准确精到地演绎了方静娴这个人物形象，使观众大饱眼福。"方静娴"这个人物的表演成功，标志着肖惠芳的表演艺术达到一个新高峰。

获奖当之无愧

作为一个演员，肖惠芳获得了很大成功。她的成功来自她对生活的热爱和对艺术的追求。凭着她对艺术的一腔热情，她一次又一次地战胜了命运的挑战，她把她的那颗对话剧表演艺术的赤诚的心，全部地、无保留地奉献给了观众，奉献给了舞台。说来也很有意思。此次她获得 94 年度白玉兰奖真是难得，白玉兰奖评奖规定，参评演员年龄不得超过 60 岁，而参评剧目又必须是评奖年度在上海公演过的。肖惠芳去年年底刚 60 岁，而《同船过渡》

又赶在了去年年底 12 月 27 日在上海公演,可以说肖惠芳赶上了评奖末班车。或许这是一种巧合,抑或也是命运的安排,不管怎样,这是对她多年来苦苦追求话剧艺术的一种回报,她是当之无愧的。

补记

肖惠芳

离开上海,《同船过渡》十月又参加了在成都举行的第四届全国戏剧节,戏剧节好戏很多,《同》剧是本届戏剧节优秀剧目之一。戏好,哪里都受欢迎,我个人又获得了第四届戏剧节"优秀表演奖"。

成都是个好地方,观众真热情,小吃也多。得白玉兰奖,奖给了我五千元,自然要请同剧组伙伴们聚一聚,散戏后大家吃火锅高兴的劲儿,至今还留在我美好的记忆中。后来,这个戏还去了广东,还出国到新加坡演出了许多场。因为胡庆树接了一个电视剧，另有任务暂停了演出。

同年，《同船过渡》荣获中宣部"五个一工程"奖，编剧、导演、胡庆树和我都得了文华大奖，至此，继白玉兰奖后我在这个戏中连获三个大奖。三个大奖呀！很多人演了一辈子戏，想得一个大奖都很难，我一下子连中三元，退休之年，尚能厚积薄发，是机遇，也是自己的努力，感慨之余，甚是庆幸。

1992 年，我遭遇了两场车祸，手脚多处骨折，下颚撕裂，下巴还缝了十多针，在医院并发了心脏和其他的病。躺在病床上，我想这辈子完了，做演员更是不可能了，来看望我的人都鼓励我要坚强活下去。记得沈虹光来看我说："一定要好好养病，病好了，我跟你写戏。"本来以为安慰的话，却成了现实，感谢白衣天使让我站了起来，更感谢编剧沈虹光让我跛着脚又站上了舞台，使我的艺术生命获得重生，获得又一个春天，也印证了一句话：大难不死，必有后福！

1999 年，庆祝中华人民共和国成立五十周年，为了繁荣文化市场，弘扬和展现新中国舞台与影视五十年的成就，中宣部、文化部、中国文联、新闻出版总局、广播电影电视总局共同主持编选了《1949—1999 新中国舞台影视艺术精品选》，出版了系列作品，包括发行光盘影碟，《同船过渡》也在其中。

2002 年，突然传来噩耗，胡庆树患晚期癌症，病已扩散，手术无效，没几个月就逝世了，临到死时，家里人怕他伤心，瞒着也未告诉他的病因。人走了，一代话剧艺术大师走了。年前夏淳和他、我，约了我们将来到北京去排《洋麻将》，一个戏两个老演员，夏淳导演，我和胡庆树演对手戏。戏没演成，他走了，我怀念他。

永远怀念与我在舞台上演对手戏的老船长！

与胡庆树演对手戏

——怀念胡庆树同志

肖惠芳 《话剧空间》 2003.5.11

　　沈虹光的《同船过渡》让我和胡庆树走上了同一个舞台，我和胡庆树不只单位不同，生活经历也完全不同，他是戏剧学院的高才生，并在经过多年的舞台实践以后又返回学院进修，可谓"炉火纯青"。他在舞台上很有光彩，是我心目中敬佩的有才华的演员之一。我呢，十五岁到文工团打腰鼓，后来被整编到湖北省话剧团演话剧，没进任何艺术院校学习、进修。我几十年的演艺生活，都是在实践中摸索着前进的。这次要与他同台演对手戏，我心里有些不安，害怕合作不好。

　　在我第一次看完《同船过渡》的剧本以后，我对自己一点信心也没有。我想象中的方老师，她是个老姑娘，应该是细高挑，大大的眼睛，白净的皮肤，而我不是这回事。我打电话给作者沈虹光，述说了我的苦衷，沈虹光说了三个字"就是你"。我只好硬着头皮在感到茫然的情况下进入了排练。

　　刚开始胡庆树对角色也有一些想法，可是他很快地调整了自己，捕捉到了人物的总体感觉，尽管开始时对人物把握得不可能完整，也不尽准确，但是他抓住了人物的总体的东西，掌握了基调，他一走上排练场，就不再是生活中那个气喘吁吁的胡庆树了，他俨然是个老当益壮、谈笑风生的老船长。生活中的胡庆树有些"隔涩"，但是他并不像我见过的某些大演员和官员演员那样，把他们的派头延伸到艺术创作中来，他不！在对词、排练以及演出过程中，他绝对是个普通演员，他不迟到，不早退，也不大声嚷嚷。八月的武汉酷热难当，我们那破旧的排练场别说空调，就是两个全身带响的吊扇，还经常停电，我穿裙子都嫌热，可胡庆树还穿着长裤，后来导演王佳纳好说歹说他才换成西装短裤。

《同船过渡》剧组总共五个演员，来自三个单位。胡庆树出戏快，想象丰富，表现力强。他不嫌弃别人，不急不躁，他善于等待容忍，去适应别人，他从来不要求别人来适应自己，也从来不要求对手"这样"或"那样"，他是在以角色自居地积极的行动中，以他的真情实感去影响对方，刺激对方，带动剧情的发展。我参加剧组时，不只我自己没有信心，周围的同行也有不少人对我没信心，胡庆树知道这些反应，但他从来没有流露出丝毫的不悦，是他的信任与支持帮助我迈出了合作的第一步。当时我因车祸左腿两处骨折尚未痊愈，走路一跛一跛的，这样一个

又丑又跛的老太婆要唤起对手的兴趣实在不易，胡庆树处之泰然。他是用他丰富的想象力弥补了我的不足，后来有人告诉我胡庆树背着我对别人说"肖惠芳也真不容易，每天跛着一条腿从武昌赶过来排戏，她这样强的事业心真是难得"。胡庆树对我的支持与理解，使我非常感动。

　　记得在"民众乐园"演出的时候，我的右眼突然长了一颗小的"睑腺炎"，既难受，还特别难看。在这种情况下，对手演员说什么刻薄损人的话都是可以理解的，胡庆树没有。每一场演出他都一如既往地以最大的热情、鲜明的动作来表现。在方老师身边周旋，变着法儿说服她、开导她，也就是他台词里说的"顺着她，哄着她"，有一天他轻轻地对我说："戴副眼镜会好些吧"。

他一定为我感到难受，从而就为我想了个办法，可见胡庆树是一个善解人意的极好的合作伙伴。

胡庆树在学习和实践中，形成了他自己的风格。他追求"有规律的自由行动"。对于他的表演，虽然各有各的说法，但我认为：挺好！他的创作方法既能解放作为创作者的演员本身，又能使角色形象有血有肉生龙活虎地活跃在舞台上。他不演概念，也不可能刻板，他表演松弛，想象丰富，适应能力强。他的随意并不是演员自己的随意，而是他在不断完善对角色的总体构思的同时，他以角色自居，掌握住了角色的感觉、愿望、欲求，在行动中不经意产生的，往往从这里迸出火花。

比如第二场，两位老人谈得投机时，导演要求两人走上阳台看船。导演把前面一段本来由米玲介绍的词，改为方老师自己说，同时导演还要求，两人说到高兴处方老师唱"让我们荡起双桨"，老船长来和。排练中我唱了不到一句，老船长一和，就跑了调，这绝对是即兴的，真是神来之笔。方老师（我）感觉到这位老先生是在认真地唱，使劲地和，越使劲还越跑调，方老师（我）不好正眼看他。怕打断了他的兴致，但又觉得好有意思，好开心，方老师发自内心地笑了。试想，如果胡庆树不跑调（他是很能唱歌的呀）、两位老

人唱得很和谐，旋律多美，也会是索然无味，因为没有戏啊！他这一跑调就引出下面在交流适应中随意产生的台词。老船长见方老师高兴，他也很高兴，

自嘲地说："见笑，见笑，我以前就听我两个儿子在我跟前唱：啦啦啦，小白塔。"方老师接着说："对，我以前就教过我的学生唱这个歌。"老船长更来劲"那说不定是你教的哩"。我（方老师）也接过来半开玩笑说："那也难说呵！"两位老人都开怀地笑了，我们认为这些都很合适，在以后的演出中就固定下来了。

胡庆树的台词是用"心"说的。他以角色自居，注重角色的真情实感，表述自己的强烈愿望，描述使他动情的视觉形象，他的台词既热烈、动作性又强，所以能打动人，给人以强刺激。

导演把第五场的一段台词挪到第三场作结尾戏。方老师被老船长的小船逗乐了，进而想了解他："你开的是什么船啦？""不开船的时候干什么呢？"于是老船长就介绍他的船，以及他在船上的生活。胡庆树这段台词是越说越好，不断有新的感觉、新的视象、新的处理。方老师（我）不仅听他叙说，而且是看见了他描述的那幅图景。他越说越得意，方老师（我）越听越高兴，直到他用那双胖手模仿水鸟的翅膀时，我真的觉得有趣极了。这时老船长话锋一转："上岸了，来找方奶奶！"方老师脸一沉，想起以前骂过他的话"老流氓"，嘴里骂着，内心还沉浸在刚才那种愉悦当中。

有人评价说两位老人的戏配合默契，实际上是因为他的戏好，充实感人，带出来的。他可以说得人打心眼里高兴，他也可以说得人伤心落泪。

比如"述说家史"的长段独白，他引起人的联想，让方老师想到他的心境，他妻子的苦衷，他能悔悟自责的胸怀，以及他跑到坟头看望那不忠实妻子的深情；方老师明白了，他是带着对妇女歉疚的心情来找方老师的。他可能想补偿这一缺憾，所以才对方老师百般顺从忍让，方老师觉得他比自己还要苦，还要受煎熬，正是方老师这种对他的理解与同情，当老船长说："我走了。"方老师情不自禁地冲到门口脱口喊了声"老高"，话一出口，方老师心慌了，紧张了，因为这样称谓过于亲昵，有失自己的矜持……在第五场老船长在数"一""二""三"以前，有几句肺腑之言。胡庆树真挚动情地说着台词，他演着演着，觉得台词不足以表达老船长那殷切的企盼，那急不可待的心理动作，于是，他满怀激情地哽咽着加了一句"我会好好待你的，啊"，说得方老师真是受不了，老船长那样恳切、那样深情、那样真挚，铁石心肠也会被感动的。此时的方老师在感情上已经接纳了老船长，可是在理智上她迈不出这个坎，我不能想象，她要是走了这一步，她的学生、同事会怎么看她，她的亲朋、邻居会怎么想她，她在矛盾中咬牙摇了三次头。方老师听到老船长（胡庆树）这呕心沥血的肺腑之言，不动心是不可能的，她想要动真格的，同时还要抑制这种感情，做违心的决定。这样对手戏之间的交流与碰撞，就有了矛盾，有了痛苦，也就有了戏。

胡庆树那双眼睛很厉害。人们常说"眼睛是心灵的窗户"。胡庆树的"窗户"不是静止的，等着别人往里看的，他的"窗户"里有放射性元素。第三场老太太正为受年轻人糊弄生气，老船长想逗她开心，从口袋里摸出一只小船，说"给你只小船玩玩"。我一看那小船就乐了，好可爱哟，等我回头看看他，那双眼神啊，那么善良，那么诚恳，那么纯真，纯真的像个孩子。不由人觉得这老头子可亲可爱，于是就产生下面想了解他的动作："开什么船啦？"

"不开船的时候干什么啊？"这样就有第二次上阳台的戏。

他那窗户（眼睛）总能把他的感受，他的欲求强烈地放射出来。当我以角色自居、相信"我就是"方老师的时候，我都不敢看他的眼睛，那里

面有灼人的光，常常只去感觉他的眼神，不时还会有些心跳。这正是导演要求的，她希望这一对老人应该产生一些初恋时的那种感情，胡庆树他做到了。

说实在的，胡老先生"发"过来的"球"也不是都很好接的。因为他要不断地寻找新的感觉和新的表达方式。他的神态、语言、手势总在不断地变换，有时他也确实是忘了词，不管怎么错，怎么改，他都能把戏捡回来。万变不离其宗吧，开始我也有些不习惯，后来我一下子明白了，演戏嘛就是演生活，这就不能违背生活的自然规律，比如你家来了客人，他进门问你："你没去上班啊！"你回答："我马上就走。"那么来客问："你吃饭了没有？"你还能说："我马上就走吗？"再比如客人来的时候站在你的左边跟你说话，那么他今天进来站在了你的右边，你还能把背对着人家吗？只能以角色自居与对手进行活的适应，活的交流。

有一次，演到第二场，老船长要说服方老师征婚也是好事，他坐在方老师身边，说着说着用手背碰了一下方老师的胳膊。这是排练时没有的，这动作符合船老大的性格。可方老师是老姑娘，她受不了啊，方老师这时把胳膊一收轻声呵斥："干什么？"老船长（胡庆树）连忙说："哦，哦，对不起!"这也合情合理，都在戏里。

还有一次，第三场，演记者的演员上场晚了一点，胡庆树（老船长）加了一句词"方老师今天光彩照人哪"，这时我（方老师）白了他一眼，轻声说了一句"讨厌"，我也不是真讨厌，嘴里这么说，心里还是很滋润的。感觉对了，人物关系也对了。如果此时我跳出角色："胡庆树，你又加词了"，这一切就都破坏了，戏也断了。

胡庆树在整个《同船过渡》的排练演出过程中起到的是一名真正老船长的作用。《同船过渡》的创作是值得我永远怀念的！

我感谢作家沈虹光，感谢导演王佳纳，感谢我的合作者胡庆树，更感谢剧组所有的同志和朋友，正是大家的支持与关爱，使我不仅获得了创作的愉悦，还获得了战胜腿疾的欣慰，更获得了包括文华表演奖、白玉兰奖等在内的多项荣誉。对这些情谊，我会终生不忘！

我与胡庆树同志仅仅合作了这一次，"相逢一次已有缘"哪！

别了，胡庆树！

别了，《同船过渡》！

话剧《临时病房》

　　第八届中国戏剧节"都宝杯小剧场演出季"，湖北省话剧院创作的《临时病房》被安排在北京兵马司剧场演出。为筹备这个演出季，三月初组委会便在全国征集遴选剧目，有二十多台戏申报，最后选中十三台，而《临时病房》是十三台戏之一，同时，又被安排在开幕式上演出。

　　演出前，有司仪串场，领导讲话，宣布"第八届中国戏剧节小剧场演出季开幕"，《临时病房》为戏剧节演出季拉开了帷幕。

　　演出后，观众反应强烈，一致赞好，有评委说：剧中看到了浓郁的生活气息，深厚的哲理和演员表演的魅力。整出戏富有诗意，不仅有生活认识价值，也有艺术审美价值，让观众从平常看到了不平常，想到更广泛的人生和社会历史。演出季结束，评奖揭晓：《临时病房》在北京剧场上演，获得了优秀剧目、优秀编剧、优秀表演、优秀舞台设计、组织等七个奖，其中饰演刘大香的肖惠芳也获得了优秀表演奖。

生活的阳光　人生的信念

——话剧《临时病房》观后

徐晓钟　《戏剧之家》2004.3

一

　　和话剧《同船过渡》一样，湖北省话剧院的新作《临时病房》中也有着颇为深厚的生活与人生的底蕴，一样诗情洋溢。两剧的作者沈虹光在她的作品里有几多人间的理解与温馨，《临时病房》可以说是《同船过渡》的姐妹篇、变奏曲。这间临时的"病房"，也可以说是另一只过渡之"船"；两位不同个性、不同境遇的老人竟会被安排到一个临时病房中相互碰撞，从隔起一道"楚河汉界"——隔开病床的屏风——到"楚河汉界"的拆除，在两个老人的思想冲撞中歌颂了人与人的理解与亲情，让人们看到了生活的阳光，感受

肖惠芳和徐晓钟

到了人生的信念。

然而我以为，在话剧《临时病房》中作者沈虹光的眼界及思索比《同船过渡》更拓宽了，更深沉了。

二

看《临时病房》演出，给了我一些思索的愉悦，这是因为《临时病房》的编导使观众从寻常的事物中看到了不寻常的含义。醉醺醺的李天佑兴致勃勃地要刘大香在一张旧的团体照片中找出他来，而护士王艳艳指错了人，那不是他。李天佑说：那是个年青的才子，然而——后来他疯了。李天佑悲壮地吟诵出照片背后的题词："北冥有鱼……其翼若垂天之云，水击三千里，抟扶摇而上者九万里。"（庄子《逍遥游》）。它把观众的思索引申开来，使

刘大香：老先生，你是什么毛病？

刘大香：老先生，你怎么哪？

观众心灵震颤。特别是那支"太阳落山明朝依旧爬上来，花儿谢了明年还是一样的开"的新疆民歌，这支观众熟悉得不能再熟的歌曲，此时此刻由醉后的李天佑唱出来，闪烁着耀眼的思索的光芒。这支歌，此刻听来，引起观众品尝人生况味的苦涩，如果说，这不是一个人、两个人的光阴虚度，而是一代、几代人在哭泣"我的青春一去不回来"，则有了一种历史反思的沉重感。这正是布莱希特史诗戏剧所追求的"自然的必须获得惹人注目的一瞬"(《娱乐戏剧还是教育戏剧》)。《临时病房》具有较好的戏剧的思索品格。作家沈虹光眼界及思

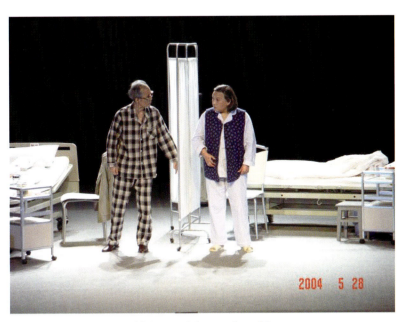

楚河汉界互不干扰

针还是要打的！　　李天佑—王学峻饰　刘大香—肖惠芳饰　护士—刘瑜饰

索更拓宽了，"宽"在她触及了对历史的思索，并引导人们对历史思索。

《临时病房》是作家沈虹光在剧院老导演的扶持下的导演"处女作"，有些戏处理得很有诗情。如护士王艳艳无意说出"刘大妈已是恶性肿瘤晚期"后的舞台停顿——只听见刘大妈拾起易拉罐并一个一个地扔进塑料桶的声音，对在场人物心灵的交汇，无声胜有声。

戏的许多地方都令人泪下。然而，戏的基调却是乐观的，引人向上的！作者是用昨天的阴雨，衬托今天的艳阳；用两个老人生命的垂危写生命的欢乐颂；剧中人物用诗情的语言描绘出：在七夕夜的阴雨天，最后显现出银河来，遥遥相望的牛郎星、织女星终于在天际出现。演出给人们的启示：人与人的理解，人间的亲情，是使生活前进的精神力量的源泉！演出用诗的语言一再重复与渲染生活的乐观主义，生活的信念！

三

表演艺术家肖惠芳、王学峻和青年演员刘瑜的表演都很精彩，尤其是剧中人物刘大香和李天佑，性格鲜明：一个是表面大大咧咧，却透出对儿女牵肠挂肚的慈母心；一个是刻板、倔强，外在的虚弱却透出内在生命力的顽强。随着戏和人物关系的发展，人性的忠厚、善良、韧性和性格的丰厚，一层层地被展示开来：越来越被人理解，越演

再见了！ 李天佑—王学峻饰 刘大香—肖惠芳饰 护士—刘瑜饰

越令人感到可亲可爱。所塑造的刘大香、李天佑和王艳艳，既有艺术的审美价值，也有生活的认识价值。惠芳同志和学峻同志在角色的创造中对生活的苦涩，对人与人亲情的体味不是用演技达到的，是他们自己真诚的人生体验，是他们自己对人性美的信念。青年演员刘瑜塑造了一个热心快肠的小护士，使演出丰富了生活与个性的对比色彩。看这样的表演既是一种艺术享受，更是心灵的相通。

《临时病房》的舞美设计很有意味：舞台上呈现出一个基本的中性框架结构，加上一扇落地窗和凉台的一排围栏的拼贴、组接，作出戏剧空间的种种暗示。景用得简洁、大气、俏皮。

总起来说，我觉得《临时病房》是一台有着浓郁的生活魅力、有着哲理思索品格，特别可贵的是充分展现了演员表演艺术魅力的好演出。

现实主义是这个戏的生命之所在，艺术魅力之所在。随着戏剧美学历程的跋涉、实践，中外戏剧美学的相互交融，我感觉到作者和导演在遵循现实主义创作方法上还可以更宽容些，更洒脱些，更富诗情些。

四

我们都有感觉：当今表演理论令年青演员困惑，表演基本功不被重视。在当前这样一种戏剧、影视表演的现状下，在《临时病房》演出中几位有才华、有修养、创作经验丰富的老演员在舞台上的表演不仅令人感到是一种很好的艺术享受，而且对青年演员是一种具有说服力的示范。然而，并不是所有的剧院都认识到了这一点，或者，并不是所有的剧院都能够做到这一点。因此我感觉到湖北省话剧院的演出十分可贵。

来自中南江城的戏剧界老朋友在阔别二十年之后（二十年前湖北省话剧院来北京演出了优秀儿童剧《五二班日志》，又带来一台好的演出，使北京的观众和戏剧界同志知道了剧院同志们的人生之所思、所想，看到了他们的艺术水平的提升，他们的演出给北京戏剧界带来了启示，人们都会由衷地表示祝贺和感谢！

《临》剧组排练间的工作会

王学峻　沈虹光　肖惠芳　刘瑜　剧务工作人员

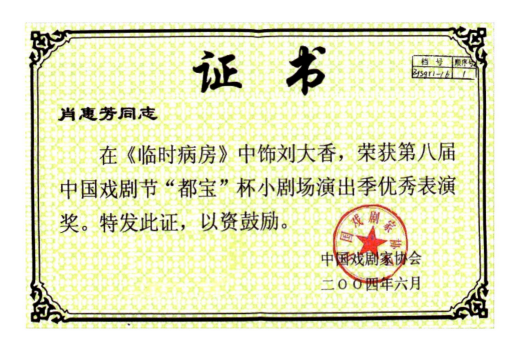

证　书

档　号 B7S9r1-16　顺序号 1

肖惠芳同志

　　在《临时病房》中饰刘大香，荣获第八届中国戏剧节"都宝"杯小剧场演出季优秀表演奖。特发此证，以资鼓励。

中国戏剧家协会
二〇〇四年六月

由于《同船过渡》在日本的演出影响，出自同一作者之手的《临》剧也得到了日本戏剧人的关注。东演剧团的横川功是日本版的《同》剧制作人，听说《临》剧上演，特地从东京赶来观看，他说，连演六年不衰的《同》剧，最近又在东京公演，剧团不断收到观众看戏后的反馈，他们说，日本是资本主义高度发达的国家，人们生活富裕，但有钱并没有让人们感到幸福，看了

日本同行朋友来北京看演出

《同》剧，他们知道了人生的意义。横川功认为：《临》剧与《同》故事不同，却犹如姊妹篇，都具有优美的人情人性，非常动人，日本观众都能够接受。他表示将尽快翻译剧本，争取早日在日本上演。不久，他们上演了《临时病房》。

2005 年，湖北省话剧院《临时病房》应邀赴日本演出。

2007 年 11 月，中国八艺节在武汉举行，日本东演剧团携演绎的话剧《临时病房》日本版来汉演出，武汉珞珈山剧场，座无虚席，虽语言不通，但人世间的冷暖，真、善、美的美好情感的艺术感染力，跨越了国界，世人共享。

中国艺术节是全中国的艺术盛会，也是中外文化交流舞台，《临时病房》把中日剧团的艺术家、观众紧紧地连在一起。美好的艺术，精湛的演技，超越国界，冲破语言、文化障碍，创造了人类精神财富，同时收获了友谊。

美好艺术超越国界

—日本东演剧团《临时病房》观赏

中日艺术家聚会

张云宽　　《湖北日报》　2007.11.11

昨晚，参演两种不同语言版本《临时病房》的中日艺术家在湖北省话剧院欢聚一堂，结缘于湖北省作家沈虹光剧本的演员们共同分享成功演出后的喜悦。

著名话剧表演艺术家肖惠芳是中文版《临时病房》刘大香的首演者。餐桌上该剧日文版同一角色扮演者矢野太子见到久违的偶像禁不住喜形于色，"你们演出我也看了呀，要向你们学习！"

肖惠芳笑着谦虚作答，并赠以一串珍珠项链。矢野太子惊喜不已，顺手取下戒指回赠。

记者在场，与矢野太子相邻而坐，禁不住好奇地问："为什么东演剧团会排演中国作家的《临时病房》？"

是对艺术的尊重。热爱艺术是没有国界的。

进餐的时候到了，矢野太子用中文叫出了"五花肉"的菜名，还指着醋泡花生告诉记者，日本也会用大豆做菜，但武汉做得很好吃。

肖惠芳静静地看着日本客人，眼中流露出喜悦，我看过您的演出，您的出色表演让我学到很多东西。

八十岁还活跃在舞台上

肖惠芳　2014.2

　　2014年1月27日，快要过年了，接到通知，下午到东湖宾馆南山一所洪湖厅，开全省文艺家新春座谈会，参加座谈会的人不多，省内主要党政领导都来了，有省委书记李鸿忠，省长王国生，省委宣传部部长尹汉宁，组织部部长楼阳生，还有副省长、秘书长等同志，与会人还有省文联的、报社记者和演艺团体几位名角，有些是经常见面的熟面孔。

　　开会期间每人发了一份全省文艺家新春座谈会材料，还有一份组织部、宣传部关于命名表彰湖北"文化名家"的决定的文件。会议议程：1. 组织部部长楼阳生宣读首届湖北"文化名家"表彰决定，宣布"文化名家"名单，2. 颁发证书，3. 文艺家代表发言，4. 省长王国生讲话，5. 省委书记李鸿忠作重要讲话。

　　42位获得"文化名家"的有作家、美术家、音乐家、考古专家，还有演艺界的艺术家们，我和沈虹光也在其中获得了称号、证书。

往年，开完春节座谈会，吃完了还有点纪念品带回家，今年没有，吃自助餐，自助嘛就自由了，哪儿有文艺界的人哪儿就热闹，吃饭间就开始拉拉唱唱联欢起来，朱世慧主持，刘丹丽唱歌，杨俊唱黄梅戏……主持拉我来个节目，我很高兴，顾不得年老脚跛，就颠颠簸簸地走上去，朗诵《理想》：理想是石，敲出星星之火；理想是火，点燃熄灭的灯……吃饭的人都静下来了，《理想》是正能量的，振奋的，针对现实社会很有教育意义，朗诵完了大家都说好，宣传部部长尹汉宁当场就跟《湖北日报》的人说："肖老师的朗诵，明天见报。"

回到家还没喘口气，长江人民艺术剧院业务副院长王国强就来电话说："文化厅来了电话，叫你明天上午到洪山礼堂走台，朗诵《理想》，准备后天参加春节团拜会文艺演出。" 我很高兴，八十岁了还能登上舞台。

朗诵《理想》

沈虹光　《湖北日报 》2014.3.9

春节前开茶话会，肖惠芳来了，有点气喘，腰有点弓着，一走一崴的，手上还奇怪地提着个折叠的塑料凳。我赶紧把凳子接过来，问带这个干吗？搬家呀？

她笑了起来，笑声还是嘎嘎的，说脚不好，腰也疼，走不多远就要歇一歇。她把凳子展示给我看，说很轻，提起来可以撑着地，打开就可以坐，很方便。我很意外，说走这么点儿路都不行啊？

她说也不是一点儿不行，只是出来参加活动不想给人家添麻烦，自己带个凳子，防备着，万一不行就坐一坐，好点儿。

这么一说就有点替她担心，脚不好是遭遇车祸的旧伤，现在腰间又增一新疼，八十岁了，可不能大意，便挨着她坐，看她一起身就连忙搀扶。她笑笑，也欣然接受。

会后晚餐我还是挨着她，一起坐在长条餐桌的边边上。都是文艺界的专家，很随意，也很热闹，不知谁提了一个头，大家就你一段歌我一段戏地唱起来。朱世慧主持，拿着话筒站在中间，忽然就转向我们这边，笑问：肖老师，来一段？

我不敢替她应承，自助饭菜都是我们过去给她取回来的，上去表演总不能提着折叠凳吧？我就转脸看她：行吗？

嗨，她竟然不理睬我了，笑着站了起来。

我还是担心，说哎哎你就在这儿吧！我是想她原地表演。她还是不理我，胆子真大，居然不提折叠凳，也不要我搀扶，带着笑就慢慢走向中央，从朱世慧手中接过了话筒。

话剧演员能来什么呢？只有朗诵，这是话剧演员的基本功。可在觥筹交错之中，字正腔圆的朗诵简直就是宣读课文，实在不适宜。所以逢到这种场合，搞话剧的一般的就来个小品或搞笑段子，举座皆欢。

肖惠芳却偏偏选择了朗诵。这是著名诗人流沙河的《理想》，早就听她朗诵过，不止一次。以前她身体好，嗓子大中气足："理想是石，敲出星星之火；理想是火，点燃熄灭的灯；理想是灯，照亮夜行的路；理想是路，引你走到黎明。"掷地有声。她还会配上一些手势动作，就是一个常见的当然也不错的朗诵节目。

这天很奇怪，好像没有听过的，耳目一新。

声音仍然清晰，吐字归音也不用说，老艺术家的技术无懈可击，堪称台词课范本。这天的不同在哪里呢？也许是我变了，秋来岁去，体悟不一样了；也许是她变了，耄耋之年，什么都经历过了，没有了慷慨激昂，更多的是超然物外的从容淡定："饥寒的年代里，理想是温饱；温饱的年代里，理想是文明：离乱的年代里，理想是安定；安定的年代里，理想是繁荣——"

她站在那里，纹丝不动地朗诵，什么手势动作也没有做——估计她也做不了，一手拿话筒，另一只手得保住身体的平衡，到底老了，没有把握不敢乱动。这反倒好，除却了一切干扰，干干净净的，只有深邃而睿智的诗句：

"理想使你微笑地观察着生活；理想使你倔强地反抗着命运。理想使你忘记鬓发早白；理想使你头发变白仍然天真"。"理想如果给你带来荣誉，那只不过是它的副产品，而更多的是带来被误解的寂寥，寂寥里的欢笑，欢笑里的酸辛。理想使忠厚者常遭不幸；理想使不幸者绝处逢生。"

好的朗诵就是这样厉害，让你突然对诗句的深意大彻大悟。《理想》你是知道的，阅读过的，朗诵却让你知道了自己的忽略，并让你为自己的忽略而惭愧。

朗诵完了，她一崴一崴地回到座位上，几个人都站起来为她拉椅子。

晚上我送她回家，然后自己回家。进门不一会儿电话响了，是她。说刚刚接到一个电话，要她明天去洪山礼堂走台，一年一度的省委省政府团拜会邀请她朗诵《理想》。她有点慌，问我行吗，还问穿什么好，她还没有服装呢。我说今天穿的红毛衣就挺好。

第二天一早她就穿着红毛衣去走台。感觉到周围的眼光都有些担心，因为节目早就安排好了，突然把她加进来，原先的节目还得撤掉一个，节目单也要改，她行不行呢？导演安排配了点音乐，怕她"干说"太冷，她也不管你音乐不音乐，还是按自己的说，大家就盯着看，一遍下来气氛就不一样了，都有了信心。

演出时主持人在边幕里看，感动得不得了，接着上场说连接词，竟激动得语无伦次。

导演也紧紧握住她的手，说：没有想到，太好了，真的太好了！

她曾到北京参加号称《东方红》之二的《中国革命之歌》演出，扮演宋庆龄。每天从驻地到剧场有几十分钟车程，为打发时间她就一小段一小段地背诗。一位为剧组服务的解放军战士手中有《流沙河诗集》，她借来翻看，就看到了《理想》。见她喜欢，战士就把诗集送给了她，这是 1982 年。她也是从那个时候开始朗诵《理想》的，已经朗诵了三十四年。

中 篇

（涉足影视）

拍摄《开国大典》时在上海
宋庆龄故居之卧室外阳台

在宋庆龄同志家里

肖惠芳　《长江日报》　1981.6.3

2004.8.15 补遗

　　这篇文章部分内容在《大江东去》写过，但是我觉得仍有完整地记一下必要，宋庆龄同志的接见，在我心中是重重一笔，许多记者朋友采访我，都喜欢报道这个内容，有的按自己想象发挥，不实际，不准确，他们都冠以"访演员肖惠芳"副标题，如《传记文学》1992年第一期和《文摘报》1992年2

月 9 日刊登的《宋庆龄教我演她》一文，对全国人民崇敬的伟大女性领袖，这样写标题首先就用得不妥，还有些地方也值得商榷，作者写宋庆龄同志接见我的事，稿也没给我看过，就发表了，真是无奈，为"纪实"起见，再说说吧！

那是一九七八年八月，我在话剧《大江东去》中扮演宋庆龄同志的时候，排练工作告一段落，按照省委的意见，要我们编导和演董必武、宋庆龄的演员到北京，请董必武夫人何连芝同志和宋庆龄同志，审定剧本和演员的化妆造型。

到北京见过董夫人后，由董夫人出面联系好宋庆龄同志，她才得以接见我们。

8 月 29 日下午四点钟，董夫人安排车把团长、编剧、导演、化妆师及演董必武的张安福和我，准时送到了后海北河沿 46 号宋庆龄同志的住处。

车到大门口，刚停下，警卫已接通知，打开两扇大门，上来就说："对不起！我们按名单放人。" 查询后才放行了车辆，我们继续前进，在院子里行到一个有台阶的门前停下。

台阶两边，站着一男一女，两位中年同志，女同志——秘书张珏先上来打开车门问："哪位是肖惠芳同志？"

"我是！"我紧接着答应。

她说："还没有化妆呀！首长已经在等着了！"

她先带着其他几位同志进去了，我和化妆师由男同志——生活行政秘书杜述周带着，安排在一个房间里，开始化妆。

化妆师老蔡是很有经验的，此刻尽管动作麻利，但仍感到她十分紧张，粘眼睫毛的时候手竟不由自主地颤抖起来，我自己就更不用说了。秘书一边催促我们快点化妆，一边跟我们交代接见时注意事项：

"她是留洋回来的，你们不要问她多大岁数，不要说你老人家好。""那怎样说呢？"我问。

"就说，您好！首长好！就行了！"他说。

"我们剧本里要称呼她孙夫人，见了她我们怎样称呼呢？" 我又问。

杜秘书说："我跟她十几年了，我负责任地告诉你，应该称呼她孙夫人。"接着又说："你们坐在她对面，不要靠得太近，她不习惯见生人，见生人容易紧张，一紧张就皮肤过敏。"

时间很紧，只用了二十五分钟。脸上的油彩也没有擦抹匀，就穿服装，自己的衣裳来不及脱掉，就把演出服装那么往身上一套。

秘书引我们走过铺着墨绿色地毯的长廊，拐角处站了好些人，大概是工作人员，仿佛有人正在轻声议论，我一出现，交谈声就止住了，他们是来看我的。再往前，到了会客室门口，杜秘书对室内通报说："演员来了！"他就退下去了，我一眼就看见在会客室左前方的单人沙发上，安详地坐着宋庆龄同志，她穿着蓝白条的衬衣，黑绸裤，圆口布鞋，她微微低着头注视着我，好像要把我看透似的，"你先走给我看看！"宋庆龄同志带着上海口音的普通话对我说。

我迈开步子，呃，不对劲！脚下的地毯软绵绵的，脚上穿的是凉鞋，演出的高跟鞋没带来，没穿皮鞋，排练场上的那点自我感觉荡然无存。原以为只看看我化妆像不像，没想到还要我走路。我越走越不自信。汗都要冒出来了，我悄悄看了宋庆龄同志一眼，呵，她还是那么亲切，和蔼，仿佛没有看到我的笨拙。

"胸脯再挺一挺，头再抬一抬。"又强调一次，"胸脯再挺一挺，头再抬一抬。"

我按她的提示做了，努力领会着她提示的要领。

我告诉她，演出时我还有一个手提包，没有做好，她说："不要用手提包，要用文件夹。"

她让我坐下休息，同时对我们说，她看过一台演出，戏里面的宋美龄穿了双白色高跟鞋。她说："宋美龄穿衣服是很讲究的咧！冬天穿什么，夏天穿什么，早上穿什么，晚上穿什么，很讲究的。她那次到西安去是冬天，还要爬山的，怎么会穿白高跟鞋呢！不实际，不实际的！"接着，她笑笑指着我说："你，不要给我穿白高跟鞋。我喜欢穿黑高跟鞋。"在座的人都被她的诙谐逗乐了。

她又对我招招手说："你过来，我看着你的头发是怎么梳的。"宋庆龄同志当时很高兴，叫我过去嘛，也管不了秘书交代的事宜。

我走过去蹲在她膝边。她用双手摸着我的头发说："嗯，基本上是这样的。只是这个（指假发髻）要紧一点，不要翘起来。"她边说边用手帮我按了按发髻。那天的发髻确实没梳理好，手忙脚乱，发卡都没卡进去。

她又招呼化妆师说："你来，你看看我的头发是怎么梳的，摸摸看。"

这对化妆师来说也是很意外的。化妆师走到她身后，轻轻地摸了摸宋庆龄同志的发髻。

事后同志们说：这是多么好的镜头呵，宋庆龄同志坐着，我蹲着，化妆师站在后面，一起研究发式，那么和谐自然，那是

肖惠芳穿着宋庆龄生前的衣服在宋庆龄故居拍戏

多么好的画面。可惜，秘书有言在先，我们没敢拍照。其时，宋副委员长情绪很好，我提出拍张照吧，当时她不会不同意的，后来，我又想这次化妆赶时间没化好，以后再说吧……谁知再也没有"以后"了。

接着，宋庆龄同志把手搭在我肩上，笑着叮嘱道："你可不要给我烫头发。我一辈子都不喜欢烫头发。"我点点头。她把我扶起来，然后，她站起来举起自己的一杯饮料，让我和其他同志喝。我忙说："我有！我有！"我们每人面前都有一杯饮料。

　　她坐下后，半抬着头像想起什么似的说："我是十月廿五号结婚的，我总记得这一天，呃！我喜欢这样坐着的。"她将左肘轻轻放在沙发扶手上，手腕自然下垂，右手执着左手，然后欠身看着自己的脚，对我说："有时左脚在前面，有时右脚在前面。我一辈子都喜欢这样坐着。"

　　"宋庆龄同志，您生气的时候，有什么特点？"我们一位同志问。

　　宋庆龄同志仰头笑起来，笑罢，她说："我要生谁的气，我就这样对他说……"她眼神严肃起来，伸出右手食指指点着想象中的"他"，加重语气说道："你！一定要改！"说完，她有意让自己的表情和动作定在那里，让我看清楚了，才把表情和动作一收，又笑了，笑得前仰后合。

　　预定的接见时间早就超过了。我们站起来，向她告别。我走到她的面前说："宋副委员长，湖北人民非常爱戴您，我一定努力塑造好您的形象。"她，笑着站起来，握着我的双手摇着说："祝你演出成功！祝你演出成功。"

　　一九七九年十月，《大江东去》到北京参加国庆三十周年献礼演出。十一月十九日晚，中央电视台将我们的演出作了实况转播，第二天上午，宋庆龄同志的秘书张珏在电话里愉快地告诉我："首长昨晚看了电视转播，她很高兴，谢谢同志们，她让我向你们表示歉意，因为身体不好，没能到剧场观看演出，她说你演得有些像呵……"没想到现在，敬爱的宋庆龄同志竟和我们永别了，她亲切接见我们时的音容笑貌，将永远深深地印在我们心上。党中央接受她为中国共产党党员，人大常委会授予她国家名誉主席的称号，这正是全国亿万人民的心愿啊！她是当之无愧的。

　　宋庆龄同志，尽管您一生不喜欢宣扬自己，正如斯诺所说：

　　您是个"自我隐没"的人。但是，您，为中国人民的革命事业所做的巨大贡献，一定会被亿万人民永远传颂。

）

深切的怀念 不尽的探索

——在电视剧《洁白的手帕》中再次扮演宋庆龄

肖惠芳

原载中国文联出版公司《电视剧的足迹》一书，

一九八一年秋，宋庆龄同志逝世不久，我接受了在电视剧《洁白的手帕》

中扮演宋庆龄的任务。翻开剧本，扉页上有一行题词："献给敬爱的宋庆龄同志。"我的泪水再也忍不住，夺眶而出。

我有幸受到过宋庆龄同志的接见，亲聆过她的教诲、她的勉励，虽然事隔三年，然而留给我的印象却是异常清晰，不可磨灭的。她的一切，都成为我的极为宝贵的创作财富。当我接受新的任务，从舞台走向电视，对于这种陌生的艺术形式感到非常困惑的时候，正是从深切地怀念开始了新的探索的第一步。

电视剧《洁白的手帕》，在风格上，宛如一首清新、蕴藉的

肖惠芳饰演宋庆龄同志的剧照

抒情诗。没有曲折复杂的故事，所追求的是内在地深情。故事的情节说起来

很简单：宋庆龄同志在抗战胜利后由重庆返回上海的途中，营救了两个孤儿，经与地下党联系，发现他俩是烈士的遗孤，遂送往延安。两个孩子起初对她是不信任的，两度邂逅，几经波折，受到她的无微不至的爱抚，终于将她看作是自己的母亲，纵然远别，也不能中断他们对宋妈妈的思念……全剧体现着一个"爱"字。宋庆龄同志

把她对祖国，对人民的无限热爱，都倾注在儿童身上，正如她自己说的："培养儿童，是关系到祖国前途，革命未来的大事。"这，正是我们工作的基点。

塑造领袖形象，如一般的传记片所要求的那样，首先得"像"。如果不像，就会失去其可信性。我的外表与宋庆龄同志有较大的差距。未化妆时人们难以把我和宋庆龄同志联系

起来。而在"形似"上，电视剧比舞台剧有更高的要求。《洁》剧的化妆师张亦平同志为我下了很大的功夫，她对于肖像造型精益求精，取得了出色的效果，经过试镜头，我获得了信心。然而，正如大家所知道的，艺术要在"形似"的基础上达到"神似"。任何艺术品都是形神兼备的，"形"与"神"的关系犹如人的形体和生命不能分割一样，因此我认为，创造宋庆龄同志这一形象的关键不仅仅在外表的形象酷似，更重要的是要演出她的思想、感情、性格、气质等，一句话，要展示她的内心世界、她的灵魂。

这次创作我是从模仿入手的。然而模仿仅仅是"入手"，外形模仿，无论怎样酷似，都是经不起考验的，稍一静止就陷入僵

化。这种困难也迫使我尽快地深入角色的内心世界，"模"其"形"时，"拟"其"神"。

就说宋庆龄同志的笑吧，那是很有感染力的，每当她笑时总要抿抿嘴，我留意了这一外部特征，并抓住不放。剧中好几个地方她都要笑，跟孩子们在一起她从心眼里感到高兴地笑。随着剧情的变化，她的笑也是不同的，不能用简单的模仿来代替了。我体会着她本人富于变化的笑，举杯请我们喝饮料时那样礼貌的笑，叮嘱我不要给她烫头发（指化妆）时那样诙谐的笑，在模仿她自己生气的神态以后那样爽朗的笑，我接触到的文字材料中，提到她的笑的也有不少，如钱俊瑞同志写道："孙夫人笑得前俯后仰，掏出手帕来擦眼泪。"王光美同志也回忆道："孩子们学舌，那笨笨的发音能逗得她笑出声来。"在《洁》剧中，宋庆龄同孩子们在一起，脸上经常挂着笑容，温和慈祥地注视着他们。在轮船上第一次见到两个孤儿便是这样。这种笑容里表达出要和他们接近，爱抚他们的愿望。后来宋庆龄将小毛和小妹收养在家

里，从门缝窥视由于受尽饥饿的折磨而狼吞虎咽地吃面条的孩子，她悄悄地叹了口气，含着泪微笑了。她的感情是复杂的，既为收养了他们而高兴，又为他们遭受的苦难而痛心。这种含泪的笑，是从人物的规定情景出发，仅仅靠模仿是无济于事的。再举一例。小毛养好了伤，他和小妹解除了对宋妈妈的误会，换上新装，在庭

院里嬉戏。宋庆龄在阳台上，欣慰地笑了。开始，我模仿着她笑的特点，外

部形态的自我感觉很好，但我必须认真去寻找每一处笑的不同的依据，严格要求自己，不只是脸上笑，同时也必须渐渐唤起内心的欢快感，而这种感情体验越真挚，反过来又促使脸上的欢笑神态越充实、自如、生动。我笑出声来，身体也不由自主地前俯后仰了。这时，我才感到此刻的表演进入到更深的层次。那种最初的模仿，好似一件束缚身体的外套，被脱去了。

当然，宋庆龄的性格是丰富的，任何对她单一化的理解都不利于我们的创作。是的，她温和慈祥，但绝不能仅止于此，一"温"到底。剧中有这么一组镜头：宋庆龄同志从国府大厅出来，对张秘书说："他们扣压了运往解放区的药品，竟推诿说是误会，张秘书，以后凡是运出的物品我都要签署我自己的名字。"但是，怎么才能说好这两句有着历史依据的台词呢？怎样才能找到体现这两句台词的准确的外部动作呢？动于衷，才能形于外，没有其他捷径可走，只有到浩瀚的文史资料去寻找，去探求宋庆龄同志的内心世界。

当年宋庆龄同志发起组织"保盟"，募集了大批资金和物资，创办了延安第一个保育院，并建立了七八个国际和平医院，给延安派去了运物资的飞机和第一台 X 光机、药品、医疗器械及医用手套等。这些物资经常被国民党无理封锁，扣压，私分。廖梦醒同志曾说："如果不是国民党封锁，白求恩大夫就不会得破伤风死去。"而对这样的现实，对革命事业无限忠诚的宋庆龄同志怎能不激动愤懑！我在表演中特地设计了戴手套的动作。孙夫人一边说着前面的那段话，一边步下国府大厅的台阶，通过戴白手套时气得发抖的手表达出她抑制不住的激愤。同时，她要坚决同那些祸国殃民的败类斗争，将运出的物品上都签署自己的名字——她的勇气和决心，都贯注在这一特定的戴白手套的动作中了。

话剧演员一般都比较习惯于排戏。电视剧则更注重于生活实感和临场的适应能力。我注意到它们之间的这种差别，努力在我的习惯之外去学习这种新工作方式和特点。（我并不认为舞台实践经验是一种障碍，问题在于怎样去运用这种经验。艺术总是相通的）在《洁》剧里有宋妈妈为两个孩子送行的镜头，这场戏没有排练时，我和孩子们屋内"候场"，屋外在架机位，院子里停着汽车。两个孩子早就不玩不闹了，都默默地站在我身边，牵着我的手，让我给他们理理头发，整整背包、衣裳。等外面一声"开始"，小毛拉开门，我们三人一同出去，我一手牵一个孩子，既为孩子能去延安高兴，又充满依依不舍之情。由于在"候场"时给孩子们料理衣物等动作，使我们非常自然地进入规定情景，从而唤起了离情别绪。感觉对了，节奏掌握准了，抒情气氛就出来了。

宋庆龄在办公室的单场戏，也没有经过排练，拍摄得比较顺利，几乎是一气呵成。这绝不是什么"天才"爆发，我深知自己不是天资特别聪慧的演员，要演好宋庆龄同志这个光辉的形象除了努力再努力之外，没有任何捷径。开拍以前，同志们都看电影去了，我带妆独自留在办公室里揣摩、感受、思索。这场戏的独白，引自《宋庆龄选集》的一篇声明。我反复阅读"声明"，从国家大事想到眼前的两个孩子，又从孩子想到孙中山先生的遗愿和中国的未来。我没有设计任何动作，而是设身处地开展想象，把握基调，动之以情；在拍摄中，手势、眼神、停顿都是即兴产生的，效果比预期的更好一些。

当然，总的说来，效果是可以预期的。关键在于我们对角色的理解和把握到什么程度。拍摄过程中，我不断地将这位"20世纪最伟大的女性"同我所扮演过的（或熟悉的）其他女性加以比较、分析，寻找"这一个"。《洁》剧结尾，宋庆龄在庭院散步，手托枫叶思念着远方的孩子。短短的几步路，该怎么走？我告诫自己既不能走成江姐，更不能走成陈白露。同时，也不是

《大江东去》中走向汪精卫的宋庆龄，那心境、气氛是截然不同的。要走得"庄重、深沉、抒情"，思想上比较明确，因此，走起来也就有底了。

从事表演工作已经几十年了，我自知成绩甚微。对于电视剧，我只是一名新兵。特别在塑造宋庆龄同志的形象这样光荣而艰巨的工作中，我的探索仅仅是开端。然而，宋庆龄同志对我的关怀，她那慈祥的笑容和她那温厚的鼓励的眼神，却是我今后在艺术创作中的力量，无论今后创造什么角色，我都要以她的"祝你演出成功"的话语激励自己。而"成功"除了勤奋之外，别无他路，这就是我这次工作最深切的体会。

《洁白的手帕》上映获奖后，肖惠芳去北京宋庆龄灵堂悼念宋庆龄同志，陪同的是杜述周秘书。

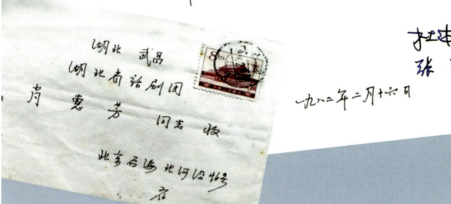

肖惠芳同志：

本月十三日晚在电视机前静生观看《洁白的手帕》电视剧。同志们聚精会神地自始至终看完，都觉得"很好"、"不错"。丙得到的反应都是"好的"。

我们祝您和其它同志演出的成功。

这类短小精彩的电视剧数量很好。不久的将来希望再有这类故事在电视中播出。

感谢您写信让我们预先知道，得以看到。

此复　敬

杜述周
张珏

一九八二年二月十六日

　　这是宋庆龄同志生前的秘书杜述周、张珏在故居看了《洁白的手帕》后来信，反映都是很好，不错！

张瑞芳给肖惠芳的信

肖惠芳同志：你好！

　　首先要请你原谅，我这么久才写回信。收到你寄来的译及之后，心中十分高兴。你在"开国大典"中的剧照，让我想到你在"白手帕"中的形象。我认为你的形象气质是最接近宋庆龄的。宋庆龄我是见过多次的，从解放初期到文革前夕，时常能看到她，有些人说她太矜持。

　　我的回信太迟，因为出了一次差（到南京参加"世界反法西斯经济影片的研讨会"）及筹备和举行金山80诞辰的纪念活动，我自去年"废"担任了上海影协的主席之后，又增加了我社会活动的频繁度。对一个接近80岁的老人来说是颇为吃力的。加之今年是中国电影诞生90年，在老演员已经不多的情况下，来自省市的电视采访也相对集中了。

　　我是话剧演员出身的，舞台对我仍是有吸引力的，只是有自知之明，不敢轻易登台。那天看到你和胡庆树同志的"同船远慢"的一幕，深为遗憾未能欣赏到全剧。你俩演出时，我到北京开中国电影表演艺术学会的会去了，不过我已能想像演出全剧的精彩。衷心祝贺你们获得"梅兰奖"和"文华奖"。我时常想，电影演员的知名度，有着各种的客观因素，而话剧演员是硬碰硬的。这就无怪乎许多获奖的电影演员是由话剧出身的。

严励向你好，她对你还记得他特别有意。他是自部队文工团，到上影台是典型的"万金油干部"，频繁地调动各不同的岗位，最终以上海电影局艺术处长的工作离休。我和白杨、秦怡等老演员们被保留为在职演员，但长年也不到电影厂里去，也不列入需本行走会议的演员。我们可算是"大锅饭"的最后一批享受吃客了。

寄圭的译快心喉热，这五年相隔很长时间，记忆力已衰退到自己也想不到的程度，这也和多年没有压力有关。"金龙与蜉蝣"的导演郭小男，频想为我们几个老演员挖一台"封箱"的话剧，他很热情，我都在怀疑之中。

请代向切老好。严励频你代向黄络黑同志好，他对去年湖北之行是深深怀念的。

预你们再带好戏来上海，"白玉兰奖"在等待着你们。

祝

全家安康

张瑞芳 95.7.1.

哎，这是秘书发表信退还的因为手头没有合适的了。

地址：中国·上海巨鹿路675号　　电话：2477175×43　2474210

《陈赓蒙难》《陈赓脱险》

——应邀赴沪试镜

肖惠芳

1984 年 3 月的一天，我正参加自己剧团新创作剧目《五二班日志》的排练工作，准备月底赴鄂州演出，戏很重，时间紧，突然接到一封电报，要我立即与上海延安饭店八楼张主任联系，是有关八一电影制片厂拍摄的一个角色问题，我应约回电话到上海找这个张主任，主任不在，一位姓宋的同志接电话，告诉我：八一电影制片厂要拍部叫"血花"的片子，是写陈赓大将的，要我演其中宋庆龄，到上海去试镜头。因为是试演宋庆龄，对我有很大的吸引力，试镜头这个机会很难得，一定要争取。

难题来了，《五二班日志》是学生戏，我演班主任乐老师，和学生们的戏太多了，排练计划一盘棋，牵一发动全局，后经八一厂剧组和剧团办公室反复协商，上面支持，办公室孟国仁同志协调，给了我三天时间赶去上海，快去快回。

拍电影试镜头，可是电影演员的一个关口，好的坏的，成与否，是通过"镜头"来决定的，尤其"国母"形象，不仅是像不像，还有气质，化妆造型和戏上的要求等诸多问题。

到了上海得知"血花"就是《陈赓蒙难》，演宋庆龄的角色，全国已经有四五个演员来试过镜头了。剧组的同志对我期望很高，制片张主任为我安排生活，严导演为我说戏，化妆颜碧君老师，62岁高龄帮我化妆造型，感谢他们，大家为我抢时间，试镜头，得以很快完成任务，准时返回武汉，参加了剧团演出。

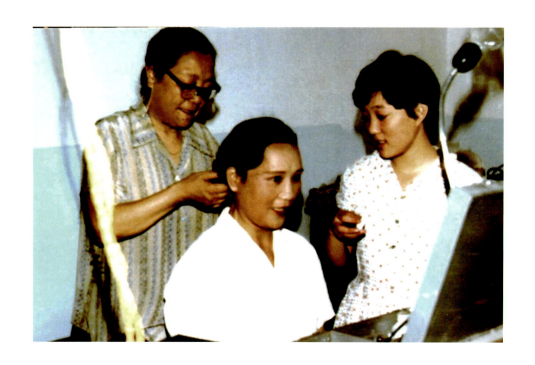

　　试镜头，我演的是与蒋介石、宋美龄的那段戏，与蒋介石会见，围绕到底"放不放人？"……我琢磨着他们之间的关系，应取的态度、心情、身份，按自己准备了的，一个人走戏。拍摄无实物，无对象，不录音，间或听见摄影喊："肖老师，把眼睛抬起来！"我感觉到严导演，轻轻过来坐在我想象中的蒋介石的位置上，静静看着，观察着我……"肖老师！足有五分钟！"摄影师兴奋地说，试完镜头，我感觉不满意，有许多遗憾，听说儿艺还有一个演员，已经安排也要来试镜头，时间仓促，也只能这样了。

严寄洲导演来信：我把你的录像请陈赓夫人及厂领导看了，他们一致认为所有候选人中，你最理想，形似，神似，气质也好……

肖惠芳同志：

　　您好。

　　回京后，我把你的录永请陈赓夫人及丁厂领导看了。他们一致认为所有候选人中，你最理想、形似、神似、气质也好。经我组研究，决定由你担任这个角色。合同由揭世型先生专订，何时来京参加拍音，将另通知。大约四月上旬征求就可筹宴集中。

　　我已加紧议事么。

　　我衷心欢迎你，如邀会你芝同志外这一光荣的任务。

　　再见

　　　　　　　　　严寄洲
　　　　　　　　　二九一日

《陈赓蒙难》再现国母风范

琴 心　　香港《中外影画》1984 年第十期

　　八一电影制片厂根据王军编剧、由严寄洲导演的《陈赓蒙难》和《陈赓脱险》新片，描述一九三三年红四军第十二师师长陈赓因战伤潜入上海就医伤愈将归时在上海租界被捕，后被引渡到南京。因为宋庆龄谴责和营救、鲁迅等著名人士的声援、陈赓是黄埔军校第一期学生中的出类拔萃人物，杀之不得人心。南京警局被迫释放陈赓。这部带有传奇式色彩的故事片，再现了五十年前的历史史实，引人入胜。

国母亲自指导

　　扮演风华正茂之龄的国母的肖惠芳今年四十九岁，是湖北省话剧团的话剧女星。一九七八年五月，她在话剧《大江东去》中饰三十四岁的宋庆龄，同年八月在北京后海住宅，孙夫人接见肖惠芳，对她的艺术构思和表情动作以及走路的姿态和发髻的样式等都做了具体的指导。孙夫人端庄清秀、挺拔刚毅和平易近人的风度，给肖惠芳留下深刻的印象，为她形似和神似地进行人物创造提供了宝贵的生活依据，一九七九年十月，《大江东去》在北京演出，宋庆龄观看了电视实况转播后，让秘书打电话祝贺该剧演出成功。

一九八一年，肖惠芳在电视剧《洁白的手帕》中再演五十二岁的孙夫人，她比较深刻地理解了剧情的时代背景，比较注意将孙夫人关怀新生一代的母爱和博大情怀自然地表达出来。将宋庆龄作为伟大的母亲形象和伟大的政治家的形象有机地结合起来，电视剧播映后，肖惠芳收到许多观众来信，称赞她的艺术风格朴实无华。

已故艺术家金山生前也认为她塑造了一个形象，这是很不简单的，这样的演员要大力表扬。

渴望三演孙夫人

　　肖惠芳主演的话剧和电视剧都得到全国性等级的奖，她在塑造宋庆龄人物形象方面也有了初步的体会和实践经验，但因剧情之限，肖惠芳未能在舞台和荧屏的人物表演上充分发挥出艺术才华。她盼望能在进入"耳顺"之龄以前，有三演宋庆龄的机会，再现孙夫人这位中华民族巾帼英雄的形象，这是肖惠芳和孙夫人生前工作人员的共同心愿。肖惠芳多次瞻仰在京、沪的宋庆龄故居，和宋庆龄的秘书、司机、厨师等老朋友结下了深厚的友谊。每次到故居访问，这些老人像是见到他们的老首长那样，请惠芳坐在孙夫人生前用的办公椅上，恭恭敬敬地向她献上鲜花和香茶，深情地注视着肖惠芳满怀激情的面容，默默地站在惠芳的身旁……真是此时无声胜有声，在如此感人肺腑的场面，肖惠芳饱含热泪，感染到了国母征服人心的威望，感受到了领袖和群众之间水乳交融的真挚友谊。这些令人激动的情景，再现了她在孙夫人形象上的创作热情。

这次入选参拍八一厂的新片，肖惠芳夙愿得偿，她非常高兴。

根据历史基本史实编剧的剧情规定，在营救蒙难的陈赓将军脱险的全过程中担任"中国民权保障同盟"会长的宋庆龄和鲁迅、杨杏佛等著名人士，为揭露迫害陈赓的真相和蒋介石进行了争论。宋庆龄在全篇中的场景镜头虽然不多，约占全片八百多镜头的二十分之一，但是重头戏不少。与舞台和荧屏上表演孙夫人的活动情景相比，影片中的特定历史环境和人物关系要复杂得多。肖惠芳担心自己的艺术水平有限，难以恰如其分地再现五十年前政治家宋庆龄的神韵，因此她会感到不安。

肖惠芳夫妇在北京宋庆龄故居和杜述周及馆长合影

和谐的组合

　　肖惠芳初上银幕，就在该片制片严谨的严寄洲导演和黄焕光副导演的指导之下拍片，由曾获得过金鸡奖的优秀化妆师颜碧君化妆。严、黄导演的精辟阐述和具体指点，颜化妆师的精工雕琢，朱鹿童摄影师以及灯光、美工等同仁的热情关怀配合，给肖惠芳外形刻画到神情塑造方面奠定了基础，增强了肖惠芳力求表演得多如人意的信心，她不安的心情也逐渐消失。在影片中，饰陈赓的杨绍林、饰玛丽的徐金金、饰蒋介石的赵恒多、饰宋美龄的朱可心、饰鲁迅的任广智、饰许广平的张引梓、饰杨杏佛的刘汉等演员，都具有银幕

或舞台的表演经验，肖惠芳和他们配戏比较有默契。一个和谐的摄制集体，给演员在拍片时始终处于理想的竞技状态，创造了心理条件，肖惠芳深有所感，并对此表示欣慰。

　　宋庆龄（肖惠芳饰）
　　宋美龄（朱可心饰）

陈　赓　（杨绍林
饰）
马　利　（徐金金
饰）
宋庆龄（肖惠芳
饰）

杨杏佛（刘　汉饰）　宋庆龄（肖惠芳饰）　鲁　迅（任广智饰）

演活了国母的风采

　　我是在"花园别墅"这场戏的拍摄现场看到肖惠芳的。在上海市一所老干部活动大厅的花园中，身穿黑丝绒旗袍的"宋庆龄"，手持嵌有闪光的 SCL 银字的小文件夹（国母生前用物），秀眉下一双充满神采的眼睛，透射着严肃的光芒。她的威武正直的气度，使站在石台阶下的"蒋介石"不敢正目而视。摄影师在忙着选择最佳镜头，颜碧君正不时地用软纸替烈日照射下的"宋庆龄"吸去头上渗出的汗珠，黄副导演也是满头汗水，全神贯注地指挥协调和发号施令，灯光、录音各就各位，作有机的配合动作……看到这种紧张而有秩序的活动场面，使人明确地感到摄制组是在全力以赴地工作。在休息时，肖惠芳一边吞着预防冠心病发作的红色药丸，一边简短地对我说："我是初上银幕的笨演员，还不适应电影艺术对演员表演的要求，如果一部影片有成功之处，那实在是集体的成果，因为电影是一种综合性的集体合作的艺术。"她笑着说："这就是肖惠芳三演宋庆龄的体会。"

中華人民共和國名譽主席
宋慶齡同志故居

肖慧芳同志：

您好！

春节即到，先向您及您的全家拜个早年！

我今日怀着十分高兴的心情给您写信，我是告诉您，我最近两次从电视上看完了陈赓遇险、陈赓脱险的电影，当我还看过向老伴介绍着您的时候，我认为您——宋庆龄同志的扮演者的一言一行，作风相当不错，可以说演得很向宋庆龄同志，演得是很成功的，这是辛勤劳动的结晶，也是我看过您的演出后，才说这样的话。望您再接再励地努力把宋庆龄同志的伟大形像等，塑造得更加逼真，达到以假乱真。力争在演宋庆龄同志的伟大中争逞！

再告您一件事，我区话剧院造篇泰让院长，来向我了许多的情况，他要写一部宋的话剧和电视局，我也热会我来逼地把您的情况向他作了介绍，希望他排这宋的节目中特请您把化主角。他较虚心地表示向您联系、学习。因这是一个多月前的事了，也许已向您联系上了？今病在家，就此搁笔。

敬礼！

段礼

李士建国
86.2.1

中国革命之歌
——第四次扮演宋庆龄
1984

为了"光辉的瞬间"

肖惠芳　《湖北日报》1985.9.30

　　彩色宽银幕音乐舞蹈史诗影片《中国革命之歌》即将和广大观众见面了。这是在原舞台演出七十多场的基础上拍摄的。我能参加"大歌舞"的演出和拍摄工作，感到莫大的荣幸。我是一个话剧演员，在音乐舞蹈史诗的舞台上，本来就难有我们的用武之地，但这极少的机会却让我碰上了。一九六五年，湖北演出《东方红》的时候，我应邀担任朗诵工作，二十年后的今天，我又被邀请参加《中国革命之歌》剧组饰演《开国大典》一场里的领袖人物，因为在领袖群像里，有一位"二十世纪最伟大的女性"，我们国家的副主席宋庆龄同志。我能两次参加"大歌舞"的演出，真是幸运。

《开国大典》时的宋庆龄同志已经有五十六岁了，这是我第四次扮演她老人家。第一次是一九七八年在话剧《大江东去》里扮演一九二七年三十四岁的宋庆龄，当时是在舞台上首次出现她的艺术形象。为此我们省话剧团一行六人受省委委派专程到北京征求宋庆龄同志的意见。我们不仅受到她的亲切接见，而且她还对我的化妆、发式、走路的气度、坐着的姿态以及她自己生气的特点等，都一一作了耐心具体的指导和示范，使我在艺术上和思想上受益极深。一九七九年该剧在北京参加国庆献礼演出时，宋庆龄同志在家里收看了实况转播，第二天上午便委托秘书打电话给我表示对演出的祝贺和感谢，并鼓励我说"有些像"。此后，我又在电视剧《洁白的手帕》中扮演过五十一岁的宋庆龄，在影片《陈赓蒙难》《陈赓脱险》中扮演过四十岁的宋庆龄。正是在拍完了《陈赓蒙难》的最后几个镜头，我便匆匆赶去参加"大歌舞"的演出，走上了第四度扮演宋庆龄的舞台。

我的工作既简单又复杂。说简单，是因为在舞台上我饰演的宋庆龄只出现一分钟在银幕上，一闪而过。说复杂是因为这一分钟和一闪现，正是宋庆龄同志"为新中国奋斗"一生中最光辉的瞬间。宋庆龄同志在中国革命漫长历史上所起的作用是不可低估的，正如刘少奇同志所说："她的贡献甚至超过我们党的一些负责同志。"我怀着崇敬的心情，兢兢业业地投入这一分钟的创作演出之中。

我每天晚六点到达化妆室，两个半小时认真的造型，八时半出场。要在这一分钟里达到形神兼备，既得到观众承认，也得到同台的"领袖们"及"各族群众"认可，从而唤起真挚的舞台交流，老实说，我一点也不感到轻松。

《中国革命之歌》的创作是极其艰巨的，因为它绝不能和《东方红》雷同。《东方红》把多年来群众喜爱而广为流传的革命歌曲、舞蹈全用了。

这一次要重新创作。谈何容易？同时，这部史诗的时间跨度很长，从鸦片战争一直写到"十二大"，一百四十多年的历史，要通过歌舞形式反映出来，难度小得了吗？

邓小平与党中央领导同志观看《中国革命之歌》上台接见演职员

由于一千多参加者的艰苦努力，我们的劳动结出了丰硕的成果。《中国革命之歌》在首都演出后，受到了观众的热烈欢迎，中央领导同志也给予很高的评价。

今天，当我在银幕上看到这部中国革命的壮丽画卷，我感到十分兴奋、激动，自然也有一丝欣慰。

攻占南京总统府

开国大典

肖惠芳

　　《开国大典》是为庆祝中华人民共和国成立 40 周年献礼而拍摄的重要影片，由张天民、张笑天、刘星、郭宸合作编剧，由李前宽、肖桂云夫妇联合导演，这是一部历史巨片，规模宏大，尤其先后出现毛泽东、朱德、周恩来、刘少奇、宋庆龄、蒋介石、宋美龄、李宗仁等全国全世界熟悉的叱咤风云人物，绝大多数是特型演员，要求形神兼备，念作俱全，用长影制片厂厂长阎敏军的话，"聚集各路神仙"按常规几乎不可能，但是在中央领导和各级政府支持下，剧组团结一心，雷厉风行，冒风寒，打硬仗，九个多月就完成任务。

我们特型演员，剧中毛泽东由八一厂古月扮演，周恩来由总政话剧团黄凯扮演，朱德由成都市温江文工团刘怀正扮演，刘少奇由河北电影制片厂郭法曾扮演，宋庆龄由湖北省话剧团肖惠芳我来扮演，蒋介石由西安电影制片厂孙飞虎扮演。

这部影片着重描绘了1949年建国前夕国内外一系列重大历史事件，再现了当年开国大典的空前盛况。

今年，是中华人民共和国成立七十周年，为了纪念七十年前在我们祖国古老的东方大地上那历史性的伟大瞬间：

"中国人民从此站起来了！"

参加拍摄《开国大典》，我感到非常欣慰和自豪，以此片献给祖国，献给观众，献给后代，这是我们大家的历史责任和光荣心愿！

后记　[一]

拍完《开国大典》后，后来八一电影制片厂又拍《大决战》时候，剧组负责演员工作的刘五一同志，给我来电：

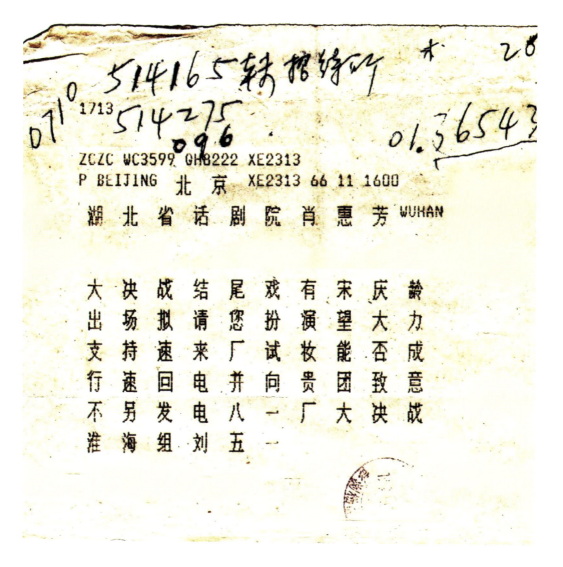

可惜！与当时工作安排有矛盾，种种原因，最后未能成行，非常遗憾！

[二]

在《开国大典》中，我们演领袖人物的演员，相处很好，经常切磋演技，互相关心。北京的黄凯（扮演周总理）像老哥们，过节的时候，还尽地主之谊，请我们到总政话剧团家里包饺子吃饭，《开国大典》杀青，分离的时候还互相祝福，期待再次合作。回单位不久传来噩耗，刘怀正（扮朱德者）和黄凯，他们结队旅游，在美国遭遇车祸不幸去世，还有同行伙伴也受了重伤……如今，古月也作古了。

| 刘少奇 | 毛泽东 | 宋庆龄 | 朱 德 | 周恩来 |
| （郭法曾饰） | （古 月饰） | （肖惠芳饰） | （刘怀正饰） | （黄 凯饰） |

肖惠芳追忆古月

何娅 《武汉晚报》2005.7.6

　　昨日，从本报得知著名特型演员古月去世的消息，著名表演艺术家、曾经在《中国革命之歌》和《开国大典》中两度与他合作过的肖惠芳深感惋惜："在所有扮演毛泽东的特型演员中，他是外形最酷似的一个，他走了，是影视界很大的损失。"

古月和肖惠芳

　　从1976年开始，肖惠芳曾经6度在影视、剧中扮演宋庆龄，她不仅是第一个扮演宋庆龄的特型演员，更曾经获得了宋庆龄本人的亲切接见。肖惠芳与古月的第一次合作是在1984年，两人在大型音乐舞蹈史诗《中国革命之歌》中分别扮演宋庆龄和毛泽东。肖惠芳回忆，从外形上看，古月扮演的毛泽东实在是太像了，所以每当他出现在舞台上的时候，台下总是山呼海啸一样的喊声。

他们的第二次合作就是电影《开国大典》，肖惠芳透露，其实当年这部电影中毛泽东扮演者的首选并不是古月，她到长春电影制片厂试装的时候，毛泽东的扮演者是西安的话剧演员张克瑶，后来因为张克瑶病了，于是只得找来古月救场。肖惠芳拿出《开国大典》的纪念画册，"你看，他真是太像了，头发往上面一推就很相似，让造型师很省心。"

同样是演领袖人物的特型演员，肖惠芳很能理解古月的苦衷："其实他不容易，三十多岁半路出家从艺，而且扮演毛主席，担子很艰巨。他吃了不少苦，演年轻时候的毛泽东，要拼命减肥，演晚年毛泽东，又要增肥。他知道自己和科班演员的差距，刻苦学习理论。"在肖惠芳记忆中，在拍摄过程中，古月是一丝不苟。在片场，这个小她五岁的湖北老乡经常征求她的意见："大姐，看了昨天的样片没？怎么样啊？"

肖惠芳说：古月身上有湖北人的豪爽和侠义心肠，乐于助人。在南京拍完宋庆龄的戏份后，肖惠芳要先回武汉，古月坚持亲自送"大姐"上船。剧组那么多人，其实他不用送我的。那么热的天他帮我拎着大包小包。因为他太像毛泽东了，不化妆也像，所以出门他总需要一个帽子，脸上的汗不停地流……

如今，古月汗流浃背拎着行李上船的样子还在肖惠芳脑海中，古月却已作别人世，肖惠芳一再表示意外和惋惜："他身体一向很好啊，怎么这么突然？他所扮演的毛泽东形象，绝对在中国电影长廊里占有一席之地。"

肖惠芳演过的部分电视剧 朗诵 配音

电视剧 《杜鹃》
上图

电视剧 《梨园
泪》 左图

这是武汉电视台早期胶带录制的电视剧

编导
　　黎　笙
演员
　　朱世慧
　　任士一
　　肖惠芳

电视剧《一碗热干面》

朗诵《党的生日》

朗诵者
　　周锦堂
　　肖惠芳

配音:

巴西电视连续剧:《女继承人》

一百二十六集配音,肖惠芳同志

配剧中人"费洛梅娜"

湖北电视台

萧惠芳同志:

你参加配音的译制片,巴西电视连续剧《庄园之梦》(八十四集)被评为中南六省(区)一九八八年度优秀电视译制片。

特授予此证。

发证单位:湖北电视台

一九八九年 月 日

配音 石兰 肖惠芳

　　改革开放，随着时代的进步，国家经济繁荣，信息、网络等新的科技进入了文化影视领域，歌咏、舞蹈、相声、小品等综艺类艺术，应着观众的喜爱和需要，也红红火火起来。小品因为接地气，短小精悍，能很迅速地反映现实生话，也就成了晚会和综艺演出不可缺少的节目。年年春节晚会，每逢重大节日庆祝活动都少不了它，它已经成了深受广大人民群众喜欢的一种不可缺少的艺术。

　　70年代初期，武汉有的老演员还不太适应这种表演形式，有的觉得小品不登大雅之堂，小品只是茶余饭后小耍而已，认识不同，也有喜爱不同，所以演小品的演员很少。

　　随着改革开放不断地深入，时代文化不断地变化，影视和综艺演出，需要更多的语言类节目。为适应社会的需求，肖惠芳是个较早积极参加和推广小品演出的人。

她打破计划经济时期，省市文艺界圈内条条框框的不成文老规矩，参加了不同剧种，不同省市单位，不分专业和业余，以及和民间艺人自由组合的小品、朗诵等综艺演出，从基层，广场到荧屏，常见她的身影。

　　湖北电视台播出多期的《欢快今宵》，期期都有她的小品。

　　武汉电视台从2000年开播，已经播办了20年，深受武汉观众喜爱的综艺栏目《都市茶座》里，串演小品，她亦是茶座上的常客。

　　肖惠芳说：只要观众喜爱，需要，小品哪里都可以演。

　　演戏，她戏路广，生活底蕴深厚，又是文工团出身，加之小品本身就是语言类艺术，为了适应需要，她努力探索实践，演出了许多新的节目，路子越走越宽，演的戏也愈受群众欢迎。

　　在演出中，肖惠芳对每一个作品非常执着，从来都是一丝不苟地去追求。近年来，她在舞台和影视中，演过四十多个小品，并在多次小品大赛中获奖，其中《女宿舍的看门人》和《特殊任务》，曾在"中南地区暨中国曹禺戏剧奖"小品小戏评选中获得优秀表演奖。

　　有一次，在"武汉地区大专院校文艺会演"当评委时，肖惠芳对于小品曾有一段发言，她说得很好，"小品不小，麻雀虽小，五脏俱全，小品也有主题，有人物，有情节，起承转合，艺术的元素，一个也不能少。"小品在专业学校和艺术团体，只是作为课堂和排演场演出，是一种业务训练方法，根据训练目的，它可以片面地，有侧重性地，不需要完整内容地即兴发挥，一旦搬上舞台，面对观众演出，就是一个单独艺术作品，必须要有思想内容，有独特的表现方式，要在有限的时间内，唤起观众共鸣，以达到教育和感动观众的目的。

　　小品小，时间短，要求"精"，难度就大，为什么春晚语言节目，赵本山、宋丹丹、陈佩斯他们的艺术小品一改再改，一排又排，以小见大，以少胜多，精益求精，比平常我们排个话剧时间还长，还难，道理就在这里。

大篷车队下乡来
城里剧团唱草台

肖惠芳领衔湖北省方言小品队和普通话小品队为基层巡回演出

大篷车队下乡来，城里剧团唱草台

鲁有成　　《湖北日报》1992.5.21

　　曾在多部影视片中饰演宋庆龄的著名表演艺术家肖惠芳领衔的湖北话剧团方言小品队和普通话小品队，眼下正活跃在我省城乡，为最基层的观众演出，受到工人农民的交口称赞。

　　这个剧团有上山下乡为民服务的传统。在话剧一度不景气的情况下，他们曾克服重重困难，排演课本剧，为城乡中小学生服务。肖惠芳领衔的小品队年初在武汉街头公演时，省委书记关广富就称赞他们"带了一个好头"。

　　小品队在演出期间，以《延安讲话》精神为指导，发扬艰苦奋斗的精神，不讲条件，竭尽全力地工作。邀请单位多，他们就放弃休息，坚持每天演出，经常一天两场，甚至三场。演出地点频繁转换，常常除了演出就是带着行装匆匆坐上汽车赶路。演员们风趣地说："我们就像印度电影《大篷车》中的大篷车队，以汽车为家，四乡巡回。"在条件较差的荆门市团林铺镇，天气骤变，冰冻雪飘，衣衫单薄的队员们无人叫苦，坚持演出，夜晚挤在一张床休息，天气好转就把戏送到村头。即使如此，他们仍然高标准要求自己，把质量放在首位。在后台、住宿地，常见为剧团顾问的肖惠芳和老演员在为青年演员说戏、拍戏，使演出质量不断提高。小品队还随时根据观众对象调整剧目，青年人多就加上"青春派"歌手的演唱，妇女多就换上家庭教育小品，学生多就加演诗歌朗诵。演出现场，常常是台上情绪高昂，台下掌声笑声相连。观众说：到底是省级专业剧团，就是味道正，感情真，水平高。

"宋庆龄"来到农民中间

——记肖惠芳下沔阳演出生活

涂阳斌　李国雄　《湖北日报》1992.1.20

元月 18 日，是冬天里少有的一个晴和日子。可湖北省仙桃市新里仁口镇新生村党支部书记李花庭的心头却罩着一丝阴翳，他望着村民们昨天搭起的"草台"，心里正嘀咕着：省里的名家们肯来唱"草台"吗？要是不来，自己如何下得了台。一个穿着夹克衫的小伙子走近李花庭，道："听说名演员出入有轿车，上下有陪同，别'飞机上放鞭……响(想)得高'了。"

八时整，由国家一级演员、著名表演艺术家肖惠芳带领的湖北省话剧团准时到来了。李花庭立即派穿夹克衫的小伙子点燃了鞭炮。人们指指点点地在人群中寻找着"她"——在多部影视片中成功地扮演了宋庆龄的肖惠芳。

李花庭十七号晚上就听人说了，肖惠芳刚刚结束在石首市的演出，上午六点钟从石首市出发，冒着霜花在长江边上等轮渡，足足等了两个小时，下午三点到达新里仁口镇，七点钟就在镇上演出了一场。肖惠芳听说这个镇成立五年来，省级剧团是第一次光临，便决定拿出自己的"绝活儿"，多演几个节目。刚刚演完《老亲娘与女婿伢》，肖惠芳便感到胸口发闷，心跳加快，同事们知道这个五十八岁的艺术家心脏有毛病，硬是拖着她下了舞台。李花庭想：镇上虽然条件差，毕竟还有个能遮风挡雨的小剧场，可到我们村里来是演"草台"呀！况且人家心脏有毛病？

肖惠芳肯定是来了。拖拉机手憋足一口气，就把柴油机发动了，草台上空立刻响起了音乐声。肖惠芳和她的同事们出场了，他们演出了汉味喜剧小品《老亲娘与女婿伢》《外甥和舅舅》《杠上开花》《拔牙的故事》等十多个节目。这些取材于日常生活的小品，既歌颂了人间的美好事物，又针砭了一些时弊，紧紧配合了该镇正在开展的社会主义思想教育活动。"包袱"迭出的小品逗得"泥腿子们"捧腹大笑。老大爷笑得涎水滴了尺把长，大嫂子笑得忘了做午饭。

剧团就要离开新生村了，村民们排成夹道欢送他们。肖惠芳在村民们燃响的鞭响声中，含着热泪说："人民需要艺术，艺术需要回到人民中间。艺术工作者要为人民服务，而不能为人民币服务。"

湖北省话剧团在新里仁口一天半的时间里，不取分文，在"草台"上为农民演出三场，使三千八百多人一睹省城艺术家们的风采。七十五岁的向老汉说："上回辛未年淹大水我出去逃荒躲年，这回辛未年淹了水，省里的名演员跟我贺年，真是换了人间！"

灯火中，她向我们走来

——肖惠芳利济街头演出侧记

尹又汉 《武汉晚报》1992.1.9

"'宋庆龄'在街头演出，去看呀！"昨晚，寒风凛冽，人们从四面八方涌向利济商场门前广场。湖北省话剧团著名表演艺术家、国家级演员肖惠芳在此搭台演戏。她因曾在多部影视片中成功地扮演了国母宋庆龄而在观众心目中留下深刻印象。

观众发现，她早早来到广场，在用汽车搭成的舞台上酝酿情绪，做演出前的准备工作。"肖老师，怎么闹到在街头摆摊演出这个分上了?!"利济商场对面省电视制作中心的人惊动了，他们知道"宋庆龄"在当今影视剧中的分量，像肖惠芳这样的名角，光接电视剧吃"宋庆龄"的老本也够下半辈子受用的，怎么还到街头演小品。

话剧剧场目前不太景气，我们自然要寻找面对观众的新途径，毕竟是名人，关心她、问她的人太多了，肖惠芳不知回答谁的好。

戏，开场了。肖惠芳粉墨登场，惟妙惟肖地在汉味喜剧小品《老亲娘与女婿伢》中扮演了一位工商管理干部的个体户准丈母娘。

利济路是肖惠芳生长的地方，存仁巷的许多老观众、老邻居还依稀记得30多年前那个拖一对长辫子在利济路上跑来跑去的"小惠芳"，如今"小惠芳"当了"老亲娘"，又在利济路口和老邻居们用"汉腔"拉上了家常，怎不让人倍觉亲切，尽管天气很冷，但人们还是从口袋里、袖筒里抽出手，巴掌拍得震天响。

下场时，肖惠芳的眼眶湿润了，20多年前，水坝工地、田头地脚都曾是我们演出的场所，说的是文艺为工农兵服务。现在走上街头巷尾演出，何尝不是为人民服务！我们为什么不理直气壮。

小品

女工宿舍的看门人

独角小品《女工宿舍的看门人》是中南地区小品大赛获奖剧目，小品虽小，信息量很大，深受群众喜欢。

迎战大洪水保卫大

编剧；沈虹光
演员；肖惠芳

纪实小品

守桥的兵

导演：朱广琪　主演：肖惠芳

小女孩遭不幸身无半文，在长江大桥上徘徊，被守桥战士发现，热情开导，帮助小女孩转变思想，并向其他战士借钱，送给小女孩，让她搭车安全回家。

做好事不留名，事后家长知情，奶奶找到部队，欲感谢恩人，但是……

小品真人真事，演员也是守桥战士，互动交流，纪实小品，教育了战士，也感动了百姓。

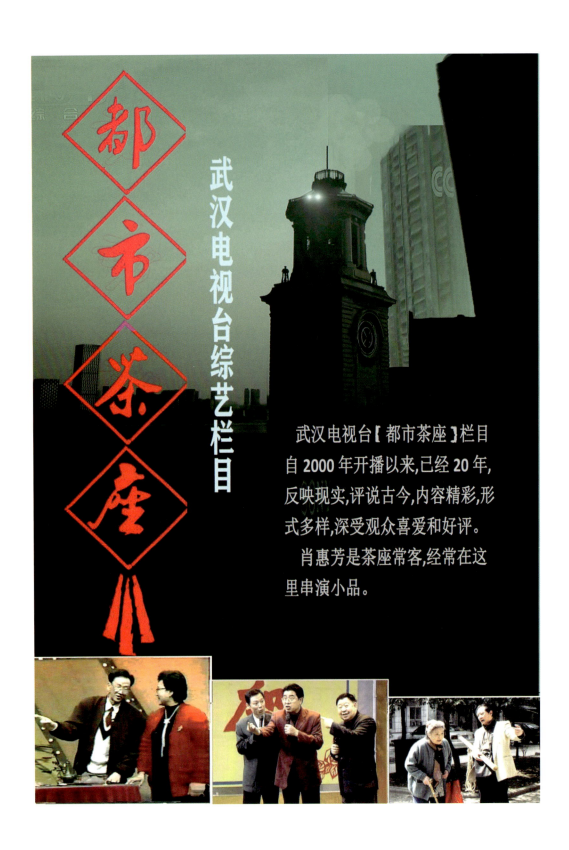

都市茶座

武汉电视台综艺栏目

武汉电视台【都市茶座】栏目自 2000 年开播以来,已经 20 年,反映现实,评说古今,内容精彩,形式多样,深受观众喜爱和好评。

肖惠芳是茶座常客,经常在这里串演小品。

小品

爱的·呼唤

现场直播

编剧；李 冰
导演；李 铁
演员；肖惠芳
　　　镇亚荆

第六届
CCTV小品大赛

CCTV3

第六届央视小品大赛

汉产小品《爱的呼唤》感动观众

张云宽 《湖北日报》2007.5.5

父母离异，儿子心怀怨气四处流浪，巧遇慈祥的老奶奶，由此谱写一曲爱的赞歌。3日晚，我省小品《爱的呼唤》亮相第六届央视小品大赛，感动现场观众与评委，也令家乡父老倍感自豪。

《爱的呼唤》由武汉人艺著名演员肖惠芳、艺坛新秀镇亚荆出演，青年导演李铁执导。该小品取材于武汉人民艺术剧院推出的方言剧《搭白算数》。央视小品大赛组委看过选送的影碟后，一致决定直接进入当晚的决赛。

昨日，镇亚荆电话向记者透露，为备战此次小品大赛，导演李铁又进行了"颠覆性"修改，上月 27 日抵京后反复排练。

截至 3 日晚，本届央视小品大赛已演出三场，在已演出的 18 个节目中，《爱的呼唤》以 96.323 分的成绩位列职业组第五名。

高龄选手赢得评委鞠躬

《北京晚报》2007.5.4

在昨晚中央电视台小品大赛上，最后一个作品《爱的呼唤》赚足了观众们的眼泪，同时也赢得 96.323 的高分，她们的小品为本场比赛画上了一个圆满的感叹号！

表演这个作品的 73 岁高龄的肖惠芳老人是带病参加本次大赛的，在临上场比赛时，老太太还是拖

着伤痛的双腿，一瘸一拐地走着，可到了舞台上，她就表现得健步如飞，好像忘记了伤痛。可能有观众会觉得她眼熟，肖惠芳老师就是在电影《开国大典》中扮演宋庆龄的著名表演艺术家。肖老师 14 岁就登台演出了，已经有 60 年的表演经历了，她的舞台生涯曾经三次被判处"死刑"：一次是因为声

带哑了，医生建议她转业；一次是因为患上了心脏病，医生直言她随时都有生命危险；一次是在 1992 年不幸再次遭遇车祸，手、脚多处骨折。但出人意料的是，两年后，她再次带着一身病痛参加了话剧《同船过渡》的演出，并捧回了国家"文华表演奖"。从 53 年前进入省话剧院至今，肖惠芳扮演过刘胡兰、鲁妈、江姐、春妮、二房东、方老师、宋庆龄等角色，已成为话剧的典型形象。当主持人问她，那么大年纪身体又不好，有那么丰富的表演经验，得了那么多权威的大奖，为什么还来参加小品大赛时，肖老师一句："我还没有演够！"在场所有人都报以热烈的掌声。

现场评委、著名演员巍子在给她们作品做命题表演点评时，给肖老师深深鞠了一躬，表达了对老一辈艺术家的崇敬！也对老艺术家高尚的艺术修养和精湛的表演功底表示敬佩！

74 岁演员肖惠芳抱病登台，
评委巍子深鞠一躬

梁平　《南京日报》2007.5.5

"五一"长假期间每晚直播的央视第六届小品大赛，成了荧屏最具有看点的节目之一。前天晚上，当参赛小品《爱的呼唤》表演结束，评委之一、著名演员巍子对该作品进行点评时，他首先从评委席上站了起来，向伫立在台上的表演者、74 岁的老演员肖惠芳深鞠一躬，以此表示他对肖惠芳不顾年迈，抱病登台当配角的精神的深深敬意。出现在小品大赛现场的这一幕不仅感动了参赛者，也深深打动了电视机前的观众。昨天下午，记者对此进行了追踪采访。

肖惠芳是武汉人民艺术剧院著名演员，她因在舞台上成功塑造过宋庆龄等人物形象而享誉艺坛。步入晚年后，她在《临时病房》《同船过渡》等话剧中扮演的老太太形象令人难忘。本次小品大赛，武汉人艺选送的作品《爱的呼唤》中她再次扮演老奶奶。该作品导演李

铁昨天告诉记者："肖老师曾经两遇车祸，腿受过伤，行动不便，但为了这个小品能参赛，能为年轻演员当好'绿叶'，她忍着疼痛长时间排练。到北京来比赛，老伴不放心，也跟着来保驾。老艺术家这种甘为艺术奉献的精神确实令人感动。"

《爱的呼唤》表现的是一段亲情故事，小品的主角由年轻演员镇亚荆饰演，肖惠芳只是一个配角。肖惠芳昨天对记者说："我演了一辈子戏，也没演够，所以有这个机会，还是想演。主角或配角对我来讲无所谓，只要是一个人物，无论戏多戏少，都得演好，只有演好了，才能对得起观众。"她朴实的话语，一如参赛当晚与主持人董卿在台上攀谈时说的那样。当时，《爱的呼唤》演完等待评委打分间隙，董卿看出老人腿脚不便，便关切地询问她："肖老师，您这么受累，为了什么?"老人动情地说："演了一辈子戏，没演好，还想再学习，艺术上再提高。"《爱的呼唤》平凡真实感人，而她平实的话语所表现出的敬业精神以及对表演艺术诚挚的热爱，同样令台下掌声连连。肖惠芳是一位卓有成就的演员，不仅获得过国家"文华奖"，不久前还当选"文化部优秀话剧艺术工作者"。

本届小品大赛由唐国强、巩子、黄宏、阎肃、田华等担任评委。在这类

比赛中，观众看到的多是选手给观众、评委鞠躬，却鲜见评委给选手鞠躬。巍子昨天对记者说："像肖老师这样德艺双馨的老艺术家，不计较参赛会不会得奖，大老远地赶到央视参赛，这种执着的参与精神，不计较名利提携后人的精神，非常值得我们学习。当时，我觉得说再多的话都不如恭恭敬敬地向她鞠躬，只有这样才能表达我对她由衷的敬意！"

*　　　*　　　*　　　*

肖老师参加央视小品第六届大赛，五月四号演出前，曾向大会组委会表示，"本人参加演出一切活动，不参加评奖，把机会让给年轻人"，当日《爱的呼唤》节目演完以后，就买了回武汉的火车票。

过了几天，第六届小品大赛组委会来电话说：小品组委会通知，希望肖老师一定要来现场，参加央视第六届小品大赛颁奖晚会，《爱的呼唤》是代表武汉的，演出得奖可喜，同时也授予肖惠芳一个荣誉奖。

附：小品截图

已收集到肖惠芳许多完整的影视小品，从中摘取了二十五个，截图于后。

（小品）

陈毅探母

编导：
　焦乃积
演员：
　谷　伟
　肖惠芳

（小品）

吆　喝

导演：
　李　铁
演员：
　田克兢
　俞信杰
　肖惠芳
　镇亚荆

（小品）　　　　　　　　　　　　特殊任务

证　　书

肖惠芳 同志在中国文学艺术界联合会、中国戏剧家协

会主办的 2003 年"中国曹禺戏剧奖·小品小戏评选"中，参

加《特殊任务》的演出，获得优秀表演奖，特颁此证。

中国戏剧家协会

二〇〇三年八月

（小品）

三郎探母

（小品）

站　　台

（小品）

将军渡

（小品）

未来冠军

（小品）

找爸爸

（小品）

情　思

（小品）

鸡毛蒜皮

（小品）

回　乡

（小品）

牙痛就是病

（小品）

搭　配

（小品）

邻里之间

（小品）

验　收

（小品）

母亲的生日

（小品）

下　棋

（小品）

使　命

（小品）

农家电话

（小品）

情系神农架

（小品）

生　日

（小品）

考女婿

（小品）

中秋月更圆

（小品）

预选赛

"夕阳红"

青春常在全国老年风采电视大赛

肖惠芳荣获全国个人"最佳风采奖"

  2001 年 6 月，由中共中央组织部老干部局，中国老龄协会，中央电视台联合主办，青春常在"夕阳红"老年风采电视大赛，经过半年多时间的筹备，在北京召开了，参加大赛的都是经过各省市老干部门直接组织操办的，湖北也不例外，由省老干处派了一位李处长直接抓这事儿，先在老干艺术团组织节目，遴选了三十多位能歌善舞的老人，还有一位 83 岁的老将军，劳模马学礼等，组成了赴京参加"夕阳红"全国风采老人电视大赛老人团队。经费由湖北上市公司美尔雅赞助冠名，赴京参赛就叫湖北美尔雅老人代表

队。

老干艺术团，有的是艺术团体退休下来的音乐和舞蹈人才，肖惠芳只是文化局推派去的艺术顾问，代表团人手少，顾问也是 67 岁的老人，当然要参加演出，参加队内一切共同活动，经过几个月辛苦排练，审查，终于成行，临行赴京连夜还忙着修改服装。

湖北省老干艺术团赴京参赛美尔雅代表队合影

"夕阳红"青春常在老年风采电视大赛，是全国老干局组织的以省市代表队形式参加的，比赛评奖，分为集体和个人以及代表队单位组织奖项。既然老人代表队都是代表着本省本市的老人，大家为了集体荣誉，都憋足了劲，尽显了全国老年人的风采。

比赛分表演和知识问答两个环节，综合评定，哈尔滨代表队的舞蹈，北京市代表队的节目，都很专业，水平极高，湖北美尔雅代表队进了决赛，也奔着金牌而去，可惜，在全队共答题上全部丢分，与金牌失之交臂，名次落为第三。而在"生活感受"环节中，有关中国足球问答，肖惠芳个人回答得很好。大会中肖惠芳还接受了倪萍的现场采访，在"飞越夕阳"颁奖大会上，她获得了全国老人"最佳风采奖"。

说说老年风采电视大赛

张悦

中央电视台"夕阳红" 栏目组《夕阳心语》

为了使我们的节目能够更好地为老年人服务，"夕阳红"栏目出了一本内部信息周刊。每个星期，我们工作人员都能从中看到观众的反馈意见，知道这两周观众对电视大赛的看法。

总的评价是，大赛不仅受到老年人的喜欢，年轻人也爱看，它成为人们津津乐道的话题。大赛的策划，体现了很强的创新意识和敬老精神。特别是"非常亮相"等四个环节的设置，从不同角度展示了老年人的风采。

大赛的评委也是一道靓丽的风景线。他们的现场即兴点评，让人感到头头是道，听了真是振奋人心。评委张冰姿关于如何看待集体答题分数，点评观点正确，使失利者放下了包袱，得到了很大的宽慰。关于三位主持人，大家认为：陈志峰表现最为自然。他的现场插话好，语言幽默风趣。在个别时候，有的代表队观点有些偏激时，他及时纠偏，起到了很好的引导作用。黄薇的化妆、衣着、情绪都很好，与现场气氛和谐统一。加之她欢快热情的话语，很能调动老年人的情绪，充分地展示了自己的主持风采。至于说到我，大家说我的装束与我本人的气质很和谐，话语温柔亲切，给人以美的享受。同时，大家也指出了节目的不足和主持人的不足。在此，我们表示深切的感谢。

颁奖晚会"飞越夕阳"您看了吧。那位曾经扮演过宋庆龄的老年朋友——肖惠芳，肯定给您留下了深刻的印象。她是湖北省美尔雅代表队的成员。

决赛那天，她们队其他环节发挥得都很好，就是全队共答题，没有得分。因而名次落了下来，虽没得金奖，但有观众来信称赞说，湖北省美尔雅代表队服饰新颖靓丽，表演大气高雅。尤其"生活感受"环节那位老年人（肖惠芳），对中国足球队说的那些话，那才叫水平呢！要是平常没有很好

湖北省老干艺术团赴京参赛美尔雅代表队合影

的修养，那些话现教都教不会。她的演讲为整个比赛锦上添了花。关于大赛还有很多幕后故事，实在是因为篇幅有限，我只能就此打住。

（原刊于《北京晚报》2001年7月9日）

07荆楚十大新闻人物和事件评出

他们用光荣和梦想温暖2007

第三届"难忘荆楚"十大新闻人物颁奖典礼昨举行

图中自左至右依次为：赵传宇、余宝琳、陈立强、朱兴传的代表朱国林、肖惠芳、
廖辉的代表吴琦望、岑拯的代表岑年宏、张建顺、田禾、珍妮宝贝的代表李建刚

本报讯 (记者王孝武)昨日阳光灿烂，10位优秀荆楚儿女，用他们身上投射出的光芒，让岁末的这个普通日子，显得格外温暖。2007年的湖北，也因为他们的光荣与梦想，更加生动和经典……

昨日上午，由本报读者投票产生的2007年度"难忘荆楚"十大新闻人物，在楚天传媒大厦出席了本报为他们举行的颁奖典礼。

在鲜花和掌声中，赵传宇、陈立强、余宝琳、田禾、张建顺、肖惠芳，以及岑拯、廖辉、朱兴传、珍妮宝贝的代表或亲属，走上了俭朴而庄重的领奖台。

《楚天都市报》　　摄影记者肖颢　2007.12.25

肖惠芳补上了金婚照

刘我风　　《楚天都市报》2007.12.30

走下颁奖台，肖惠芳做的第一件事是把手中的鲜花送给老伴，然后握手。

今年是肖惠芳与老伴曹艮俊结婚50周年。结婚纪念日本来是年初的正月初一，从那天开始，

肖惠芳就惦记着要去拍一张金婚照，但老伴一直非常"大男子主义"地拖，今天有了机会。

50多年的舞台生涯，肖惠芳获得的大小奖项证书，可以装订成几大本，但她昨天接过"十大新闻人物"的奖杯时说："金杯银杯，不如老百姓的口碑，我以前获得的所有奖，都没有今天这个奖含金量高"。

此次肖惠芳请老伴一起参加"荆楚十大新闻人物"颁奖典礼，进入本报采编大楼，望着眼前一览无余的东湖胜景，肖惠芳激动了，"啊，就像金婚旅游一样！"颁奖典礼结束，肖惠芳连忙拽着老伴，请记者给合个影："等了一年，今天终于把金婚照补上了。"

又：

继 2007 获得"难忘荆楚" 大众投票十大新闻人物获奖后，肖惠芳又投身社会公益事业，配合省消防单位深入到各地基层，参加消防战斗，边生活边用自己专长宣讲消防知识，宣传消防对国家建设的重大意义，并且以实例编排文艺节目，教育群众，提高认识，防患于未然，起了很好的作用。

2008 年全省消防工作会议，她的事迹受到表扬，被评为消防先进积极分子，受到湖北省人民政府授予"2008 年度全省消防工作先进工作者"称号。

授予 肖惠芳 同志"2008年度全省消防工作先进工作者"称号。

二〇〇九年_月九日

2007年10月，第八届中国艺术节开幕前夕，肖惠芳老师（右）接受时任湖北日报文化记者张云宽采访

湖北日报记者 张磊 摄

一个记者眼中的肖惠芳

张云宽

不老的戏痴

刚刚结束的第六届央视全国小品大赛上，有一幕比小品表演本身更打动人心：3日晚的比赛中，本次大赛评委之一、著名演员巩子在点评我省参赛小品前起身向着名演员肖惠芳深鞠一躬，表达一个晚辈的由衷敬意。

当晚的即兴表演结束后，肖惠芳不顾主持人的善意劝阻，执意将表演中散落的纸片一一清扫干净。细心的观众或许已经注意到，舞台上的肖惠芳腿脚并不方便，完全有理由让年轻的搭档完成这一工作。

肖惠芳今年已是 73 岁高龄，是本届小品大赛参演年龄最大的演员。但当主持人问到"为什么还要参加小品大赛"时，她的回答却是那样的朴素平实，"因为还没演好，还没演够。"

提到肖惠芳，全国观众大概并不陌生。上世纪 90 年代，她曾在电影《开国大典》中成功饰演宋庆龄而享誉大江南北。37 年前，她在话剧《大江东去》中首次饰演同一角色，受到过时任国家副主席宋庆龄亲切接见与高度认可。上月初，文化部首次评选"全国优秀话剧艺术工作者"，肖惠芳就名列其中。

若以艺术水准来看，肖惠芳无疑是国内话剧界不可不提的重量级演员。除让观众牢牢记住的宋庆龄这一舞台和银幕形象外，在长达半个多世纪的艺术生涯中，她还成功塑造过刘胡兰、江姐、鲁妈等一系列鲜活生动的舞台形象。肖惠芳坦言"还没演好、还没演够"，折射出她对话剧艺术的更高追求与视艺术为生命的崇高精神。

因为"还没演好"，肖惠芳面对每一个舞台角色，都是那样的敬业精心。本次参赛小品《爱的呼唤》取材于汉味方言剧《搭白算数》，此前已演出百余场。但为了人物形象更出彩，肖惠芳与搭档的小演员反复磨炼。抵京后，与剧组成员又进行了颠覆性修改。其间，她突发腿痛，却放弃了去医院进行理疗，而靠老伴送去的几贴膏药支撑。

因为"还没演够"，退休后的肖惠芳依然活跃在话剧舞台。先后主演我省备战"八艺节"的重点剧目《临时病房》，参加《搭白算数》的每一次排练演出。近年来我省大大小小的晚会上，也不难发现老人那熟悉的身影。

一个演员的艺术态度与艺术生命是成正比的，时下有的艺人已习惯将演艺圈视作名利场，甚至不计较"美名""骂名"，甚至"丑名"。由此，人们也见到了这些艺人千奇百怪的"表演"。这样的艺术生命注定不会长久。"不慕浮名而务潜修"，肖惠芳以对话剧事业的无限执着展现出不老的艺术青春。

"还没演好，还没演够"，是肖惠芳 60 多年舞台生涯的艺术总结，是她始终如一践行的艺术追求，是话剧大师为艺坛晚辈树立的艺术标杆，也是为喜爱她的广大观众的一句艺术承诺。

巍子的那一次鞠躬，记者更愿意理解为是代表现场和电视机前所有观众表达的敬佩之情。面对这样一位可亲可敬的老演员，记者也愿意说，她的表演永远没有看够的时候。

（原刊于《湖北日报》2007 年 5 月 8 日）

感受大师风范

——报道话剧大师肖惠芳幕后

文化报道以来，我笔下的艺人已有 10 多位，从喜剧大师夏雨田，著名剧作家郭大宇，文坛巨匠巴金，再到书法大家吴丈蜀、陈义经，相声大师马季。引以为憾的是，这些艺术大师均已离我们远去。每次提笔，一股悲凉总会抑郁在心，但大师风范遗存下来，他们从艺为人的动人细节一次次撞击着我的心灵。

5 月 3 日，又一位艺术大师走进我的视野，她就是享誉全国的话剧大师肖惠芳。在当晚举行的第六届央视全国小品大赛上，她的那句"还没演好，还没演够"令全国观众为之动容，也感动着现场数位评委。看到年迈的肖惠芳以带病之身坚持演出，电视机前的我不禁潸然泪下。

两天后，消息《汉产小品〈爱的呼唤〉感动观众》在《湖北日报》一版刊发，可文化记者的使命驱使我不能就此止步，肖惠芳身上体现的对艺术的更高追求与视艺术为生命的崇高境界，理应得到继承与弘扬。紧接着，我先后采访了《爱的呼唤》另一主角、武汉市人民艺术剧院青年演员镇亚荆，著名演员周锦堂，了解到更多感人的幕后故事。

5月8日，《湖北日报》文化版头条刊发了我写的报道《不老的戏痴——品评话剧大师肖惠芳》，文章抓住她那句"还没演好，还没演够"，对这句朴素平实的话语进行评述，指出：这句话是肖惠芳60多年舞台生活的艺术总结，是她始终如一的艺术追求，是话剧大师为艺坛晚辈树立的艺术标杆，也是为广大喜爱她的观众作出的艺术承诺。认为在演艺界充斥浮躁情绪的今天，肖惠芳"不务浮名而务潜修"，才使得她保持着不老的艺术青春。

我没料到的是，这篇报道会在社内外产生强烈的反响。当天，省委宣传部领导电话予以肯定。省文化厅厅长杜建国发来短信，感谢我抓住了这个人物典型，并表示祝贺。肖惠芳所在的省话剧院连续两天组织全院干部和演职员学习讨论，讨论会上，院长周一鸣通读了这篇报道。5月10日，该院给报社发来感谢信，表示要深入学习老艺术家德艺双馨的品格，把更优秀的话剧献给观众，为湖北、为"八艺节"增光添彩。

（原刊于《湖北日报》"八艺节" 采编一线）

有戏演就是福

——话剧大师肖惠芳的幸福观

一张慈祥的脸，也是一张幸福的脸。

昨日，是西方的母亲节，记者再次见到了这张脸。被我省话剧界晚辈亲切称为"肖妈妈""老娘"的话剧大师肖惠芳，以回顾自己艺术之路这种独特的方式度过中国人早已习惯的节日。在她身后，摆放的是文化部上月首次颁发的"全国话剧艺术优秀工作者"奖牌。

"我很幸运，能一辈子从事所喜爱的话剧艺术。"总结半个多世纪舞台生涯时，肖惠芳吐出肺腑之言，"我所饰演的角色，能为广大观众认可和喜爱，退休之后还能站在话剧舞台上，这就是我所理解的幸福。"

因为家庭贫困，肖惠芳就读于汉口一家教会学校辅仁小学。正是在这所学校的唱诗班，肖惠芳展现出不凡的艺术潜质，并多次受到老师的表扬。升入同为教会学校的懿训女中后，肖惠芳被选入校歌咏团，并被推举为文娱股长。"每年学校都有一台圣诞晚会，我演过同学不愿演的爸爸、老人等角色。记得在小品《买卖公平》中，我演一位解放军男战士。这样的经历为我现在的舞台表演打下了较好的基础。"

1950年，年仅16岁的肖惠芳被大冶文工团相中，幸运地在该团排演的歌剧《刘胡兰》中扮演主角。1951年，这部戏到老区阳新、通山、通城等地巡演，受到群众的热烈欢迎。"上午休息，下午装台，晚上演出，演完后急行军奔赴下一个演出点。别人觉得苦，我却认为很有意思。找当地百姓借来的演出服，甚至还散发出一股柴火味，蛮好闻呀。"

有一个日子肖惠芳记忆犹新：1952年9月5日。这天是省话剧院正式成立的日子。肖惠芳通过严格选拔成为专业院团的一名演员，并再次幸运参加该院成立后的首部大型话剧《曙光照耀着莫斯科》。省话剧院首任院长许伯然要求演员到基层体验生活。肖惠芳先后到大冶、孝感、沔阳（仙桃）工业和农业生产一线蹲点并演出。相当长时间内，肖惠芳一年竟有八个月泡在基层。

艰苦的基层生活丰富着肖惠芳的阅历，也磨砺了她吃苦耐劳的品格。"文革"期间，肖惠芳下放到荆门团林镇天星十队，与当地农民一起挑粪、插秧苗、割稻谷。劳作之余，她用带去的理发工具和缝纫机为老乡服务。肖惠芳回忆说："幸运的是，当时的荆门油田十七团宣传队请我主持节目、演出小品，让我在苦难的岁月中，能够重登舞台。"

"全国观众熟悉我，大概是因为宋庆龄这个角色。但大家不知道的是，这却是我舞台生涯中压力最大的角色。"1978年5月，我省排演大型话剧《大江东去》，为国庆30周年献礼。舞台上首次出现的宋庆龄人物形象指定由肖惠芳扮演。肖惠芳研究大量文献资料，反复揣摩领袖人物的内心世界。该剧呈现的这一人物形象仅有10分钟，但仅人物如何走步肖惠芳就苦练了3个月时间。"幸运的是，该剧公演之前，我受到了宋庆龄本人的亲切接见与指点，教我如何梳头发，穿什么色彩的高跟鞋。次年9月该剧在京成功汇演后，宋庆龄秘书电话透露，首长一直等你出场，看后感慨地说：'她还真有些像呀。'"

从《大江东去》再到《陈赓蒙难》《洁白的手帕》《开国大典》，肖惠芳先后6次在舞台和银幕上扮演宋庆龄，成为饰演宋庆龄的"专业户"。1984年，拍摄电影《陈赓蒙难》期间，肖惠芳拜访上海孙中山故居，宋庆龄生前司机含着热泪说："快看，首长回来了，首长回来了。"

与宋庆龄有着深厚友情的邹韬奋夫人看过肖惠芳定妆照片后说："这可真是乱真之作。"

"不管别人如何肯定，我认为自己只是一名演员，我的生命属于舞台。"1994年8月，距肖惠芳退休仅4个月时间，她还主演了话剧《同船过渡》，凭借出色的表演获得上海白玉兰奖和话剧界最高奖励——文化部"文华表演奖"。退休后的肖惠芳依旧保持着忙碌，主演了话剧《临时病房》、汉味方言剧《搭白算数》，参加了无数的慰问演出。本月7日，她因在第六届央视小品大赛上的真情演出荣获最高荣誉奖。

1992年，肖惠芳遭遇两次车祸，腰、腿、手、膝受到严重损伤。前来探视的同事亲朋安慰说："大难不死，必有后福。"

什么是福？有戏演就是福！肖惠芳这样回答。

肖惠芳说，给她一生影响最大的是诗人郭小川的《青松赞》：

有用处就是福
能做擎天的柱就做擎天的柱
能做摇船的橹就做摇船的橹
奔前途 莫回顾
需要含辛茹苦就含辛茹苦
需要粉身碎骨就粉身碎骨

（原刊于《湖北日报》2007年5月14日）

她为话剧而生

张云宽　彭冰清

"还没演好、还没演够"，第六届央视全国小品大赛上，我省著名演员肖惠芳一句朴素平实的话语，在全省话剧界产生强烈反响。连日来，一股比照肖惠芳从艺为人的热潮在荆楚话剧界悄然兴起。

本月3日，第六届央视全国小品大赛上，我省参赛小品《爱的呼唤》演出结束后，面对主持人的询问，本届小

品大赛参演年龄最大的、省话剧院著名演员肖惠芳的一句"还没演好、还没演够"的质朴回答，感动着全国观众，也令我省话剧界为之动容。肖惠芳近半个世纪舞台生涯的点点滴滴再一次模糊人们的双眼，"以肖惠芳精神振兴我省话剧事业"成为大家的共同心声。8日，本报《不老的戏痴——品评话剧大师肖惠芳》发表后，肖惠芳所在院团——省话剧院连续两天组织中层干部和全体演职员专题学习讨论。大家认为：肖惠芳是老一辈话剧艺术家中的杰出代表。学习肖惠芳，就要学习她几十年如一日甘于清贫，为话剧事业无私奉献；就要学习她看淡名利，将话剧事业视作生命全部的无上追求；就要学习她为人作嫁，为话剧事业传承创新尽心倾力的人梯精神。

昨日，省话剧院院长周一鸣告诉记者，2002年12月，是他接手话剧院仅两个月的日子，已退休多年的肖惠芳送上一份礼物——省话剧院的一枚徽章。"这不是一枚普通的徽章，是话剧大师的一份嘱托，是肖老师寄托的一

份期望。"周一鸣感慨地说，"著名豫剧大师常香玉曾说，戏比天大。在肖老师身上也得到充分体现。她的两句感言，更加质朴平实。将艺术视作生命中的唯一，感染并激励一代又一代的院团晚辈。"他透露说，去年5月，排练备战"八艺节"重点剧目《临时病房》时，肖惠芳不小心摔肿了双腿，但她考虑最多的是怕给同剧组的同事添麻烦，怕影响这部戏的正常演出。

"肖惠芳是我终生的恩师，不仅艺术上是我的榜样，在为人上也是我的楷模。"省话剧院著名演员、话剧《特别的爱》主角桂继林扮演者熊家群告诉记者，1998年拍摄反映抗洪壮举的电视剧《血肉长城》时，肖惠芳扮演一位农村老大娘，虽然戏份不多，但她与剧组每一位成员同样头顶烈日，揣摩台词。"肖老师的敬业精神集中体现在，大戏小戏一个样，剧场和露天一个样，主角与配角一个样，影视和舞台对艺术的执着精神一个样。"

去年9月，因身体原因，话剧《临时病房》女主角不再由肖惠芳担纲。辞演该角色的当天，已72岁高龄的肖惠芳禁不住老泪纵横，她遗憾地说："在话剧诞生百年的日子不能站在舞台上，我的话剧生涯没有画上圆满的句号，希望更年轻的演员能继承话剧事业将这一角色演好。"省话剧院副院长、著名演员徐俊国认为，没有对话剧事业的痴，就不可能成就话剧的大家。"一位话剧名家曾说，我为话剧而生，何惧为话剧而死。肖老师就是这样一位为话剧事业而穷毕生的演员。"

"看央视小品大赛肖老师表演时，我不止一次流下热泪。肖老师那股敬业精神太感人了。"《临时病房》现任主角、青年演员刘瑜谈到肖惠芳的教诲，仍记忆犹新。"上个月赴京参加纪念话剧百年汇演，没想到肖老师主动打电话，鼓励我一定能演好。还反复叮嘱不要想着得奖，要持一颗平常心。"

武汉市人民艺术剧院党委书记、著名演员周锦堂认为，肖惠芳对话剧事业的痴迷已打破了院团的限制，她心里想的是话剧事业的繁荣复兴。"排演《搭白算数》期间，肖老师总是提前来到现场，将每一件小的道具排好，就像呵护自己的眼睛一样。她能获得全国观众的认可，是实实在在做出来的。"

"人为艺生，艺如其人，是肖惠芳艺术生涯的真实写照。"周一鸣说，"话剧事业清贫。但她甘于这份清贫，话剧事业艰苦，但她乐于这份艰苦。

肖惠芳那种还没演好、还没演够的痴迷精神，不仅在话剧界值得提倡，在全省艺术界也应广泛颂扬与传承。"

（原刊于《湖北日报》2007 年 5 月 21 日）

到省话剧院深入采访后，我又满怀激情写下了后续报道《她为话剧而生——肖惠芳精神引发的热议》。

5月13日，通过省话剧院联系，我见到了刚刚从北京返汉的肖惠芳。后来了解到，她并不愿意接受媒体采访，不愿意过多地宣传。在看过我的两篇报道后，才勉强应承下来。采访过程中，我时时能感受到话剧大师的谦虚、和蔼与对话剧事业的痴情。肖惠芳反复说："不能称作大师，我还不够格。"你"把我写得太好了，我做得还很不够"。对一位年轻记者，肖惠芳表现出一个长者的关怀。在数小时的采访过程中，她不断给我添茶水，不厌其烦回忆艺术道路上的每一个细节。采访结束后，肖惠芳还叮嘱说："写文章很辛苦，晚上加班一定记得加件背心，不要着凉。"

次日，第三篇报道《有戏演就是福——话剧大师肖惠芳的幸福观》见报后，我将当天飘着墨香的《湖北日报》送到肖惠芳家中。她戴上老花镜，逐字逐字地阅读，不时点头肯定。最后，肖惠芳说："扮演宋庆龄，我称不上专业户。直到现在，我也不能说，把这一人物形象演好了。"

这就是肖惠芳，一位73岁的老人，一位被我省话剧界晚辈称作"肖妈妈""老娘"的艺术家，在漫长的艺术生涯中获得过无数荣誉，并被评为"全国优秀话剧艺术工作者"的演员。

回首这三篇报道，我感到作为一名文化记者，只有身入，才能抓住那些动人的细节，只有情入，才能写出感人的文章。

我省享有"文化大省"的美誉，这份美誉来自文化领域各条战线无数个肖惠芳的共同努力。演了一辈子戏，早已功成名就的肖惠芳说："还没演好、还没演够。"我也愿意说，湖北的文化大戏还没看够，更没写够。

生命因舞台而精彩

——话剧大师肖惠芳的艺术人生

她没进过一天戏剧学院，却活跃话剧舞台半个多世纪。她曾在舞台上三次被判处"死刑"，却源源不断地塑造出一个个鲜活生动的人物形象。

她已是 73 岁高龄，荣获过"文华表演奖""白玉兰女主角奖""曹禺戏剧奖""话剧金狮奖"等中国话剧界最高奖项，却仍醉心舞台，坦言"还没演好还没演够"。她就是肖惠芳，省话剧院国家一级演员，一个视舞台为生命全部的"戏痴"。

从"鲁妈""春妮"，到"江姐""烂菜花"，从"老成婶"

"二房东"，到"宋庆龄""方老师"，肖惠芳在半个多世纪的舞台生涯中，成功饰演了数不清的或正或反、或底层或国家领导人等反差强烈的人物形象。

"演了一生的戏，才知道演戏太难了。难在走进人物的内心，难在不停的角色转换，难在纵使耗尽一辈子的精力，也探不到底，看不到头。"面对观众无数次的肯定，肖惠芳感觉更多的是一种使命与无形的重压。"直到现在我还不能说演戏已到了出神入化的地步。"

"演员是一切职业的职业，意味着必须付出更多的心血和汗水。"回忆起年少的选择，肖惠芳目光从容而坚定。在鄂南文工团，肖惠芳幸运地在歌剧《刘胡兰》中扮演女主角。随后该剧赴老区阳新、通山、通城等地巡演，巡演过程中，肖惠芳第一次体会到当演员的艰辛：每天上午休息，下午装台，晚上演出，演完后急行军奔赴下一个演出点。"现在我还忘不了老乡们期盼的眼神，正是那份期盼将我所有的疲惫驱得无影无踪。"

1952 年 9 月，肖惠芳成为刚刚成立的省话剧院的一名话剧演员，并再次在该院排演的首部大型话剧《曙光照耀着莫斯科》中扮演重要角色。"只有深入生活，才能贴近生活"，省话剧院首任院长许伯然的一句勉励之语，肖惠芳至今记忆犹新。作为一名省级院团的专业演员，肖惠芳一年竟有 8 个月泡在基层，我省大冶、孝感、沔阳等地的工厂和农村，均留下了她探索艺术源泉的足迹。

在我省参演八艺节的重点剧目《临时病房）中，肖惠芳扮演主角"刘大香"。欣赏过该剧的专家和观众认为，肖惠芳的表演质朴自然，生动刻画了新时期一个可亲可敬的农村老大娘形象。人们想不到的是，上世纪 70 年代初，肖惠芳下放到荆门团林镇天星十队长达 3 年，与当地的农民结下了深情厚谊，大家亲切地叫她"肖同志""肖妈妈"。"也许很多人认为那是段痛苦的回忆，我却当作一次难得的经历，为我塑造普通群众奠定了深厚的基础。"

1984 年，肖惠芳在国庆 35 周年献礼电影《开国大典》中扮演宋庆龄，为全国观众熟知。早在 1978 年我省排演话剧《大江东去》时，肖惠芳就是国内首位将宋庆龄呈现于舞台的演员，受到时任国家副主席宋庆龄的亲切指导与肯定。此后她先后在《陈赓蒙难》《洁白的手帕》《宋庆龄和她的姐妹们》等影视和舞台作品中多次饰演宋庆龄，电影艺术家张瑞芳评价说，肖惠芳表现的形象气质是最接近人物本身的。

在漫长的舞台生涯中，获得过无数同行羡慕的荣誉，而肖惠芳始终秉持一颗感恩之心。"演员为观众而存在，演员只是一名普通的劳动者。"肖惠芳感慨地说。43 年前，肖惠芳曾演出《七十二家房客》300 多场，以致声带受损，被医生宣判舞台"死刑"；23 年前，她一口气演出《五二班日志》20 多场，引发冠心病，专家执意要求停止演出；15 年前，她遭遇两次车祸，腰、腿、手、膝严重创伤，有人断言她再也难返舞台。肖惠芳没有倒下，用行动向喜爱她的观众展示出不老的艺术青春。

今年 5 月，深爱舞台艺术的肖惠芳出现在第六届央视小品大赛的现场，以 73 岁高龄成为本届大赛年龄最高的演员。面对主持人好奇的提问，肖惠芳淡然一笑："因为还没演好，还没演够!"在这次大赛上，作为评委的著名演员巍子起身向肖惠芳深鞠一躬表达一个晚辈的由衷敬意。

光阴荏苒，中国话剧至今走过了百年的坎坷历程。今年 4 月，文化部首次评选"全国优秀话剧艺术工作者"，肖惠芳赫然在列。这一称号是对她一生从艺为人的最高褒奖。

"英雄失去理想，蜕作庸人，可厌地夸耀着当年的功勋；庸人失去理想，碌碌终身，可笑地诅咒眼前的环境。"著名诗人流沙河的《理想》，肖惠芳曾无数次为人们朗诵。已过古稀之年的她理想犹存：为舞台奉献今生。

（原刊于《湖北日报》2007 年 9 月 20 日）

德艺双馨

——记文化部优秀话剧艺术工作者肖惠芳

湖北省话剧院

肖惠芳，生于 1934 年，湖北省应山人。湖北省话剧院退休演员。国家一级演员，国务院政府特殊津贴获得者。系湖北省戏剧家协会副主席，湖北省第六届人大代表，湖北省第六、七届政协委员，湖北省对外文化交流协会理事，文化部授予"优秀话剧艺术工作者"称号。

1950 年考入鄂南文工团，并第一次担任大型歌剧《刘胡兰》中的女主角刘胡兰。1952 年全省文工团队整编时，被编入新成立的湖北省话剧团。1994 年从湖北省话剧院退休。

肖惠芳同志从事舞台艺术五

十七年，曾先后参演近五十个剧目，塑造了各种不同类型的人物近二十个。她曾扮演过刘胡兰、鲁妈、江姐、春妮、二房东、方奶奶、刘大香等性格鲜明的人物，给观众留下了难以磨灭的印象。肖惠芳还在《开国大典》《陈赓蒙难》等影片中六次扮演宋庆龄，是我国第一个扮演宋庆龄的演员。她曾荣获全国第二届话剧表演"金狮奖"、文化部第五届"文华表演奖"、第六届上海"白玉兰女主角奖"、第四届全国戏剧汇演"主角奖"、第十届中国曹禺戏剧小品小戏大赛"优秀表演奖"、第八届中国戏剧小剧场演出"优秀表演奖"、第六届中央电视台小品大赛"最高荣誉奖"、文化部"全国话剧艺术优秀工作者"奖。

肖惠芳是一名普通的话剧演员，但她在长达五十七年的演艺生涯中，却坚持不懈地实践着"观众是我们的衣食父母，你把观众不当回事，等于你把自己不当回事"的誓言，数十年的舞台艺术生涯，充分展现了她热爱观众，执着话剧艺术，忠诚于人民艺术事业的坚定信念，堪称话剧舞台上的一棵不老的青松，文艺界德艺双馨的楷模。

舞台也如教堂一样神圣

肖惠芳出生在一个经济贫困但精神富有的家庭。因为她的祖父是一名传教士，于是她的父亲和叔父都在教会学校读书，使她自幼受着仁爱气氛的熏陶。她的小学和中学也同样是在辅仁、懿训这样的教会学校中度过的。在学校，她被选入唱诗班，在唱《圣经》的过程之中，她感到教堂的一种神圣，她说："后来当了演员，往舞台上一站，就感到很神圣！"也许正因为这种神圣感，才使得她那样尊重舞台下的观众，才使得她不但在艺术上追求并达到很高的境界，而且在戏德上也为大家树立起堪称完美的道德风范。

唱诗班启蒙了肖惠芳的表演才能。在学校演出短剧时，别的同学边演边嬉笑，而她进入剧中情景，该伤心流泪，她就伤心流泪。她把演戏看得太神圣了！上中学后，她被选为文艺股长，负责组织文艺演出活动。学校每年的圣诞节都有晚会，盛大的晚会上都要表演短剧。别的同学不愿意演的角色，例如老教授之类的男角色，她都会自告奋勇去演，不怕毁坏自己的形象。因为在她心中，演戏就是神圣的，就如同在唱诗班唱《圣经》一样。

吸取民间艺术的养分成就今天的艺术成就

肖惠芳在谈到自己能有今天这样的艺术成就，与她在农村生活一年，并受她的祖母影响是分不开的。

一九四四年日军轰炸武汉时，她被送到乡下避难。在她与她那年近八十岁的祖母生活的一年多时间里，她耳濡目染地接受了祖母的民间艺术启蒙。她的祖母会唱很多戏文、儿歌，她就是从那些古老的戏文和儿歌中汲取中国传统民间艺术的养分，为她后来在舞台上的质朴自然的表演风格，打下了良好的基础。

在农村，她亲眼看到村民们在过年时拜年唱各种表演性很强的祝福词，挤在人堆里观看皮影戏。她说对当年的这些情景，现在还记忆犹新！这也许就是她的表演那样贴近观众的原因。

话剧大师来自革命熔炉的锻造

肖惠芳的父母希望她能像她的叔叔那样，成为一名医学博士，一名救死扶伤拯救人们病体的医生。愿望归愿望，因家境贫寒，肖惠芳自幼便饱尝了世态炎凉。

一九五〇年，鄂南文工团到武昌招收演员，肖惠芳没跟父母说考文工团，便和十几个女孩一起去参加考试，结果只录取了她一个人。

就这样，一个唱诗班里美丽的天使飘落到革命的熔炉之中，那时她才十六岁。肖惠芳进入鄂南文工团后，实行的部队化管理，生活上实行的是供给制。排演的第一部戏就是歌剧《刘胡兰》，而且是让她演刘胡兰。后来她回忆说，当初文工团来招生时，就是把她当做刘胡兰招去的。

没有经过科班教育的肖惠芳就这样大着胆子登上了舞台，她说她在演出时，唱着唱着就跑调了，乐队没办法，也就跟着她跑调。

她说，在鄂南文工团两年，对她的教育和锻炼太大了。她不仅要演戏，还要参加当时刚刚开始的农村土改工作。文工团条件简陋，演出用的化妆油彩全部是自己动手熬的。当时有的地方还有土匪，文工团的男团员还背着长枪。

她说文工团当时是代表中央人民政府南方老根据地慰问团，到各地慰问演出。演出时没有服装，演到什么地方，就找当地的老乡借服装。有时借来的服装还带着农村妇女们在锅台灶前染上的烟火味……

简陋的舞台，昏黄的汽灯，肖惠芳这个从唱诗班出来的天使演绎着刘胡兰生的伟大、死得光荣的壮烈故事。从她初登舞台，面对的便是普通的百姓观众，而不是像梨园中的一些名角，所面对是堂会上的那些达官贵人。

正是建国初期，革命熔炉中那种理想主义和英雄主义熏陶了肖惠芳，使得她从艺五十七年来，心里装着的是平民观众。

在她获得文化部颁发的"全国话剧艺术优秀工作者"奖后，当年鄂南文工团的战士们请她吃饭，说这是我们鄂南文工团的光荣。

可以说，没有当年鄂南文工团这所革命熔炉的锻造，就没有今天的话剧大师肖惠芳。这也是她尽管不是科班出身的演员，艺术成就却超越了许多科班出身的演员！

德艺双馨，德字当头。要想演好戏，先要学做好人！

梅花香自苦寒来

一九五二年，湖北省对全省三十多个文工团近三千人进行整编，并宣告成立湖北省话剧团。肖惠芳所在的鄂南文工团只留下六个人继续从事艺术工作，其中有四个人分到了湖北省话剧团，其中就有肖惠芳。

肖惠芳说进了湖北省话剧团后，首先就是面临着要表演艺术专业化。她说第一难是学说普通话，为了练好普通话，她把舌头都练麻木了。

进入省话剧团后，排的第一部大戏就是《曙光照耀着莫斯科》，且不说专业艺术表演的难度之大，就是剧中人穿的高跟鞋，就让肖惠芳吃了不少的苦头，台下练上千百遍，台上只走那几步，但她只有一个念头，绝不能在演出中出错，那样就太对不起观众了。

湖北省话剧团建团开始便有着优良的作风，那就是深入生活，艰苦朴素！

她说，当时每年有八个月的时间是在基层演出，田间地头也演，大台小台也演，严寒酷暑也演，观众多或是少也演。

她说，她在省话剧团养成了体验生活、观察生活的习惯，每演一个角色都认真地写下分析角色的笔记，至今她已经写下数十本分析自己所演角色的笔记……

正因为这样，她才成功地塑造了一系列的舞台艺术形象：《霓虹灯下的哨兵》中的春妮、《绞刑架下的报告》中的安娜、《江姐》中的江姐、《七十二家房客》中的二房东、《丢手巾》中的女工宿舍看门人、《同船过渡》中的方奶奶、《临时病房》中的刘大香……

五十七年对表演艺术孜孜不倦的追求与探索，浸透了肖惠芳多少汗水！一九九二年，她不幸遇上两次车祸，手和脚多处骨折。然后，她不仅战胜了死神与伤痛，并且奇迹般地重返舞台，在话剧《同船过渡》中扮演方奶奶，并一举夺得文化部第五届"文华表演奖"等重大奖项。

淡泊名利　　常怀平常心

肖惠芳在舞台和屏幕上先后六次扮演宋庆龄，特别是扮演《开国大典》中的宋庆龄之后，全国的观众一下子认识了肖惠芳，照当前我国演艺圈的常规，她就应当趁热打铁，告别吃力不讨好的舞台，进军名利双收的影视圈。

她为什么没这样呢？

她说，拍影视，我还是很笨拙的，镜头感差。在舞台上是硬碰硬的，是以演员为中心的表演。在影视上塑造人物不如在舞台上塑造人物那样得心应手。再说，我站在舞台上，是直接面对着热爱我的和我热爱着的观众啊！

为了舞台上的观众，肖惠芳淡泊了名利，而是怀着她那颗从唱诗班便有的平常心，一次又一次地站立在舞台上，哪怕是清贫的，哪怕是孤独的，她一直伫立在舞台。

正因为她淡泊名利，怀着一颗平常心，她就从来没有把自己当成什么大腕。在剧组里，她跟普通演员一样做各种杂务事。一次在荆州演出，她见台板实在太脏，便亲自去拖台板，以至于演出完后，剧场的人找她收拖台板用的水费。

在《中国革命之歌》剧组，里面汇集了来自全国的大腕级的演员，可是肖惠芳还是那样普通，那样低调，以至剧场的门卫数次将她当做外面闲杂人员阻挡在外面。

正因为她把自己当做普通人，当做一名普通演员，所以她没有把自己当成演宋庆龄的专业户，而是不断地去塑造老百姓喜闻乐见的普通劳动妇女形象。《临时病房》中的刘大香，一个农村劳动妇女，让已是七十三岁高龄的肖惠芳塑造得淋漓尽致，栩栩如生。

个人的名利很快消失了，事业是要发展的，新人必须上去！
——摘自肖惠芳的话

肖惠芳从湖北省话剧院退休了，可她并没有退出艺术舞台。她依然活跃在湖北乃至全国的话剧舞台上。

湖北省话剧院新排演的话剧《临时病房》，剧中女主角刘大香从一开始便由肖惠芳扮演。几年来，该剧不断地修改演出，特别是 2004 年在北京的演出，更是引起了强烈反响，该剧因此获得第八届中国戏剧小剧场演出的七项大奖，其中就包括由她主演的刘大香所获得的"优秀表演奖"。2006年，她带着摔伤的双腿，为冲刺第八届中国艺术节入选剧目评比的排练和公演。

2007年，她为之付出心血的《临时病房》参加上海国际艺术节和纪念中国话剧一百年展演，这对于视话剧演出为终身事业的肖惠芳来说，是多么令人激动的时刻呀！

湖北省话剧院考虑到肖惠芳当时已是七十二岁的高龄，而且腿伤还未痊愈，加之院里想借这两次重大演出机会培养推出新的接班人，于是，决定肖惠芳不再担任《临时病房》主演，由剧院青年演员刘瑜接替她演了几年的刘大香这个角色。得知这一决定后，她老泪纵横，简直就有天塌地陷的感觉。但是痛苦之后，她冷静地想，大自然的规律不可违背，她终究有老的那天，话剧事业终究需要新人顶上去。她默默地接受了这一个事实，可是她的心仍旧系在话剧事业上。为了能出新人，她在湖北省"牡丹奖"评比上为青年演员刘瑜据理力争。上海国际艺术节她不能去演出了，但她还是亲自给上海国际艺术节白玉兰评奖办公室打了几次电话，告诉评委们说："我老了，不能来上海演出了。但是话剧太需要后继人才了。"

多么高风亮节的老人啊！

当我临死时，我扪心自问：我对得起我的观众。
——摘自肖惠芳的话

20世纪80年代初，湖北省话剧院排演了话剧《五二班日志》。人员从北京演出归来后，便开始了在湖北巡回演出。仅武昌建展馆礼堂，一下子就卖出去二十二场票，这在话剧处在低谷的境况下，几乎令全体演职人员欣喜若狂。然而就在这个紧要关头，肖惠芳突发心脏病，剧院请来协和医院心血管病专家给她会诊，专家的结论是：该病人患的是冠心病，要停止演出！

剧院领导对肖惠芳说：摆在面前的只有一条路，那就是退票。

肖惠芳说：这些孩子大多数是第一次看话剧，如果就遇到退票，那对他们幼小的心灵是多大的打击啊！她说她当时的心情是，这些孩子不容易，话剧这样低谷，很有可能他们只看这一次话剧，但这些孩子也许一辈子也忘记不了这次看话剧的经历！

她告诉剧院领导，戏票一场都不能退，我可以坚持演出。你们要是不放心的话，我可以给你们立个字据，本人热爱话剧事业，自愿参加演出，如有不测，与领导无关！

戏票一场也没有退。她每天演出两场。她一想到舞台下这些孩子很可能一辈子只看这一次话剧，她格外认真地演出了。她说为了让孩子们能好好地品味一下话剧艺术，演出过程中，她有意地调高了念台词的声音，放慢了表演的节奏。要知道，这样她就要比平时花费更大的气力啊！更何况她是拖着有病之躯！她说：我是使劲地演，而且是用心在演给这些孩子们看。几次演出谢幕时，看着疲惫不堪的肖惠芳站在舞台上面对台下的小观众们时，一些演员站在舞台上流泪了，她们说：我们是在为肖老师的身体流泪。可是她却说：演出很累，很疲劳，但很愉悦！

当问到已是七十三岁高龄的肖惠芳现在身体可好？她笑着说：平时啊，这病那病的。只要一演戏，什么病都没有了！

当问到她一生中让她最感欣慰的是什么？

她说：当我临死时，我扪心自问，我对得起我的观众！

（湖北省话剧院《肖惠芳同志先进事迹》）

授予肖惠芳文化部优秀话剧艺术工作者称号

附：

文化部关于表彰文化部
优秀话剧艺术工作者的决定

文艺发〔2007〕16号

　　2007年是中国话剧100周年诞辰，百年来，在中国话剧的先驱们和广大话剧艺术工作者的奋斗下，话剧伴随着中华民族走过了一条追求民族独立，走向繁荣富强的道路。新中国成立后，特别是改革开放以来，广大话剧艺术工作者坚持党的领导，坚持贴近实际、贴近生活、贴近群众，创作了一批优秀的话剧艺术作品，为发展话剧事业、促进文化繁荣作出了很大贡献，涌现出了一批德艺双馨，具有代表性和先进性的优秀话剧艺术工作者。

　　为纪念中国话剧诞生100周年，继承发扬中国话剧的优良传统，激励广大话剧工作者团结奋进，推动中国话剧事业繁荣发展，文化部决定，授予赵有亮等80位同志"文化部优秀话剧艺术工作者"荣誉称号。希望受到表彰的优秀话剧艺术工作者再接再厉，为中国话剧的繁荣发展再立新功。

　　全国广大话剧艺术工作者要以受到表彰的优秀话剧艺术工作者为榜样，在以胡锦涛同志为总书记的党中央领导下，高举邓小平理论和"三个代表"重要思想伟大旗帜，全面贯彻落实科学发展观，坚持先进文化的前进方向。坚持"二为"方向和"双百"方针，勇于探索，开拓创新，努力创作出更多彰显时代精神的优秀作品，为建设社会主义精神文明、繁荣社会主义文化，满足人民群众日益增长的精神文化需求，作出自己应有的贡献。

附件：文化部优秀话剧艺术工作者表彰名单

中国文学艺术界联合会

荣誉证书

肖惠芳 同志

在中国文学艺术界联合会成立六十周年之际，特向您颁发从事新中国文艺工作六十周年荣誉证书。

中国文学艺术界联合会

二〇〇九年七月十七日

2009 年 7 月，肖惠芳获得中国文学艺术界联合会"从事新中国文艺工作 60 周年"荣誉奖章。

2011 年 1 月，肖惠芳获得湖北省文学艺术界联合会颁发的"湖北文艺家从艺 60 年"荣誉勋章。

湖北省文联关于向从事文艺工作 **60** 年的文艺工作者颁发荣誉勋章的决定

鄂文联会字（2011）9 号

2010 年是湖北省文联成立 60 周年。60 年来，湖北省文艺事业随着湖北省综合实力、发展力和影响力不断提升而发展，取得了显著的成绩，进入了历史上最好的发展时期。在省委省政府的领导和支持下，全省文艺界为促进湖北省经济发展、社会进步、民族团结，满足人民群众的精神文化需求，付出了辛勤劳动，结出了累累硕果，在建设富裕文明和谐湖北，推动社会主义文化大发展大繁荣方面做出了卓有成效的贡献。

伴随着湖北省文联 60 年的光辉历程，我省各文艺门类的文艺工作者自觉担当起时代赋予的神圣使命，以昂扬的精神状态，潜心创作，辛勤耕耘，热情歌颂各族人民进行社会主义建设和改革的伟大实践，致力于繁荣发展我省文艺事业，取得了优良业绩。为了褒扬他们为湖北省文艺事业做出的突出贡献，激励全省新一代文艺工作者继往开来，不断推动文艺事业的发展繁荣，湖北省文联决定，向陈伯华等 78 位从事文艺工作 60 年的老文艺家颁发荣誉勋章。

全省广大文艺工作者，要以老一辈文艺工作者为榜样，把个人的艺术追求融入国家发展的大潮之中，把文学艺术的生动创造寓于时代进步的洪流之中，高举中国特色社会主义伟大旗帜，以邓小平理论和"三个代表"重要思想为指导，深入贯彻落实科学发展观，坚持"二为"方向、"双百"方针和"三贴近"原则，为推动社会主义文化大发展大繁荣、兴起社会主义文化建设新高潮，为全面建设小康社会、构建社会主义和谐社会、实现中华民族伟大复兴而努力奋斗！

湖北省文学艺术界联合会
二〇〇一年一月二十六日

荣誉证书

　　肖惠芳同志以突出的艺术和工作成就，博得全省戏剧界嘉誉。特授予"湖北戏剧家"称号。

　　此证

湖北省戏剧家协会
二〇〇一年七月

关于命名表彰
湖北"文化名家"的决定

鄂宣干（2014）号

　　多年来，全省广大文化工作者高举中国特色社会主义伟大旗帜，以邓小平理论、"三个代表"重要思想和科学发展观为指导，认真践行马克思主义实践观，坚持围绕中心、服务大局，坚持贴近实际、贴近生活、贴近群众，在各自的工作领域和岗位上开拓进取、辛勤奉献，涌现了一批德艺双馨、锐意创新、成就突出的文化领军人物。他们政治上忠诚可靠，对文化事业执着追求，为推动全省文化繁荣发展作出了积极贡献。为表彰先进，充分发挥"文化名家"的引领、示范、集聚作用，努力建设一支门类齐全、结构合理、素质优良的文化人才队伍，经广泛推荐，专家评审，省委组织部，省委宣传部研究决定，授予王映明等42位同志湖北"文化名家"荣誉称号。希望受表彰同志珍惜荣誉，再接再厉，始终坚持以人民为中心的工作导向，为"文明湖北"建设作出新贡献。全省广大文化工作者要积极开展向湖北"文化名家"学习活动，学习他们信念坚定、胸怀大局的崇高理想，学习他们崇德尚艺、甘于奉献的优秀品质，学习他们勇于担当、争创一流的优良作风，立足岗位，创先争优，为"建成支点、走在前列"做出新的更大贡献。

（附件：湖北"文化名家"名单 42 人）

中共湖北省委组织部

中共湖北省委宣传部

2014 年 1 月 13 日

肖惠芳 同志

为表彰您对新中国电影摇篮昌盛繁荣的奉献，特发荣誉证书以志敬意。

长春电影制片厂

一九八九年九月

第一届中国电影节
1ST CHINA FILM FESTIVAL

代 表 证

REPRESENTATIVE

姓名
NAME 肖惠芳

1989.9. 北京 BEIJING

证　书

肖惠芳同志：

　　为了表彰您为发展我国 文化艺术 事业做出的突出贡献，特决定从1992年和10月起发给政府特殊津贴并颁发证书。

政府特殊津贴第(92)9421342号　　　　　一九九三年二月十八日

从事新中国文艺60年荣誉证书　　授予文化部优秀话剧艺术工作者称号　　授予湖北戏剧家称号　　白玉兰奖

中国革命之歌奖　　从事新中国文艺工作60年勋章(中国文联)　　文华奖　　最佳风采奖

文艺明星奖　　从艺60年荣誉勋章(省文联)

湖北文化名家

话剧金狮奖　　中国曹禺戏剧奖

肖惠芳荣获之奖品

下 篇

评介文章
(按发表时间排列)

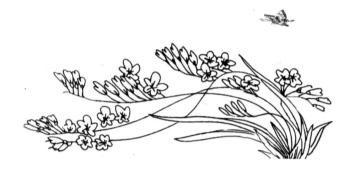

朴实的赞歌

——谈电视剧《洁白的手帕》

曾卓 《长江日报》1982.2.25

无论从哪一方面看从内容，从创作方法，从艺术风格，从表演，电视剧《洁白的手帕》都达到一定的成就，有值得汲取的经验。

就我所看到的在影剧创作中以宋庆龄同志为主要人物，这是第一次，电影《楚天风云》中曾经出现宋庆龄同志的形象，但镜头不多，宋庆龄同志是中国现代史上的伟大的战士，伟大的女性，在国内也在国际上享有广泛的声誉。解放前，她一直生活在国民党统治的地区，她的斗争经历是丰富，复杂曲折，富有传奇色彩的，我们当然希望她的这种斗争在艺术上得到反映，那样我们将看到伟大的宋庆

洁白的手帕 宋庆龄--肖惠芳饰

龄同志的形象，同时看到她所经历的时代，这应该是我们艺术创作中的一个课题，而《洁》剧只是从一个侧面一个角度通过一件平凡的事情来反映这位伟大的女性的，这样似乎简单一些，但从另一面看，作者的任务也并不是轻松的，因为，虽然是通过一件平凡的事，却必须反映出一个不平凡的人，虽然只是通过一枝一叶，却必须表现出茂密的大树的生命。应该说，《洁》剧在这方面达到了可喜的高度。

全剧的主要情节是宋庆龄同志，如何帮助和救援了两个刚刚死去母亲的孤儿（后来知道他们原来是烈士的后代），并送他们到达了延安，我们知道宋庆龄同志，在从事革命斗争的同时，也长期地从事儿童福利工作，她对这两个孤儿的关心和帮助不是出于简单的同情或人道主义，这里是跳动着一颗母爱的心，而且这也不是一般的母爱，那是对新生一代的关怀，对儿童们的幸福的将来，也就是对人类的幸福的将来的渴望和追求，作者在表现宋庆龄同志与两个孤儿的关系的同时，也注意到了从侧面写她与我们党的联系，写她与国民党反动派的斗争，使她对这两个孤儿的帮助与她的革命事业有机地联系了起来，将一个伟大的母亲的形象与一个伟大的战士的形象，血肉地结合了起来，那两个烈士的遗孤到达延安后，想念那样千方百计帮助了他们，那样真挚地抚慰了他们的宋庆龄同志，他们在延河边上，挥动着宋庆龄同志送给他们的洁白的手帕向远方大声地呼唤着"妈——妈！妈——妈"，辽阔的大地上震荡着不绝的回声，作者的意图是明显的，这是新生的一代，对一个伟大的母亲的共同的呼唤。

这里没有复杂曲折的故事情节，也没有尖锐的矛盾冲突，作者以深厚的激情、朴实的创作手法和朴素的艺术风格，表述了一个平淡的故事，然而当宋庆龄同志一次、再次地帮助那一对孤儿的同时，那一对孤儿的命运也逐渐引起了观众的关注，宋庆龄同志对那一对孤儿的感化和抚慰，同时也感化和抚慰着观众的心。而通过那一对孤儿对宋庆龄同志的感情上的逐渐变化（从开始将她看作是"有钱的太太"到深情地喊她"妈妈"），既表现了他们自己的成长，也逐渐丰满了宋庆龄同志的形象，肖惠芳同志扮演宋庆龄同志不仅外形酷肖，更难能可贵的是表现了那内在的气质，塑造了宋庆龄的生动而亲切的高尚艺术形象，使《洁》剧增加了很大的光彩，如果要提出不足的地方，那就是编导者在刻画宋庆龄同志的形象时还稍嫌拘谨，特别是在对话方面，还不够那样亲切和自然。两个孤儿的成人气稍重了一点儿。被作者称为"影子似的人物"的那个国民党特务的形象太模糊了，以致观众不轻易认清他的身份。特别需要指出来的是，舞场那一场戏也太长，太矫揉造作，作者的原意是想加强戏剧性吧，却反而损害了戏剧性，也损害了全剧抒情式的风格。

她演宋庆龄

——访宋庆龄饰演者肖惠芳

罗君 《文汇报》1982.5.30

"真像!"观众看了肖惠芳在获奖优秀电视剧《洁白的手帕》中扮演的宋庆龄形象，发出这样的赞语。人们可能还不知道，她第一次在话剧《大江东去》中扮演宋庆龄的形象时，还得到过宋庆龄本人的称赞呢。

一九七八年五月的一个下午，武汉市洪山宾馆庭院里绿草如茵，坐在宾馆大厅一角的肖惠芳，心里忐忑不安。此刻，有关部门的同志正在逐个审视挑选来的女演员。谁能幸运地在《大江东去》中扮演宋庆龄呢？

几天后，湖北省话剧团团长在全团大会上宣布：肖惠芳饰演宋庆龄。肖惠芳眼里闪烁着喜悦的泪花。在她三十多年的舞台生活中，虽扮演不少令人难忘的形象，可是这一回，塑造的是活着的领袖人物，"国之瑰宝"——宋庆龄呀!肖惠芳感到她在创新道路上遇到了新课题。

武汉市图书馆里，来了一位常客，而且常常带着恳求的目光，看着管理员："有关宋庆龄的书籍、资料、图片都借给我看吧!"这位常客就是肖惠芳。她从中摘录了近十万字资料，读过的书籍叠起来有她本人那么高。渐渐地，宋庆龄的形象在她心目中一点一点清晰起来。

肖惠芳创作的第一步是从学走路开始。宋庆龄在戏中出现，是在一九二七年大革命失败前夕。要走出她当时的身份、风度和心情。剧中有一个场面：宋庆龄走进国府大厅，有人向汪精卫报告："孙夫人到。"为了这几步路，肖惠芳每天要学走几里路。当肖惠芳正在对人物苦心探索的时候，

肖惠芳生活照

一个意想不到的机会，使她和自己创作的角色缩短了距离。

那是一九七八年八月二十九日下午，肖惠芳突然接到通知：宋庆龄要接见她和剧组其他成员。她：当时真是喜呆了。来到宋庆龄的住宅，秘书催促他们赶快化妆。慌忙中，她连自己的衣服都来不及脱，就把演出服往上套。走到客厅门口，一眼就看到宋庆龄同志安详地坐着，面容和蔼亲切。接触到她的目光，肖惠芳的紧张和拘谨解除了。宋庆龄微笑着对她说："你先走给我看看。"糟了，没想到还要走路，她当时穿的是平底凉鞋，踩在地毯上软绵绵的，一点精神也没有。平时捕捉到的那种自我感觉完全跑光了。宋庆龄同志像一位耐心的导演，对她说："胸脯再挺一挺，头再抬一抬。"

肖惠芳领悟到，在一九二七年大革命风暴的时候，她出现在舞台上的形象应该是挺拔、刚毅的。肖惠芳告诉她："还有一个手提包没有做好。"她马上说："不要用手提包，要用文件夹。"

肖惠芳懂得了，手提包是妇女的日常装饰品，文件夹是工作用的。她是在工作、在革命、在战斗。

听说《大江东去》由中央电视台实况转播后，宋庆龄看了，热情地祝贺肖惠芳演出成功，还亲切地要她以后演出不要戴扣花、耳环。这次，肖惠芳怀着敬仰和悼念的心情，在电视剧《洁白的手帕》中再次扮演宋庆龄。我问肖惠芳："你有了舞台演出的经验，这回该轻松点了吧！"她摇摇头说："在《洁》剧中演的宋庆龄，已与大革命时代相距一二十年，当年宋庆龄面对的是国民党反动派和叛徒汪精卫，《洁》剧中面对的是孩子们。我得从头学起呵！"肖惠芳走访了许许多多熟悉这方面材料的同志，拿着宋庆龄和孩子们合拍的照片，反复琢磨体会。宋庆龄一生把对祖国对人民的

洁白的手帕　宋庆龄--肖惠芳饰

爱，倾注在孩子们身上，她是孩子们的一位最好的祖母。肖惠芳掌握了人物的这一特点，努力让生活本身说话。

"为有源头活水来"

——记湖北省话剧团演员肖惠芳

· 沈纹

肖 惠 芳

肖惠芳是个文工团出身的演员，演了三十三年戏，从未有进过戏剧学院学习的机会，这是她引为遗憾的事。人们说，演员总有个演员味儿，这个"味儿"的含义很广，对女演员来说，恐怕少不了容貌美丽这一条。肖惠芳不美，头一印象是黑，细看，五官也平常。她不好修饰，常常是齐刷刷的短发。卡子一卡，没弯没卷儿。肖惠芳并不因此而自惭，她认为，一个出色的演员，走上舞台就要紧紧地吸引住观众，而这吸引力并不完全来自外貌的美丽。在排演厅看她的排练时，我有一个感觉：堵不住她。这么演不行她那么演，那么演不行她又换个样儿，她脑子活点子多，姿态表情变换得快，虽说各种处理不一定都妙，但总是不僵死的。她是个戏路子比较宽的演员，能演老年妇女，如《雷雨》中的鲁妈、《槐树庄》中的老成婶，又能演年轻的姑娘媳妇，如《幸福》中的胡淑芬、《霓虹灯下的哨兵》中的春妮，她演正面英雄形象，如《红岩》中的江姐，又演反面人物如《夺印》中的烂菜花，她成功地塑造过一些底层人物形象，又扮演了国家领导人宋庆龄。她生活中挺"土"，可上台演外国戏却也"洋"得起来。她曾在《吝啬鬼》中扮演媒婆福劳辛，那年她二十六岁，法国古典主义喜剧作家莫里哀笔下的形象离她太遥远了。肖惠芳长于模仿，不管男女老少，只要是她注意过的，学起来便惟妙惟肖。这个角色她就是先从外部模仿开始的，她反复看外国影片，认真揣摩。也怪，有时一个形体动作，竟使演员获得了准确的自我感觉。肖惠芳并不是演戏不动心的演员，她不甘于模仿，她觉得，不论哪个民族哪个时代的戏，它总是描绘人和人的生活的吧，即使这样，就有相通之

《吝啬鬼》（1960）　　福劳辛——肖惠芳

处。她用自己对生活和人的理解，搭起了通向形象的桥梁。这个剧演出时，我刚进剧团不久，喜欢躲在侧幕里看戏，记得她摆动着宽大的裙裾，像小旋风似的卷过来卷过去，她眉眼飞动，巧舌如簧，刻画出泼辣大胆的个性，看起来又毫不勉强生硬，较少有演"洋人"时常见的造作。

《七十二家房客》中的二房东，是肖惠芳塑造的在湖北观众中有较广泛影响的形象。二房东是旧社会欺压底层人民的女恶棍，无耻无赖，且喜剧

《七十二家房客》 二房东—肖惠芳

又自有它特殊的夸张处理，说白了，就是"丑"。肖惠芳不怕"丑"。她也不觉得"丑"是创作中的障碍，相反，她唯恐二房东不"丑"，要"丑"得真实，"丑"得活，还真不容易哩。人物"丑"，艺术美。我不止一次看《七十二家房客》的演出，肖惠芳的表演每次都给我以新鲜感，每次看都在不同的地方有所发现。我当过演员，知道像她这样把人物复杂多变的心理揭示得淋漓尽致是多么不容易。看了她为二房东写的艺术小结，我明白了她成功的原因。她脑子里有一个形象素材仓库。也许她天生就该当演员，连童年时期接触过的人她都能描绘得十分生动。她儿时曾在贫民区住过，她记得有一个猪行老板的妻子叫幺娘，"幺娘总是那么闲散，靸着鞋，抽着烟，靠在大门口与人打打招呼，倒还客气。""她放债时脸上总挂着笑，抽烟、剔牙时露出金牙、戒指，以显示自己富有。有时她额头上系一条手帕，像坐月子似的，有时额上掐着紫印，这是打牌熬了夜，头痛……"我想起了肖惠芳在舞台上的形象，想笑，在这笑之中包含着认识上的满足。肖惠芳表现出了自己对一

个特殊人物的认识，她说："二房东并不觉得自己坏，若是坏人觉得自己坏，那她就不会那么理直气壮地干坏事了。"她的二房东总是自以为有理的，欺负房客不成时，还感到委屈，觉得自己柔弱可怜，待姘夫一回来，她便泪水涟涟，发嗲告状。当她报复了，出了气，便满意地把花缎褂一抻，绸手绢往腋下一掖，迈着轻飘的舞步去打牌。临下场，还揉揉胃，打了个嗝，这是刚才受了房客的气伤了胃呀！肖惠芳在这个戏里的表演是很夸张的，她认为，夸张离不开对人物的真实的感受，否则便会令人生厌。肖惠芳的生活根基是很深的，在她演的二房东及其他一些形象身上，常常可以看到生活中人们熟悉的人的影子，哪怕大尺寸地夸张，观众也还是感到亲切、可信。

肖惠芳不习惯理性地分析形象，她总是自觉不自觉地在"仓库"的储藏中翻找，这种人物在生活中是什么样儿的？她看到了，就演出来了。她创作热情高，不管戏多戏少都干。在《姜花开了的时候》中，有一个群众角色刘师母，两次过场：听说解放军攻上海，吓得挟起包包就跑，后来听说解放军保护老百姓，又挟着包包回来，合起来不到一分钟的戏，她演得生动有趣。她说，这种人物她见过，为保那么点"细软"，总是惊惊惶惶的。这种人物解放前夕有，现在也有。肖惠芳是很理解人的。

一九七九到一九八一年，肖惠芳在舞台上和电视屏幕上连续扮演了宋庆龄的形象，这是她艺术创作中的大难题，也是她事业上的一次飞跃。

一个演员一生可以演许许多多的角色，但是，值得回味并引起自豪、欣慰、遗憾等复杂情感的，不

《寻找山泉》 刘纹—肖惠芳

会很多。提起扮演宋庆龄,肖惠芳便深深地感慨:"演戏太难了,真是太难了!"她的可塑性较大,然而再杰出的演员也难免有局限,人们认为,肖惠芳更适应泼辣外向的非知识妇女形象。接受宋庆龄这一角色任务时,她正演《七十二家房客》,二房东——宋庆龄,魔鬼天使,地下天上。连熟悉剧团演员的观众也为她担着一份心,怕她砸在这角色上。接受这个角色后,喜欢嘎嘎大笑的肖惠芳突然沉静了下来。话剧《大江东去》中宋庆龄的戏只有十分钟,电视剧《洁白的手帕》全剧也不到一个小时,然而分量之重,肖惠芳觉得自己几乎承担不了。她一次次地跑图书馆和纪念馆,抄录资料,看图片,默默地积蓄着力量。在自己九平方米的卧室里,她长久地凝神,端详宋庆龄的照片,"我硬要把她看活!"她这么想,在空无一人的排练场,她独自琢磨戏,那眼神,那步态,那动姿……耗费了多少心智。可一上排演场,人家说她像

宋庆龄(肖惠芳饰)在天安门城楼上

秦昕，那是她扮演过的《枫叶红了的时候》里的反派形象，她的沮丧就别提了。她咬咬牙，抖擞精神，再来！她这个人，从来只说自己不对，而不说不干。艺术若像沧海，那么演员就像衔石的精卫鸟，有谁能计量他们付出的劳动？她甚至去过基督教堂，想感受那位伟大女性早年曾置身其中的氛围。她多次去故居，呼吸那里的空气，听着自己的脚步声消失在地毯上，她捕捉心灵纤微的震颤，艰难地探求着那高尚的人格和那端庄、典雅、华美的气质。

《大江东去》第五场，在七月十五日的前夜，武汉国民政府大厅，灯火笙歌中杀机暗露，一声"孙夫人到"，举座震惊。宋庆龄身着黛色衫裙，手持公文包，在众目注视下不疾不缓地步入大厅。台下的观众期待中包含着审视。她站定了，沉沉地转过身，微惊抬首——啊，一双明澈坦荡，充满了浩然之气的眼睛！观众认可了。

肖惠芳有幸得到过宋庆龄同志的亲自接见，一九七九年冬，宋庆龄同志又看了《大江东去》电视转播。秘书打电话来说："首长看了戏，很高兴。"观众及宋庆龄生前友好、身边工作人员的夸奖就更多了。肖惠芳却很不安。演了一辈子戏，她的自我感觉是还站在门槛上，像是刚刚学会游泳和骑自行车，没把握，可劲儿特别大。她这么形容自己的心理。

《回乡》　农村老妈—肖惠芳

她从小喜欢演戏，家境贫寒，她因祖父是牧师而得以免费进入教会学校读书。在学校她参加唱诗班，并开始演剧活动。读女中时，逢到男角也是由她演，她说："也许这与我后来戏路子宽有关系吧。"她记得自己在《万世师表》中演一个白胡子老教授，一大段英文台词，也不懂是啥意思，老师教一句她模仿一句，居然也读得抑扬顿挫、有腔有调。一九五〇年，十五岁的她考上了鄂南文工团，作为佼佼者被留了下来，从此进入专业话剧演出团体。她羡慕"学院派"，开玩笑说自己是"草台子上滚出来的"。可不是吗，完全没有经过系统的专业训练，就那么深一脚浅一脚地向前蹚。那些年，剧团时常配合运动下乡演出，有时连草台子都没有，四周全是观众。她嗓子并不亮，可还去唱鱼鼓唱歌儿，她身体并不苗条柔软，却去表演舞蹈。她唱歌，就觉得自己像歌唱家，跳舞，就有舞蹈演员的自我感觉。下得场来，她也和同志们一块儿笑自己的洋相，可一上台，她就那么自信，热情，那么有活力。

她自知并不特别聪慧，若要说特别禀赋，恐怕只有一条，热爱生活。她热情，乐于助人，因此结识了许多朋友，与人的交往丰富了她自身，无意搜集，素材便源源而来。她有较强的形象感受力，上医院看病人，待一个小时回来，她可以做个表演小品，医生怎样，护士怎样，各色病人怎样，绘声绘色令人忍俊不禁，好像生活中有趣的事都让她碰到了。她认为，不是这样，而是生活本身就这么有趣。去年五月，剧团在京演出，场次安排得很紧，她的身体又不好，同志们让她多在招待所休息。她却几番去宋庆龄故居，又不是没参观过，宋庆龄的戏也演过了，还去干吗？傍晚她回来了，累得不想吃饭。问她干什么了，她说在那儿辅导讲解员，因为那些女孩子刚出校门，读起解说词来就像背书。

她很忙，一会儿陪某某上医院，一会儿又要招待儿子的朋友们，剧团盖房子碰到了困难，要找哪里疏通，"行，我跑一趟。"乡下的亲戚以及亲戚同塆子的人来了，要吃要住要玩，有时还要看病，好，热情接待，家中挤得没法下脚。临走还要买礼品给他们带回，农村的人嘛，进一趟城不容易。

一个演员怎么能不爱人，不爱生活呢？她想。那么技巧呢？"技巧太重要了！"她毫不含糊地说，"单说声音吧，要不是声乐老师教方法，我这条破声带早就发不出声了。"只是，演员奉献给观众的，不应只是技巧。要使表演不僵化，不刻板，就得不断地更新和丰富自己。"为有源头活水来。"这"源头活水"便是生活。酷爱表演艺术的肖惠芳深深地依恋生活，过去如此，将来也不会变的。

（原刊于《戏剧报》1984 年第 6 期）

化妆师的创造

俞大明 《新民晚报》1984.6.22

"像极了。"在《陈赓蒙难》拍摄现场看到了宋庆龄的形象，大家异口同声地夸奖，"神似，形也似，你们用啥高招见到这位演员？"

我在摄影棚里见到了饰演宋庆龄的肖惠芳和八一厂化妆师颜碧君，肖惠芳是湖北省话剧团演员，今年四十九岁，曾在电视剧《洁白的手帕》和话剧中成功地塑造过宋庆龄的形象，上银幕可是头一次。她说："我脸色黝黑、皮肤粗糙松弛。前几年有个电影厂挑选宋庆龄的饰演者，我两次应试，便落第了。八一厂物色宋庆龄的演员，我怀着忐忑不安的心情又上了考场。老颜亲自擦洗澡盆、放上温水、叫我痛痛快快地洗个澡，松弛一下紧张的神经……"

颜碧君乐呵呵地笑了，鼓励她，演好宋庆龄，你有三大长处：额角、鼻子和嘴的轮廓与人物接近；在舞台上几次塑造过她的形象，受到宋庆龄本人的接见和赞赏；五二年就开始演话剧，艺术功底厚实。"一席话说得我心中热乎乎的，我暗中下了决心，用实际行动感谢大伙的关心。"肖惠芳激动地讲着应试的情景。

"高难度的化妆是怎样进行的？"颜碧君捋了一下垂下的银丝，郑重地回答了我的询问，"没有十全十美的演员，要不，要咱化妆师啥用？化妆工作有时能决定演员一辈子的命运，惠芳中选艰难，我玩命也要把她推上银幕！"

根据肖惠芳的脸形特点，颜碧君既大刀阔斧又精工雕琢，为肖的脸部添置十四要件六条接力牵引带互相制约，各具特点，拉长眼睛，绷紧皮肤，鬓角发片，改形额角，上下牙托，左右耳垂，特制发髻，初步解决了外廓和质感，使演员的各个角度都达到形似。

化妆后的第一次试片，阳光下的近景，演员脸上露出了坑坑洼洼的痕迹。

皮肤粗糙，这是老演员长期使用化妆油彩的后果。影片中四十岁的宋庆龄要求皮肤白皙，两者的差距相当大。肖惠芳难过得掉泪。颜碧君急中生智，配制出类似肖惠芳本人肤色的油彩盖住黑斑，达到基色一致，再上淡色，出来的镜头果然就漂亮多了。

化妆成功了，化妆师却不满足。在拍摄现场精心琢磨，又做了修饰，确保了演员形象的总体统一。观众同志，当您从银幕上看到惟妙惟肖的银幕形象时，能相信这是出于化妆师的创造力吗？

肖惠芳说：给我演宋庆龄曾经化妆造型过的几位老师，我很感谢她们！可惜《中国革命之歌》的化妆师米玉蕙老师没留照片，非常遗憾！

《陈赓蒙难》《陈赓脱险》化妆师颜碧君

《开国大典》化妆师郭珍

《洁白的手帕》化妆师张亦平

《大江东去》化妆师蔡庆瑶

把宋庆龄演活的肖惠芳

吴其琅 《羊城晚报》1984.11.17

　　这是一张动情的照片，尊敬的宋庆龄同志，身穿花点黑丝绒旗袍，手挟黑色小文件夹，正义凛然地端立在一间整齐的厅堂中……啊，照片中的人物，神情酷似宋庆龄，但仔细看看，却又并非宋庆龄同志，她是谁？她是八一电影制片厂新近拍摄的故事片《陈赓蒙难》和《陈赓脱险》的宋庆龄的扮演者肖惠芳。这两部颇富传奇色彩的影片，描述一九三三年红四军第十二师师长陈赓，在上海受伤被捕，国民党反动派慑于宋庆龄、鲁迅等著名人士的声望，最后不得不把他释放的故事。扮演盛年宋庆龄的肖惠芳，并不以形取胜，却演活了宋庆龄的神采，据说，在这部影片中她是第三次扮演宋庆龄了。从明澈的双眸，镇静自若又雍容典雅的仪态，读者可以想见，在她那威严的炯炯目光注视下的是一个什么角色，这个人，就是影片中的蒋介石。一位记者曾经目睹这个精彩场面的拍摄现场，他后来在纪实文章中说，为了演好这一场无言对垒的戏，化妆师曾不断用软纸为肖惠芳拭去额上沁出的汗珠……

今年四十九岁的肖惠芳，是湖北省话剧团的演员。四十三岁时，她曾在话剧《大江东去》中饰演三十四岁的宋庆龄，四十六岁又在电视剧《洁白的手帕》中饰五十二岁的宋庆龄。她曾拂过北京后海的垂杨，探访宋庆龄同志的住宅，受到这位可敬人物的接见；她那整体的艺术构思和每一局部形体表达的设计都获得宋庆龄同志的亲切指导，她更从亲身的接触中受到宋庆龄同志端庄仪容、清朗神采的感染，似乎有一只智慧的手，敲开了她艺术心灵的创造之窗。虽然两次人物创造在时间上横跨了很长的年代，在空间上也越过了不同的地域、环境，但肖惠芳从舞台到屏幕成功地塑造了这个既是慈母又是伟大政治家的崇高形象。

第三次饰演的宋庆龄，是处在一种特殊的斗争环境之中。她的身份是"中华民权保障同盟"会长，为了揭露迫害陈赓的真相，要和蒋介石进行面对面的论争。戏是不多而戏份特重。在这里，她有机缘遇上了两位制片严谨的导演——多产的严寄洲和富于创造的黄焕光，还有善于精雕细琢的化妆师颜碧君等。正如她在一次被访问中所说，一部成功的电影"实在是集体的成果"。

这部影片很快便要和广大观众见面了，影迷们想必急欲知道它的演员阵容。陈赓由杨绍林饰，蒋介石由赵恒多饰，宋美龄由朱可心饰，鲁迅由任广智饰，许广平由张引棣饰，杨杏佛由刘汉饰。

楚之骄女

——记著名话剧女演员肖惠芳

宋西　《江汉早报》1985.3.12

一九八四年，对于我省著名话剧女演员肖惠芳来说，是极不平凡的一年。这一年，《中国艺术家辞典》（现代第四分册）出版，把肖惠芳作为"中国艺术家""著名话剧演员"编写了单独词条，收入辞典，加以介绍。

这一年，肖惠芳年满五十，进入了常说的"知天命"之年。在三中全会以后的大好时光里，她的社会责任感和献身献艺的紧迫感更加强烈，更加明确、更加自觉。如果把这理解为"知天命"，也无不可，因为这就是她东奔西走、日夜操劳、力战病魔、勇攀高峰的动力啊！这一年，她的艺术创作活动频繁，创作情绪旺盛，表现出比过去任何时候都更加充沛的干劲和成熟的才华。尤其是到了金色的秋天，即建国三十五年大庆之际，她的辛勤劳动换来了丰硕的果实，甚至可以说，在她艺术道路中，这是她空前的鼎盛时期。

攀高峰

省话剧团创作演出的儿童话剧《五二班日志》，以其特有的表现方法和艺术魅力征服了观众，这个戏产生的强烈剧场效果，是许许多多的人始料不及的。肖惠芳在这个戏里扮演了班主任乐老师。她带领"学生们"脚踏实地、历尽艰辛，一步一个脚印，奋勇攀登高峰。一九八三年，这个戏在首都作汇报演出时，受到应有的重视和欢迎。中央领导特地把剧团接到中南海怀仁堂演出，这对剧目、剧作者和演员来说，都是一个极高的礼遇。去年，中央领导又确定《五二班日志》为全国十个优秀剧目之一，制成壮丽的彩车，在国庆这天，通过天安门，接受党和国家领导人的检阅。在这部彩车上，出于安排上的方便，儿童们都是临时在首都借来的，肖惠芳则作为本地区、本剧团、本剧目的唯一代表，昂首站在彩车上面，登上了她本人三十多年来前所未有的高峰，在这个庄严的时刻，她进入了特有的情境之中。她心潮澎湃，思绪万千，她同天安门城楼上的领袖人物和广场上的人民大众自然地产生了无言的心心相印的情感交流。在这短暂的时间里，她更清楚地看到了我们党的政策威力，看到了工农兵以及知识分子的创造力，更加激发她作为祖国母亲的儿女的自豪感，以及作为文艺战士的光荣感，她抑制不住内心的激动，她在

《五二班日志》

滚滚向前的热流中行进。

十月三日晚，中央领导同志在中南海怀仁堂接见了这些优秀剧目的代表。肖惠芳觉得很受教育。她好像站得更高，看得更远。她感到自己取得的成果来之不易，但在群山如林的艺术世界，高耸入云的山峰多不胜数，自己要走向新的高度，还有更艰苦的奋斗历程。

她演宋庆龄

肖惠芳逢上难得的机缘。她不仅在宋庆龄在世时扮演了宋庆龄，而且还受到宋庆龄本人的接见。宋庆龄看了肖惠芳演出，以满意的口吻说"有些像"。这对一个演员来说，真是极高的奖赏。

后来，肖惠芳又在电视剧《洁白的手帕中》扮演了宋庆龄，并得了奖，在电影《陈赓蒙难》《陈赓脱险》中，也有宋庆龄的不少活动。八一电影制片厂为选拔扮演宋庆龄的演员，曾在全国各地物色对象，并分别试了镜头。不同演员的表演，最后都集中在一部录像带上，由有关领导审看。结果，肖惠芳以她特有的优势，争得了上银幕的机会。过去，她长期上舞台，但上银幕演一个有

宋庆龄—肖惠芳饰

分量的角色，这还是第一次，她特别珍惜这个难得的机会。她兢兢业业，一丝不苟地投入这个创作活动中去。

国庆大典前夕，影片抢拍完毕。在北京、上海、武汉等地试演时，肖惠芳塑造的宋庆龄形象，再次受到人们的好评。

为这一分钟

拍片任务刚刚告一段，肖惠芳立即被调去参加《中国革命之歌》演出，大型音乐舞蹈史诗《中国革命之歌》，不仅是广大文艺工作者献给国庆三十五周年的一份厚礼，也是继六十年代《东方红》之后，我国音乐舞蹈界又一次非同寻常的艺术实践，它再现了从鸦片战争到党的十二次代表大会的历程，展示了建国以来，特别是党的十一届三中全会以来各条战线出现的生气勃勃的新局面。

肖惠芳是一个话剧演员。话剧演员参加以音乐舞蹈为特色的演出，是少有的，在《东方红》里，她是参加朗诵，这一次是扮演宋庆龄参加开国大典，《中国革命之歌》一千四百多位演员中，湖北有两位，一是歌唱家吴雁泽，一是肖惠芳。肖惠芳扮演的宋庆龄在台上仅仅出现一分钟。可是，台上一分钟，台下却要用几百倍甚至上千倍的时间和精力去准备。肖惠芳是知道个中难度，多年来，有关宋庆龄的资料，只要能收集到的，或者翻拍，或者复印，或者摘抄，或者记录，她都保存在她的"仓库"里。她对宋庆龄生平事迹的了解，甚至超过许多专职的工作人员，为了演好这"一分钟"，她夜以继日地重温、体验她所熟悉的一切，力求把宋庆龄一生中最可贵、最值得表现的，能在这没有故事情节的一分钟里表现出来。肖惠芳没有辜负领导和群众的期望，顺利地完成了剧本赋予她的任务。她不仅为话剧界争得了荣誉，也为湖北人民争得荣誉。

全仗妙手回春　才有"国母"风采

——记为肖惠芳恢复艺术青春的刘绍安

谌 丹　《武汉晚报》1985.7.5

　　看了影片《陈赓蒙难》和《陈赓脱险》，人们无不称赞肖惠芳演活了国母。可是人们哪里知道，这个湖北省话剧团的著名演员曾一度因声带出血、声带麻痹，几乎要退出文艺舞台。

　　一九六〇年，省话剧团演出的话剧《七十二家房客》轰动了武汉三镇，盛况空前。肖惠芳在剧中扮演二房东，出于"草戏"多，所以沙哑了嗓子。由于连续演出，她哑着嗓子在台上跑，结果声带出血了。好多场的票已经售出去了，演出不能停止，怎么办？剧团党委求助市三医院，要求三医院千方百计给肖惠芳治疗，确保她的嗓子，当找到针灸科刘绍安医生后，刘医生非常热情地接待了她。刘医生检查后有把握地说：不严重，不至于一哑到底。听了刘医生的话，看着刘医生的笑脸，肖惠芳无比兴奋，她知道有希望了。医生用她家四代相传的高级针灸技法为她治疗，并且大胆地开了中药，以致使药房的同志怀疑是开错了药，扎了针吃了药，奇迹出现了，当天晚上，肖惠芳能发出声了，"二房东"继续在台上吵了。

从这天起，在"一段时间里，只喜欢看京剧，而对话剧极少兴趣的刘绍安，晚上经常看起话剧来了，说严重点是晚上经常听"起话剧来了。她一字一句地聚精会神地听，认真地检查白天治疗的效果，只要肖惠芳发出一个"破音"，她就着急或感到一阵不安。就这样，肖惠芳坚持找刘医生治疗了一段时间，嗓子不哑了。《七二家房客》一场没停，一直演了一个月。

粉碎"四人帮"后，文艺舞台的春天来也。肖惠芳又有用武之地了。她先后在话剧《高原风雪》《枫叶红了的时候》《怒吼吧黄河》《于无声处》《万水千山》《大江东去》《七十二家房客》《孝顺儿女》中分别扮演了各种各样的人物角色，由于反复的排练，频繁的演出，声带极度疲劳，已经不能得心应手地表达台词的感情了。某医院诊断的结果是声带磨损，闭合不全，水肿，医生说这就是"倒仓"，要噤声，并劝她转行，这位十四岁就走上舞台在鄂南文工团扮演刘胡兰、江姐的著名话剧演员怎么能不讲话，怎么能"噤声"，三十多年的艺术生涯，怎么能败在这两条小小的声带上，她不甘心，还是去找刘医生。为了治好肖惠芳的嗓子，刘医生翻阅了大量的资料，决定用传统的针灸技法，烧山火为她治疗，并且亲自为她熬药膏，要熬药膏，可把全家忙坏了，儿子去买冰糖、蜂蜜，遇着液化气快完了，爱人就抱着气坛子摇。在刘医生的精心治疗下，肖惠芳的嗓子好了。刘医生信心十足地对她说："只要你坚持扎针吃药，只管演，嗓子保证不会哑。"坚持治疗了一段时间后，肖惠芳的嗓子果真直到现在都没哑过。只要提起此事，她总是深有感触地说，刘绍安是我的恩医，是她挽救了我的艺术生命。要不然我怎么能在影视剧中扮演宋庆龄呢？能在舞台上创造更多的更好的角色呢！

从自信、自尊走向自强

——访省人大代表、省话剧团著名演员肖惠芳

金涌 *《湖北日报》1987.5.6*

　　她，在电影《陈赓蒙难》等多部电影电视剧中，扮演过宋庆龄，所以一见面我便认了出来。

　　她旁边的茶几上，放着一份五月四日的《湖北日报》，在记述熊元启事迹的文章里，划了不少杠杠。显然认真读过。当我说明来意，她拿起报纸，略有所思地说："熊元启同志的事迹很感人，他那自信、自强、自尊的'三自'精神，不仅是对思想政治工作者提出来的问题，也是对我们文艺工作者提出来，文艺工作者何尝不需要发扬'三自'精神。"

　　"那你一定是有所感啰！"

　　她淡淡一笑，开始给我讲述本不愿讲的一件往事。那是去

在省六届人大会议上　纪卓如(记者)与肖惠芳亲切交谈

年春，在北京，她参加排演大型史诗《中国革命之歌》。一天，有家文艺团体找上门来，邀她和另几位扮演领袖人物的演员同赴四川演出，并说事完之后可拿到一笔数目可观的酬金。肖惠芳忙解释说："我除了演孙夫人外，其

他吹打蹦唱，一概不在行呀！"却没想到这委婉的拒绝，对方的反应竟是拱手叫"高""好啊"，来者说要的就是"孙夫人"三个字的金牌子。这不是赤裸裸地"向钱看"？她生气了，一口回绝：要我拿宋庆龄的崇高声望为自己捞"外快"。这不是既损害了伟人的光辉形象，也糟蹋了我自己。这事我做不出来……

她的话语有些颤抖，"你看，文艺工作者不是更需要树立自信、自尊、自强的精神吗？"

"一个演员是如此，一个剧种的发展也是如此。"她把话题转到了自己多年来为之献身的话剧事业上。她说，戏剧特别是话剧，目前面临着电影电视等姐妹艺术的强烈冲击，观众减少，加之经费不足，没有演出场地

肖惠芳在省六届人大武汉市小组参加座谈会议 （穿红衣者）

等，确实存在着许多困难。希望在哪里呢？除了党和政府给予必要的关心和支持之外，她加重语气说："关键在于戏剧工作者要自信，对自己所从事的事业充满信心自尊，不管别人怎么看，首先自己要尊重自己，切不可自暴自弃，自毁声誉，自强，开拓创新，扎实奋斗。在不断改革和探索中争取新的腾飞，使话剧真正具有吸引千百万观众自动地从家庭走进剧场，接受美的熏陶的魅力。"她讲得很动情，我感觉到她和她的同伴们在迎接挑战，但愿他们从自信、自尊走向自强吧！她站起身来，激动地引用宋庆龄生前的一句格言结束谈话："人类，唯有从奋斗中求生存，革命者，尤当只问是非，不顾目前利益。"细细嚼来，意味深长。

我所认识的肖惠芳

佳俭 《电影杂志》1989 年第四期

　　去年 11 月末，天安门城楼上，长影《开国大典》摄制组正在拍摄中华人民共和国中央人民政府成立一场戏。当录音机传出中华人民共和国国歌，上百名历史风云人物登上城楼时，不论是身临其境的演员，还是围观的群众，都情不自禁地产生了庄严神圣感。难忘的历史瞬间又重现在人们眼前，多少人洒下了真挚的热泪。也许是男人从中不多妇女的缘故，宋庆龄的扮演者分外令人注目。她一身素装，显露着气度不凡的美丽，大度沉稳的举止，直透

出娴雅高贵的气质，活脱脱一副"国母"形象。我不禁赞叹起化妆师们有天工的巧手，更赞叹宋庆龄的扮演者肖惠芳同志的功力。我想早点认识她。

当我敲开402房间的门，迎出来的是一位黑黑胖胖的中年妇女。如果不是通过自我介绍，我很难相信她就是天安门城楼上的宋庆龄。

肖惠芳待人相当热情，让座、打水、抓糖，嘘寒问暖，忙得不亦乐乎。俗话说"主雅客来勤"，一会儿工夫，屋子就聚满了"贵客"。先是"刘少奇"来看大姐；"周恩来"也进门喊"惠芳"。"毛泽东"竟操一口湖南腔，说是要与大姐谈谈心。"朱老总"也推开门探了一下头，大概是见人太多又缩了回去。热闹好一阵子，人们才陆续退出，只剩下扮演毛泽东的古月在与大姐谈表演。肖惠芳眼里露出光芒，兴奋地说着"我们分别扮演了中国第一男女主角，真应该百倍地去珍惜"。看来，我是插不进嘴了，只好悄然离开了402号房间……

第二天清晨，我再看到她时，她已穿着黑色丝绒旗袍，足蹬黑色半高跟皮鞋，腿着肉色的丝袜子，曲线鲜明，面庞清秀，又成了高雅秀美的宋庆龄。她告诉我："现在去月坛公园拍外景，只好晚上见了。"

晚上，排除了一切干扰，我们终于坐下来，肖惠芳可真健谈，她滔滔不绝地告诉我她的一切。

她的祖父是教会的牧师，父母亲毕业于教会学校，从事英语教学，抗战后他们失业了，住在贫民区，只靠母亲当保姆养活一家人，生活十分困难，但复杂的生活经历为肖惠芳的艺术创作提供了丰富的素材。后来她当上了教会学校的免费生，在唱诗班里唱歌，圣诞节时扮演小天使，人们从中发现了她的艺术才能。

50年代，15岁的她就开始参加文工团，后整编到湖北省话剧团当演员，在那里她塑造了一些令人难忘的形象。1962年正当她的表演技艺有了飞跃的发展时，嗓子突然坏了，这对她的打击太大了。许多人都以为她不会再从事表演了，可是肖惠芳凭借顽强的毅力，与医生密切配合，几年后竟奇迹般地重返舞台。在治疗过程中，她对嗓子的特性及功能有了进一步的认识，并开始研究起运用嗓音的艺术来，这可真是因祸得福。她在《香港大亨》中扮演美籍华人李念华夫人时，抓住人物特点，学习了英语，普通话与洋人普通话，使形象本身在不同场合，与不同人物对话时，语言、语气十分得体，将一个著名的华裔贵夫人刻画得栩栩如生。在《万水千山》中，她扮演周大娘，能恰到好处地利用动人肺腑的语音，有感情地处理"诉苦"一场戏，收到四座皆惊的效果。此外她还成功地塑造了《七十二家房客》《孝顺儿女》《吝啬鬼》和《雷雨》等剧中的重要人物。1970年，当话剧《大江东去》排练时，团里将扮演宋庆龄这一任务交给了她。

"由于在话剧《大江东去》中成功地扮演了宋庆龄，我受到了宋副主席的接见，这是我终生难忘的事。"说到这里，肖惠芳的眼睛有些湿润。

1978年8月29日下午4时，在北京青艺领导和吴祖光同志的帮助下，通过董老夫人何连芝，肖惠芳和团里一行6人来到了宋庆龄的住处。宋庆龄秘书杜述周带他们走进会客厅。在那里等她化妆的宋庆龄同志，看到了穿着戏装的肖惠芳。问候过后，宋副主席对肖说："你走给我看看。"肖惠芳站起来走了几步。宋庆龄耐心地指导着："头抬抬，胸挺挺，再抬抬，再挺挺。"又告诉她，"不要用手提包，要用文件夹。"还很关心地问："你的头发是怎么梳的？"并用手摸了摸肖惠芳梳在后边的发髻，讲道："这个不要翘起来。"接见即将结束时，肖惠芳说："我一定努力塑造好您的形象。"宋庆龄宽厚、豁达，像教师，又像母亲似的祝愿她："祝你演出成功。"

"从此，每到扮演她老人家时，我就倍觉温暖，恨不得投入百分之二百的精力。"肖惠芳没有谈在本片中的表演。但是，我们已经知道她能够获得成功。扮演宋庆龄后，肖惠芳得到了巨大的荣誉。现在她是湖北省六届人大代表、政协委员、对外交流协会理事、中国戏剧家协会会员和中国电视艺术家协会会员。

"您也有不痛快的事吗？"

"有啊，最大的遗憾是人们对我们从事的事业不理解，连一些亲朋好友也曾对我说：'已经快活了大半辈子了，这么大岁数还常往外跑个啥？'他们不认为我所从事的是艰苦的艺术创作，而是玩玩乐乐。我们家里人也有儿女认为，我的主要任务是抓煤球围着锅台转，年纪大了，该侍奉老头子，照看孙子孙女儿，享享天伦之乐了。我想抽空搞点业务研究，想演戏，一辈子演，直到演不动为止，可惜得不到全力支持……"

那天，我们谈到很晚。

一周过去了，肖惠芳在北京的戏结束了。临行时，我去送她，她突然坐在床边哭了起来，显得那么委屈。"我一出家门就想家，尤其想可爱的孙孙、孙女儿，可是一要回家，我又不愉快了。"我不知道是否该劝劝她，这时，汽车喇叭又是一阵急促的催叫，我们只能分别了，这个黑黑胖胖并不漂亮，热情外向，年纪已大，又充满童心的老大姐，肩背、手提，带着为孙子、为儿媳、为老伴儿买的大大小小的礼品，吃力而又飞快地跑下了楼……

是她非她

——一位老演员的生活片段

黎 笙 《长江日报》1989.9.19

慕名而来想要一睹风采的人几乎都不免失望，脸上堆着尊敬的笑，而目光中却露出惊讶，仿佛在说：真是不可思议，您，就是扮演宋庆龄的……

肖惠芳早已习惯这种尴尬场面，淡淡一笑。然而刚才她差点儿违反惯例，忍不住要大笑起来。那位女中学生两眼大睁，从头到脚将她打量了好几遍，脱口道："一点儿也看不出！"话出了口又自知失言，脸涨得通红。肖惠芳乐了，道："没想到是这么个老婆子，对么？"

"不，"姑娘喊道，"不是这个意思……我只是没想到！"

这场谈话再继续下去，姑娘说不定会哭出来。为了见一面慕名已久的演员，她同自己的胆怯斗争了很久……

肖惠芳望着姑娘的花连衣裙在楼梯上一闪，倏忽消失了。淡淡的微笑又回到她的脸上。

不错，这种见面有点儿戏剧性。谁知道一大早就来了个热情的观众呢？她连脸也没洗，披头散发，在楼梯过道的煤堆里夹煤，小孙子快要醒来，得烧牛奶了。

宋庆龄也烧牛奶么？是呀，这无关紧要，重要的是她一生都在为中国儿童能喝上牛奶，过幸福的生活而奋斗。一位值得怀念的伟人。老人家在世的最后一年，在住所里看了话剧《大江东去》在京演出的实况转播，对剧中宋

庆龄的表演满意地点了点头。此前在秘书张珏女士的安排下，肖惠芳曾同剧组几位演职员驱车前往位于后海的宋的寓所，在临时指定的房间里急匆匆地换服装，化妆。然后到客厅，在柔软的地毯上表演了几个生活小片段，直至那位坐在特制轮椅上的老太太莞尔一笑，她的心才回到胸口。宋庆龄让她在身旁坐下，教她坐态、行姿、生活细节等，连比带划，神情怡然，并叮嘱：遵照母训，她一辈子不烫发，姊妹三人从不穿白色鞋，高跟与其无缘。肖惠

芳专心听讲，铭记在心。她知道，在扮演领袖人物的演员中受到其本人肯定和教诲的恐怕仅她一人，为此深感荣幸。

这是她的财富。她要做一位充分发挥财富效能的人。她在舞台上扮演过众多的角色，人到中年，趋于成熟该向高峰发起冲刺了。镜中，一举手一投足，一颦一笑，无不达到酷似的地步。宋庆龄的笑最富魅力，从微笑到大笑有十数种，她一一悉心揣摩。登堂入室，通读宋庆龄的文章和讲话，弄清每一历史阶段她的思想及情感状态……由此她成熟地走向屏幕。遗憾的是，《洁白的手帕》播出时已届宋庆龄逝世一周年，再也听不到她的亲切教诲了。

那座曾是王府的故居显得有些寂寞，落花无声。但凡去北京，她都要前往瞻仰，似乎要在细细的寻觅中再发现一点新的什么……轻轻掀开钢琴盖，无声的旋律飘飞出来，在空阔的客厅回响。梳妆台前那些香水、化妆品，拧开盖子便散发出幽香馥郁的气息。有着假山、草坪的院子里养着鸽群，罩着铁丝网的庞大的鸽舍里，成百只鸽子温柔地咕哝着，她悄悄地举起一只手招了招——那是宋庆龄特有的告别手势。

这一切都经常出现在她的回忆中，引起甜蜜的激动："二十世纪最伟大的女性"走了，她却将宋庆龄的音容笑貌留在银幕的故事里。

有多少美好的故事啊。艺术将长久地保留着它们。可是一个人从事艺术的岁月却又那么短暂！她有些恼怒那位电影导演，他那么匆忙地抢拍每个镜头，甚至在她还没有完全进入角色的时候，谁都知道，留在胶片上的遗憾是无法抹掉的。她将充满激情地迎接新的拍摄任务。去年秋天当她站在天安门城楼庆祝"开国大典"，面对列阵驶过的坦克群和山呼海啸般欢呼的游行队伍时，几乎忍不住自己的泪水……

孙子醒来了，伤心地啼哭，召唤她去做那些奶奶分内的事情。那位女中学生大约已经走在早晨的大街上了，她稚气而又直率，或许梦想着将来当一名演员。那么，为她祝福吧！

肖惠芳和宋庆龄
及她身边人的一些故事

郭红　　郭晓敏　《旅游导报》1992.5.29

她是第一位扮演"国母"的演员。自 1979 年始，在《大江东去》《洁白的手帕》《开国大典》等六部影视剧中塑造了宋庆龄的形象。从而使"国母"多次再现于银幕之上。

她是谁?她就是湖北话剧团的著名演员——肖惠芳!

这天碰巧，在湖北饭店，省政协会议间歇，这位"宋庆龄"向我们讲述了她和宋庆龄及身边的人鲜为人知的故事。

宋庆龄接见肖惠芳让她初识首长身边两位秘书

肖惠芳是幸运的，她是唯一受宋庆龄指点过的宋庆龄扮演者。

1978 年，湖北省话剧团推出一台大型革命历史剧《大江东去》，剧中有这么一场戏："七一五事变"前夜，武汉国民政府大厅内，灯光灼灼，轻歌曼舞，但暗藏杀机，一声"孙夫人到"，举座震惊。宋庆龄身着黛色衫裙，手持公文包，在众目注视下不疾不缓地步入大厅……

肖惠芳是剧中的宋庆龄扮演者。该剧上演前，为审定剧本和领袖人物造型，剧组特意来到北京，肖惠芳与化妆师同行。

8月的北京骄阳似火，肖惠芳与剧组的其他同志们期待着宋庆龄同志的接见。一联系，通知来了，这是肖惠芳意想不到的事情。

29日下午4时，他们准时来到后海宋庆龄住宅。

迎着台阶两边，很严肃地站着一男一女，两位中年同志。

女同志秘书张珏先上来打开车门问："哪位是肖惠芳同志？"

"我是！"肖惠芳紧接着答应。

"还没有化妆呀！首长已经在等着了！"话不多，语出很重，尴尬局面让肖惠芳现在想起来还不好意思。

她先带着其他几位同志进去了，肖惠芳和化妆师由男秘书，带着安排在一个房间里，开始化妆。

男秘书杜述周，自我介绍是管生活的行政秘书，一边催促他们快点化妆，一边跟他们交代接见时注意事项："她是留洋回来的，你们不

张珏秘书和肖惠芳

要问她多大岁数，不要说你老人家好。""那怎样说呢？"肖惠芳问。

"就说，您好！首长好！就行了。"他说。

"我们剧本里要称呼她孙夫人，现在我们怎样称呼呢？" 肖惠芳又问。

杜秘书说："我跟她十几年了，我负责任地告诉你，应该称呼她孙夫人。"接着又说："你们坐在她对面，不要靠得太近，她不习惯见生人，见生人容易紧张，一紧张就皮肤过敏……"

秘书讲的规矩和注意事项太细，有些现在记不住了，匆匆化完妆，他带肖惠芳和化妆师到了客厅。

那天宋庆龄是坐在小会客厅正对门的一张单人沙发上，穿着蓝白条衬衣，黑绸裤，平绒布鞋，两手安然搁在沙发扶手上，身体微微前倾，见到肖惠芳进门，亲切地朝她莞尔一笑，明澈的双眼立刻端详起她来。

"你先走给我看看。"宋庆龄声柔语轻。

肖惠芳以为这是她一生中最糟糕的表演。心脏跳得很急，腿是不听使唤的，额上渗出了汗珠儿……

"胸脯再挺一挺，头再抬一抬。"

肖惠芳和杜述周秘书

肖惠芳定了定神，迈着步子，努力去领会宋庆龄的提示要领。

宋庆龄招呼她坐在自己身边，爽快诙谐地谈着自己和她的姊妹们，边说边示范，时不时回答剧组同志们提出的疑问。

肖惠芳说："当初，没能留下一张照片真是一件憾事，就拿宋庆龄招呼她过去看头是如何梳的来说就是一个非常好的镜头。"

《大江东去》到北京参加国庆三十周年献礼演出，十一月十九日晚，中央电视台将我们的演出作了实况转播。第二天上午，秘书张珏就打电话愉快地告诉肖惠芳："首长昨晚看了电视转播，她很高兴，谢谢同志们，她让我向你们表示歉意，因为身体不好，没能到剧场观看演出，她说你演得有些像呵……"宋庆龄逝世后，杜述周、张珏跟肖惠芳都成了好朋友，经常书信来往，他们是肖惠芳演好宋庆龄同志的顾问和参谋，每次演宋庆龄的戏和电影，肖惠芳都要请他们评价和提出宝贵意见。

肖惠芳多次瞻仰在京、沪的宋庆龄故居，和宋庆龄的秘书、司机、厨师等老朋友结下了深厚的友谊。每次到故居访问，这些老人像是见到他们的老首长那样热情接待。肖惠芳因为演宋庆龄角色的需要，收集了很多资料，研究了宋庆龄在中国历史不同阶段的情况，下了很大的功夫。宋庆龄同志逝世后，北京宋庆龄纪念馆请她去给工作人员讲讲宋庆龄的生平历史，她的人格和对国家伟大的贡献。

肖惠芳刚进院子，碰见司机小刘，小刘就跑着高喊："老杜唉!老杜唉!（喊杜述周同志）首长来了哟!"她们尊称肖惠芳为首长。

小刘叫什么名字记不清了，有个事肖惠芳还记得，她说：

也是在宋庆龄同志接见我们那一天，接见时间安排很紧，宋庆龄很高兴，也许因为临时化妆耽误了时间，或是我们一行六个人太多，车子计划未安排好，她叫司机"用我的汽车送他们回去"，那天就是小刘开的车送我们走的。

宋副主席的专车我们六个人坐上去，不算太挤。

我们是小单位，经济有限，出差住在朝阳区一个小旅馆，也叫饭店，比起北京人说的骡马店好一的地方，突然间来了一辆豪车，车一停下来，北京人眼尖，从车子牌照上就认出这是中央首长的车，好奇的人一下子围拢来了，我没下妆就下了车，只听见有人喊"宋庆龄""宋庆龄"……我慌慌张张，是小刘帮着解围，让我狼狈地跑回饭店。

参观孙中山故居

钱乃骅 (孙中山故居馆长)

80年代初，我到上海孙中山故居参观，碰巧闭馆，没带介绍信，凭我的一张宋庆龄剧照，钱馆长热情接待了我，就这样我们认识，交了朋友。以后经常有书信联系，在上海拍有关宋庆龄的戏，他来看我，还给我们剧组很多支持……

1982年，肖惠芳随电视剧《洁白的手帕》剧组到上海领奖，时间很紧。出于对孙中山先生和宋庆龄先生的敬仰，她挤时间独自来到孙中山故居，不巧，这天闭馆，她又没有介绍信。（这以前有人曾对她说：参观孙先生的故居不是件容易的事，因为孙中山故居不对外开放，只是接待孙先生的生前亲友及外宾）她说："就是进不到里面去，也想去外面看看。"在门口，她踌躇良久，终于从挎包中取出一个小本，封面上印有她扮演宋庆龄的剧照。试着去按门铃，门开了一条缝，"您有什么事吗？"开门的是一位老者。

"我想进来参观一下……"

"对不起，今天休息，改日再来吧。"

　　改日，就不知是什么时候了，她明日要离沪。她心里想着，手已拽住将要闭住的门。"我曾经扮演过宋庆龄，我很想……"说着她将手中的小本递过去。老同志接过小本看看剧照，看看肖惠芳，又看看剧照，脸上的表情由怀疑到吃惊，由相信而兴奋，蓦地开启大门……

　　里面的其他工作人员也闻讯赶了出来……

　　肖惠芳是被迎进故居的。工作人员们像

肖惠芳演宋庆龄在孙中山故居

接待贵宾一样将文物的盖布揭去，请她仔细观看。在卧室、书房，她仿佛看到了当年孙中山先生在这里接见中共创始人之一李大钊、共产国际代表的情景。

遇见顾金凤

　　1984 年，在上海。肖惠芳参加电影《陈赓蒙难》的拍摄。也是在孙中山故居，她遇见了一位阿婆。阿婆名叫顾金凤，宋庆龄生前，她一直贴身服侍宋庆龄的生活。

阿婆操着一口浓重的上海口音问肖惠芳："肖老师，您还认识我吗？"

肖惠芳摇摇头，因接触的人太多，她一时记不起在哪儿见过她。

"那年在北京，首长接见你时，是我扶她下楼的。您走后也是我送她上的楼。"顾阿婆说完，双眼盯住肖惠芳。

肖惠芳竭力从自己的记忆中搜寻着……

肖惠芳在记忆中找到了她——顾金凤，那天她就坐在宋庆龄身后，化妆师的身边。"认得，认识。"肖惠芳上前一步握住了顾阿婆的手。

顾阿婆问："你想首长吗？

"我想的。"她不假思索地回答。

"我可想她了，她是世界上最好的人，她好可怜的……"顾金凤伤心地哭起来，颤颤抖抖地说，"可还有人造她的谣。我们和她在一起是知道的……"

顾金凤（宋庆龄贴身阿姨）

顾金凤：

肖老师，那天她(指宋庆龄)接见你们后，我扶她上楼的时候，她问我："阿金哪！你看像不像？"那天妆没化好，首长说："像还是像的，不容易，不容易呀！"

肖惠芳因扮演宋庆龄的角色需要，结交过许多曾在宋庆龄身边工作的人员，对宋庆龄生前的生活及她与工作人员之间的关系颇为了解。就拿顾金凤来说，建国前就在宋庆龄身边了，从上海跟到北京，一直到宋庆龄去世。顾金凤回忆：宋庆龄晚年的时候一直感到很孤单，尤其是晚上，她没有什么亲人，常常在夜深人静的时候呼唤顾金凤："金凤哟，你不要走，陪陪我，陪陪我好吗？"宋庆龄因身体不好，躺在床上翻不过身来，因此，顾金凤陪着她度过了一个个夜晚，用自己的肩膀顶住她的身体，帮助她翻身。宋庆龄喃喃道："金凤有良心啊，谢谢您……"

和宋庆龄上海故居工作人员合影

　　肖惠芳告诉我们，在上海拍《陈赓蒙难》期间，本没有上海宋庆龄故居的镜头，宋庆龄故居的工作人员找到八一厂的导演，邀请她去那儿装扮成宋庆龄拍照，在办公桌前，在床头旁，在沙发上。

这里的工作人员让她去看宋庆龄生前的录像，去听她的录音，去弹她的钢琴，到她的梳妆台前去翻阅遗物，还可以去抽她老人家生前最爱抽的熊猫牌香烟。

就是这次，工作人员拿出宋庆龄生前在家里常穿的一件绛云纱旗袍，请她穿上给他们看。肖惠芳发现旗袍腰的两边是拼接过的，很是惊讶。工作人员看出她的心事，解释道，宋主席晚年开始发胖，过去穿过的衣服穿不上了，为了节省，她教我们这样为她改的……

尽管如此，宋庆龄是十分重视礼仪的，她受过西方文化和中国文化的双重教育。每次参加国事活动，她总是提前几天选定合适的衣服和皮鞋，熨好、擦好。临行前她认真饰妆，而回来以后，马上换下来。若是发现穿的丝袜破了，她会说："哎呀，太可惜了。这双袜子出去就不能穿了，只能在家里穿了。缝一缝……"

肖惠芳穿着宋庆龄生前的服装

孙致远（上海宋庆龄纪念馆馆长）

《陈赓蒙难》《开国大典》电影在上海拍摄，得到他们热情的支持，肖惠芳微胖的身材与宋庆龄同志相似，拍戏时要借宋庆龄生前服装和文件包等(文物)亦获得批准。

孙致远：

肖老师，这就是你呀！（借文物拍戏），别人想都不敢想！

参加福利会的活动

1982 年 5 月，正值肖惠芳在上海华山医院准备做眼睛手术，接到陈维博电话，邀请她参加中国福利会主办的一起和孩子们纪念宋庆龄逝世一周年活动，她欣然答应了。

陈维博，博学多才，外语很好，是宋庆龄倡办的中国福利会副秘书长，曾经当过她的秘书多年，对宋庆龄的经历，生活习惯，大小事情知道很多，他的夫人罗慎也和他在一起工作，因为演宋庆龄的需要，常常向他们请教和询问的原因，遂成了很好的朋友。

那天，陈维博来接肖惠芳的时候，一见面就告诉她一个好消息，"韬奋夫人到宋庆龄故居，我把你演宋庆龄的照片给她看了，她很惊讶说：这可是乱真之作！"韬奋夫人和宋庆龄交往很密，彼此再熟悉不过了，有她认可真是难得。

5月29日下午，肖惠芳和陈维博一起来到上海青少年宫，纪念宋奶奶逝世一周年，会议全是儿童们

肖惠芳右边站的是张珏左边是陈维博夫人罗慎

主持，当司仪的同学大声宣布："现在我们请《洁白的手帕》电视剧中扮演宋奶奶的肖惠芳同志，给我们讲话！"整个大厅里爆发长时间热烈而肃穆的掌声。

肖惠芳先朗诵了一段儿童《小树林》的文章，接着即席发言，向孩子们介绍她荣幸地见到过宋奶奶……

她问："昨天中央电视台又播放了我们为宋奶奶录制的电视剧《洁白的手帕》，大家看过吗？"

儿童们都说："看过了。"

电视剧《洁白的手帕》是写宋奶奶营救了两个烈士孤儿的故事，她从侧面，以小见大，反映了宋奶奶一生高风亮节。宋奶奶对少年儿童的关怀，贯注了她毕生的心血，她说过："培育儿童是关系到祖国前途革命未来的大事。""关心儿童人人有责！"

肖惠芳讲了她所知道的几个小故事，介绍了宋奶奶宽厚、豁达、平易、可亲可敬的高尚品格，并且告诉同学们，我们怀念宋奶奶就要拿行动向宋奶奶好好学习，学做好人，做一个有用的人，让宋奶奶放心。

肖惠芳讲话生动，儿童们伸长脖子，瞪大眼睛，全神贯注，大家都深深被感动，孩子们多么热爱宋奶奶呵！

在北京后海宋庆龄故居

杜述周　肖惠芳　曹艮俊

1988 年 11 月，肖惠芳到北京参加电影《开国大典》天安门城楼上的外景拍摄。北京宋庆龄故居的负责人希望肖惠芳同志能化妆好宋庆龄形象，到故居去，因为故居后来新进工作人员当中有很多人没见过真正的宋庆龄，都想见见。电影厂允许了，那日，化妆师认真地给肖惠芳化好妆，来到故居。大家真把她当成了"宋庆龄"，曾与宋庆龄共度过岁月的老同志眼角含着泪，按照宋庆龄生前的规格接待她，扶她坐在宋庆龄生前坐的位置上，按原来他们各自的位置排好，摄影师一次次启动着相机快门……

杜述周（宋庆龄
生活行政秘
书）：

平常我就
是这样在这里
给首长（宋庆龄）
汇报工作……

（秘书和肖惠芳
合影）

和北京宋庆龄故居的工作人员合影

电影《开国大典》在领袖们登上天安门这个很长的镜头里，肖惠芳几乎将宋庆龄演到了天衣无缝的程度。

肖惠芳说："艺术要表现精神，展示灵魂的。宋庆龄的精神和灵魂，我们永远追随……"

是呀，肖惠芳已是 58 岁的人了，又是国家一级演员，鼎鼎大名，分别被收入《古今中外女名人词典》《华夏妇女名人辞典》《中国艺术家辞典》，按说是功成名就，完全可以摆摆名人的"谱"。何况她还身患冠心病、腰椎骨折等多种疾病呢，可她没有停歇过自己的脚步。

去年冬天，肖惠芳和同事一同在武汉利济商场门口冒雪搭台演出小品，受到观众欢迎。中共湖北省委书记关广富同志得知这个消息很受感动，打电话到省文化厅，向参加演出的演员表示慰问，尤其是对肖惠芳本人表示敬意。肖惠芳说："我来自人民，要为人民服务。""一个剧团没有观众就没有生存的价值，一个演员没有观众就不成其为演员……走出去，寻找观众，才是戏剧的出路。"

（原标题为"'国母'再现，'宋庆龄'和宋庆龄的故事"）

《同船过渡》的肖惠芳

蔡学俭 《书刊文摘导报》1994.12.30 第 52 期

说肖惠芳，文艺界很熟悉。说舞台和银幕六次饰演宋庆龄，并受到宋庆龄接见和赞许的肖惠芳，在众多的观众中有着不小的影响。

我同她相识较晚，相交不算很深，然而在不多的接触中，留下的印象却很深。最初的印象是，她名声很大却平凡、朴实。我有幸同她参加一些会议，自然是层次较高的，会完人散，一个个驱车而去。唯独她沿路步行，我以为她家就在附近，没有在意。几次都是这样，不禁停车相问，才知她家离我宿舍不远，于是请她上车。我惊诧于这位表演艺术家开会不坐车，她却不以为意地说："不麻烦单位了，走走路方便。"以后会散了，我便等着她，她大概感于我的诚意，也乐于搭这个便车，由此从相识到相交，自愧的是，我的业绩远不及她，坐车的条件却优越得多。有感的是，她并不以自身的名望去要求什么，却仍然以普通人要求自己。

记得 1991 年 4 月间，她电话约见，似有急事，见面后知她正组织"六一"儿童节戏剧小品电视竞赛，主办单位不少，赞成此举者很多，赞助却寥寥无几，节目等诸事齐备，就缺经费，一急之下求我相助，又连声说不好意思。我想了想，演员的职责是提高艺术，现在被逼着"拜金"，为了下一代，把不应由她办的事揽起来，四面八方奔走，真够难为她了；冲着这股热心肠，也得助她一臂之力。于是请了本系统有关单位负责人来商量，出于同样的想法，当即表示支持，困难就这么解决了。事后她说要表示感谢，竟然搬动了省话剧团的团长和主要演员，带着道具来举行答谢演出。几个精选的小品，表现普通工人、农民的喜怒哀乐，吸引着挤满礼堂的观众。肖惠芳亲自表演的女职工宿舍看门人的独白小品，活现出一位忠于职守、热心善良的老太太的形象。看得出，他们是在执着地追求艺术，是在真心表达感谢之忱。演完节目，他们赶紧收拾道具，忙得全身大汗。匆匆吃完便饭，又一定要到我们江北的单位演出。这使我又仿佛见到了阔别多年的"乌兰牧骑"，我想，应该感谢的不是我们，而是他们。

1992年，肖惠芳两次遭遇车祸，一次是演出途中两车相撞，她腰部受伤，另一次是坐外单位的车出事，左腿两处骨折，我真为她担心，如果因此而结束了她精湛的艺术生涯，该是多大损失。我没能去探望她，好在我单位有个职工是话剧团家属，可以不时询问病情，终于盼到了"她可以走路"的好消息，悬着的心才放下来，不久，接到约我观看她演出的请柬，虽因出差错过了机会，但庆幸她继续保持了艺术青春。1994年湖北省戏剧家协会改选，她被推选为副主席。她这一生是同戏剧结下不解之缘了。

果然，最近传来了她在沈虹光新作《同船过渡》中扮演主角之一方奶奶的喜讯。几个普普通通的人物，一个平平淡淡的故事，演员自自然然的表演，首场就获得成功。进京演出，激起不小波澜，观众、文艺界知名人士、演员一起落泪，肖惠芳年老身残，每天往返挤公共汽车几个小时，回家已近午夜，但她乐而忘倦。在北京的一次座谈会上，她说了几句心里话，"演员是为观众而存在的"，"我还能为话剧出把力，这是我的福气大"。她很喜爱郭小川的诗，特别是《青松歌》中的那句："有用处，就是福！"这也是她的座右铭。人生短暂，我珍藏着她赠送的一张饰演宋庆龄的剧照。我对她的了解，只是一个侧面、几点印象，但感到她确是在学习像宋庆龄那样工作、生活和做人。同她相处，会淡忘世俗的烦恼，激起献身事业的热忱和执着，使生活充实、精神升华。艺术青春有限，但只有锲而不舍，就能永葆艺术青春。我深深地祝福她。

人到老年

蔡学俭 《文摘导报》1994.12

看到胡庆树、肖惠芳主演的《同船过渡》抒唱了一曲老年人的爱情生活，催人泪下，精神为振，有感！

中年时看过一部《人到中年》的电影，如遇知己促膝谈心，似饮甘泉沁人肺腑。那时工作的劳累，生活的重负，恩恩怨怨，是是非非，丝毫没有减弱中年对事业的追求和理想的忠诚。这部电影不仅在同代人中激起共鸣，同时引发了全社会的关注。

如今我已步入老年，在中年看老年，以为垂垂老矣，无所作为，不过是儿孙绕膝，安度剩余的岁月。然而我不这样看：比起中年，老年人毕竟没有那样充沛的精力，缺乏锐气和进取心，但有了更多的经验和教训，成熟与练

达，待人处事比较周全。所谓"三十而立，四十而不惑，五十而知天命，六十而耳顺，七十而从心所欲不逾矩"，正是人对客观规律认识和掌握程度的写照。自然在老年的心情和处境不同，对人生的态度有同有异。"老骥伏枥，志在千里，烈士暮年，壮心不已"（曹操），"白头虽老赤心存"（杜甫），这是一种境界。"老去怕看新历日"（苏轼），"老来万事付无心"（戴复古），又是一种境界。同一个人，这两种心情有时也是或此或彼，忽而志存高远、壮心未已，忽而悲观失望、万事无心。

随着物质生活的提高和医疗技术的进步，人的寿命逐渐延长。过去"人生七十古来稀"，现在年过不逾矩不足奇，科学发展使老年的下限得到提高，从而出现人口老龄化的现象。人到老年，社会自然要关怀，做到老有所养，但仅此不够，还需老年人本身自强做到老有所为。西方有谚语云"人生从七十开始""暮秋之色更美"，日本的大田正芳花甲之年生日时著文说："我既不算年轻，也不认为已经老朽了，""六十立志绝不算晚，从生理上讲，老年机体衰退，不能不服老，但思想却仍要葆青春。"只要身体尚好，纵不能自食其力，也要尽量减少社会的负担，做些力所能及的事。老年继续奉献社会，造福人类的事例，古往今来所在多有，人生旅程愈是缩短，愈要过得丰富充盈。

到了老年，才能体会老年的心境。老年同样需要友谊的执着，爱情的抚慰，婚姻的和谐，家庭的温馨。老年有自己的爱好和乐趣，所以要老有所乐，并要自得其乐，笑口常开，为避忧伤更不必自寻烦恼。"忧令人老"（曹丕），"人言头上发，总向愁中白"（辛弃疾），乐而后忘老之已至，乐而后能延年益寿。现在，如同《人到中年》那样写人到老年的作品不多，即令有也是写老人或颐养天年，或孤独忧伤，或玩物丧志，都未免绝对。不久前看到胡庆树、肖惠芳主演的《同船过渡》抒唱了一曲老年生活的情爱之歌，催人泪下，精神为之一振，如有更多的这样好作品问世，则老人幸甚，社会幸甚。

"国母"的风采

——记著名表演艺术家肖惠芳

乔玉生 《戏剧之家》1996 年第 1 期

　　1995 年 5 月 16 日，文化部第五届"文华奖"颁奖大会在人民大会堂隆重举行。在欢快的乐曲声中一位形貌俨如"国母"的艺术家缓步走上台去接过奖杯，她就是在影视剧坛上六演宋庆龄、在话剧《同船过渡》中扮演方奶奶而一举获得"文华大奖"的著名表演艺术家肖惠芳。

一　做梦都没想到的事却成了现实

谈及这次获奖，她说这是她做梦都没想到的事。但是，对于《同船过渡》这部戏，知情人一看就绝非偶然。因为，这部作品是女剧作家沈虹光人生感悟中又一部力作，同时这个戏的导演和演员是优化组合的产物，导演是来自广州的女中俊杰，主演胡庆树和肖惠芳是武汉话剧舞台上不可多得的演员。去年年底，戏拉到北京参加"94全国话剧交流演出"，《武汉晚报》发回的一篇报道称：该剧以其深刻的内涵和精彩的表演"赚足"了观众的笑声和眼泪。著名笑星陈佩斯、著名话剧表演艺术家于是之、著名儿童剧演员连德枝等盛赞这部作品是最近看到的最好的一部话剧。

北京演出之后，他们又挥师南下，到了上海。1994年12月28日的《文汇报》在一篇报道中称："整场演出精彩纷呈，感人肺腑，令数百名观众激动不已，掌声、欢呼声、叫好声持续不断。"上海戏剧界人士赞誉："胡庆树、肖惠芳在此剧中的表演可谓'出神入化，美不胜收'。剧中两个人物的情感心理变化经两位老艺术家的演绎，丝丝入扣，恰到好处。"

听了这些评价。肖惠芳一再表示：我是打腰鼓出身，是湖北这块土壤里培养出来的，这荣誉，应该属于湖北，属于我们这一代人。

二 她未进过戏剧的高等学府，却创造了
许多令人难以置信的辉煌

肖惠芳自小家里很穷，住在汉口循礼门铁路外的贫民区，做教师的父亲常常失业，母亲在外当保姆，上中学的她连午餐都吃不上，学费靠自个剪头发卖钱自筹，由于买不起煤油，晚上常常到路灯底下去读书。中学之后，母亲本希望她学医，但因家庭无力供养，只好让她去报考鄂南文工团。由于她在校经常参加文艺演出，所以一下子就考中了。

在鄂南文工团，她演出的第一个角色是歌剧《刘胡兰》中的英雄刘胡兰。演出，搭的是土台子，效果，打的是真枪。每晚演出之后，转场都是八十多里的夜行军。当时山沟里有土匪，随时准备打仗。男同志身上都带有枪，走在队伍的一前一后，保护女同志。就这样，十七岁的肖惠芳参加了两期土改工作队，也奠定了她与普通群众打成一片的感情基础。

1952 年，全省三十多个文工团整编，她作为佼佼者被留了下来，成为新组建的湖北省话剧团的一名专业话剧演员。在剧团向专业化、企业化和剧院化迈进的过程中，团里一批

《曙光照耀着莫斯科》（1953） 安妞达—肖惠芳

又一批的同志进入戏剧高等学府去深造。但是，这时的她已是团里的"台柱子"，一直不能脱身。她就把学习的课堂放在舞台实践中，珍惜每一个创造

角色的机会。有时分配她演 B 角，她都全身心地投入，她演的春妮、何兰都是没经过排练就直接走上舞台的。有时分配她一个很不起眼的小角色，甚至没有一句台词，她也一丝不苟，把人物塑造得有声有色。

在四十多年的舞台生涯中，她演出了六十多个剧目，塑造了一个又一个令人难忘的形象。在花甲之年她摘取了"文华"奖的桂冠。前不久评选揭晓的 1994 年度"五个一工程"奖的获奖名单中，她出演的话剧《同船过渡》又名列前茅。

她虽然没进过戏剧的高等学府，但如今是闻名遐迩的艺术家，她的大名分别被收入《古今中外女名人辞典》《华夏妇女名人辞典》和《中国艺术家辞典》。她还以自己辛勤耕耘的盈盈硕果和深切感受不时地登上高等学府和全国性学术会议的讲坛，向莘莘学子讲述自己的技艺，与艺术界同行交流创作的经验，而且使人受益匪浅。

三 她是一个戏路子很宽的演员

早在六七十年代，肖惠芳在话剧《七十二家房客》中成功地塑造了一个庸俗、卑劣、贪婪、歹毒、欺压劳动人民的女恶棍——二房东形象。于是某些人认为她更适合演泼辣外向的妇女形象。其实，肖惠芳是个戏路子很宽的演员，她能演老年妇女，如《雷雨》中的鲁妈、《槐树庄》中的老成婶；又能演年轻的姑娘媳妇，如《幸福》中的女主角青年女

《雷雨》 鲁妈—肖惠芳

四幕七场话剧《幸福》 胡淑芬—肖惠芳饰

《幸福》

（1954 年在话剧舞台上青年谈恋爱，还隔着窗户，规规矩矩）。

工胡淑芳、《霓虹灯下的哨兵》中的春妮；她能演正面英雄形象，如《红岩》中的江姐；又能演反面人物，如《夺印》中的烂菜花。新时期以来，她又成功地塑造了一些社会最底层的人物形象，如《丢手巾》中女工宿舍的看门人，还塑造了一些知识女性，如小学教师、领导干部的遗孀，乃至国家领导人宋庆龄，使她的知名度陡然大增。她在话剧舞台上塑造的人物画廊可谓性格迥异，多彩多姿。

在日常生活中她似乎挺"土"，可上台演外国戏也"洋"得起来。她 26 岁在《吝啬鬼》中扮演媒婆福劳辛。这个角色她是从外部模仿开始的，在反复看外国影片之后，她用对生活和人物的理解，搭起了通向形象的桥梁。演出时，她摆动着宽大的裙裾，像小

《智取威虎山》反串八大金刚之一

旋风似的卷过来,又随之卷过去,眉眼飞动,巧舌如簧,刻画出人物泼辣大胆的个性,没有演"洋人"时常有的造作。

1981年,在话剧《香港大亨》中她扮演一起来中国观光、探亲的美籍华人的夫人。这个人物的台词并不多,她一上场找手提包时说的五个字:"我的手提包"和申明到中国来定居的理由时说的几句话:"我是在中国出生的,中国是我的第二祖国。我也和念华结了婚。中国有句古话,叫做'嫁鸡随鸡,嫁狗随狗'。呵,呵,呵……"对这几句台词的处理,如果说英语,戏剧效果出不来;如果设计成标准的普通话,不仅不符合实际,而且人物热情、活跃的性格以及她来中国后的喜悦心情也被淹没了。肖惠芳深知这一切,于是,她用洋人普通话来表现,不仅味足,而且气氛也很浓。同时她还精心地给这个人物安排了两个道具:一把杭州雨伞和一把香扇。这都是中国特有的东西,她拿在手中,抱在胸前,摸了又摸,看了又看,深深地表现出她对中国的热爱之情。著名艺术家金山曾赞扬她是"一个能塑造形象的演员",这话看来恰如其分。

《香港大亨》　　李夫人——肖惠芳

四 演国母成了她的专利

在影视剧坛上,由一个演员六演宋庆龄,除了肖惠芳,在全国还没听说有第二个。但是,在首次接受宋庆龄这一角色时,肖惠芳心里并不踏实,因为那时在她的"资料库"里还没有这样的储存。当时,连熟悉剧团演员的观众都怕她砸在这个角色上。

尽管话剧《大江东去》中的宋庆龄的戏只有十几分钟，台词也只不过二十句，但是分量很重。从此，她一头扎进图书馆查资料、翻图片，数量之多，摞起来足有她本人那么高。在卧室里，她长久地凝神端详宋庆龄的照片，下决心"硬要把它看活，看得它立起来"。在空无一人的排练场，她独自琢磨戏，那眼神，那步态，那动姿都生动地浮现在她的跟前。为演好这个人物，她甚至去过基督教堂感受这位伟大女性早年曾置身其中的氛围，捕捉她那端庄、典雅、华美的气质。

该剧上演前，为审定剧本和领袖人物造型，省委决定剧组的主创人员到北京去一趟。没想到还真的见到了宋庆龄同志。

那是 1978 年 8 月 29 日下午四点钟，按通知要求，他们准时到了宋庆龄同志的住宅，秘书迎上告诉他们："首长已在等着你们。"

肖惠芳一下子慌了神，因为那时她还没化妆。按规定，这样的妆要花几个小时，可现在为了不让首长久等，却急急忙忙只用了二十几

《洁白的手帕》 宋庆龄—肖惠芳饰

分钟。那时，她粘睫毛的手还在发抖，脸上的油彩也没抹匀，穿衣服时自己的衣服都来不及脱，就那么往上一套。更滑稽的是，长裙下面穿的是一双平底凉鞋——高跟鞋没带来。这些，至今回想起来都使她感到很难为情。

肖惠芳应约走进门去，发现宋庆龄同志那双美丽的眼睛注视着她，仿佛在端详，又仿佛在回忆。

"你先走给我看看。"宋庆龄同志说。肖惠芳原以为只看看她的化妆像不像，没想到还要看她走路的姿势。她越走越失去自信，汗都要冒出来了。宋庆龄同志像位高明的导演对她说："胸脯再挺一挺，头再抬一抬！"这声音温和而亲切，使她慌乱的心情镇定了下来。

她走动着，努力领会宋庆龄同志提示的要领。她告诉宋庆龄同志演出时她将拿一个手提包。宋庆龄同志轻声说："不要用手提包，要用公文夹。"

说罢，宋庆龄同志让她坐下休息。然后，对穿什么样的鞋、梳什么样的发型以及坐的姿势，乃至生气的神态都一一进行了交谈示范。

这次接见，为肖惠芳塑造好宋庆龄的形象提供了最重要最坚实的生活依据。第二年冬天，话剧《大江东去》进京演出，宋庆龄同志看了电视实况转播后，委托秘书给肖惠芳打电话说："首长很高兴，谢谢同志们！她说你演得有些像啊……"

首演宋庆龄的成功使她一发而不可收，接着，电视剧《洁白的手帕》、电影《陈赓蒙难》和《陈赓脱险》、大型音乐舞蹈史诗电影《中国革命之歌》和话剧《宋庆龄和她的姊妹们》，一个接一个地约她扮演其中的宋庆龄。1988年，为庆祝建国四十周年筹拍电影《开国大典》，导演确认，宋庆龄一角非肖惠芳莫属。从此，扮演宋庆龄似乎成了她的专利。然而在这些作品中，随着时间、地点、年龄、对象和环境的差异，她所塑造的宋庆龄形象也各具风采。

五 国母精神鼓舞她敬业做人

宋庆龄同志逝世以后，她对这位伟大国母的崇敬和怀念与日俱增。有一年在上海，她忙中抽空，独自来到孙中山故居。偏遇上那天闭馆，她又没带介绍信，无奈之中，她突然想起身上带着一张扮演宋庆龄的照片，就把这张照片拿出来递给了工作人员。工作人员看看照片，再看看她，几乎欢呼起来，忙将她迎了进去，陪她仔细观看，还特许为她打开衣橱，让她看了宋庆龄生前穿过的绛云纱旗袍等衣物。以后她到上海参加拍摄电影《开国大典》扮演宋庆龄，摄制组为她专做的旗袍不理想，可是开拍在即！怎么办？她忽然想到那件国母穿过的黑色绛云纱旗袍，当即给孙中山故居馆长打了一个电话，馆长二话没说，把旗袍包好交到肖惠芳手中，说道：

《八一风暴》展军旗　演员王学峻　肖惠芳

"肖老师，这也就是您了，别人想都不敢想!"

　　肖惠芳在扮演和缅怀宋庆龄的过程中受到了深刻的感染和鼓舞，台上演国母形象，台下学国母精神，成了她的自觉行动。这首先表现在她的敬业精神上。扮演宋庆龄是这样，这次在《同船过渡》中扮演方静娴也是如此。在挑选演员时话剧院有人说："这里演老太婆的人成把抓，干吗还要她呢？"剧作家沈虹光并不这样认为，她不仅看中了她的知名度，更看中了她的敬业精神。她这个人就像是一团火，走到哪里都一心扑在事业上。只补台，绝不拆台。她这么一个大名人，却很尊重编导的意见，一遍不行两遍，一遍一遍地去实践，从不叫苦。演这个戏报酬不高，但她绝不拿搪。戏排出后那些天，演出又密，每天下年两点多出发去话剧院，晚上十点多跛着脚挤公共汽车往回赶，就她那个份，按说"打个的"又算得了什么。可是剧团经费有限，她不忍心花这个钱。只要能演戏，不论吃多大的苦她都干。戏排好之后，她又积极组织观众，走到哪里宣传到哪里。她是一个能和大家"同船过渡"的人。

她待人热情，乐于助人，有什么事找她帮忙，从不推辞。有时，还主动伸出援助之手。前些年，她应邀在武汉话剧院排《宋庆龄和她的姊妹们》，看到话剧院职工住房有困难，她亲自出面到市里找领导，硬是给盖起了一栋崭新的住宅楼，解决了五十多户的住房问题。剧院的同志感激她，提议将这栋楼房命名为"惠芳楼"。

还有一件事也使人感慨颇深。省戏剧家协会举办每两年一届的全省少儿戏剧小品展演赛缺少经费，她知道后，除在政协会上呼吁外，还四处奔走，到省电力局、电管局、水利文协和出版局、少儿出版社以及维夫集团、儿童玩具公司等单位寻求赞助，人家一看是"国母"上门求援，无不慷慨解囊，不几天，就收到几万块钱经费。这时她向主办单位负责人："这够不够啊？"当主办单位负责人向她表示感谢时，她微笑着说："对我还客气什么，当年宋庆龄同志为儿童搞福利事业还不是到处伸手吗？"说得大伙都笑了。

六 生活中的肖惠芳真让你难以相信

生活中的肖惠芳是个什么样子的，很多人特别是那些年轻的影迷都想找机会一睹她的芳容。

有天一大早，几个女中学生来到她家里要看看演宋庆龄的肖老师，结果在厨房找到了正在忙活的肖惠芳，看到她那衣冠不整、头发蓬松的模样，姑娘们个个两眼圆睁，从头到脚把她打量好几遍，其中的一个脱口而出："您家的戏演得几好啊，可是一点也看不出……"肖惠芳笑着说："没想到是这么个老婆子，对吗？"

是的，她们是无法把眼前的这个老太婆和她们在舞台、银幕与荧屏上看到的艺术形象以及她们想象中的名演员的气派联系在一起的。

过了"耳顺"之年的肖惠芳已是两个孙子的奶奶，回到家里，她既要洗衣，做饭，又要照顾孙子，常常忙得不可开交。因此，常有人戏谑地说她：台上是"国母"，台下是"保姆"。对此，肖惠芳并不觉得难堪，相反，她感到十分欣慰，因为这不仅是对她一个人，而且是对他们这一代许许多多的艺术家真实生活的形象概括。

当"走穴"风刮起时，一次，有家艺术团体的年轻人兴致勃勃找到了她，欲邀她和另外几位特型演员一道赴四川演出，并说，事成之后可拿到一笔可观的酬金。肖惠芳忙解释说："我除了演'孙夫人'外，其他吹打蹦唱可是一概不在行呀！"没想到，对方的反应竟是拱手叫"高"，并说："好啊，要的就是孙夫人的这块金牌子，您只将孙夫人的妆一化，往台上一站，说上几句台词，比划比划也就行了！"肖惠芳听了很生气："要我拿宋庆龄的崇高声望去为自己捞外快，这不是既损害了伟人的光辉形象，也糟蹋了自己么？这事我做不出来。"这位年轻人只好灰溜溜地离去。

肖惠芳70年代生活照

七 在舞台上，她曾三次被判处"死刑"，却又一次次昂然挺立

肖惠芳出演的《七十二家房客》中的"二房东"，深受观众欢迎，久演不衰。然而长期的演出致使她声带酿成小结，一串串血泡像冰糖葫芦似的堵住了她的喉管，使她疼痛难忍。经医生一看说是"倒仓"，今后不能再演戏

了。为此，她北上北京，南下广州，东去上海，遍寻名医。可是，医生的回答都说没有什么好方法。在绝望中她找到武汉市三医院的针灸科主任刘绍安。刘医生诊断后从其父珍藏的历代医案里选取验方进行治疗。与此同时，武汉音乐学院对此症素有研究的田寿龄教授闻讯也亲自找上门来，帮她用练声的方法把破者一个个地推到一定的位置上。两种方法同时进行，使她的声带逐渐恢复了弹性，冲破了禁区。直到现在，她的嗓子能适应各种环境。

80 年代初，省话剧团创作演出的《五二班日志》赴京汇报演出归来，仅在武昌建展馆一个地方就卖出了二十二场票。就在这时，主演肖惠芳经常感到胸闷心慌。剧团领导十分重视，请来了协和医院心血管病专家进行诊断，最后专家给团领导说："该同志患的是冠心病，要停止演出，不然会倒在台上，那后果可就……"一向刚强的肖惠芳眼泪一下子涌了出来。

在这种情况下，团长试探地跟她商量："老肖啊，这样吧，要不要把票退了？"肖惠芳却坚定地回答："没关系，不用退，我可以坚持。"并且说："你要不放心的话，我可以给你立个字据：本人热爱话剧事业，自愿参加演出，如有不测，与领导无关。"说罢，团长激动地握起她的手笑了，她也笑了。

可是，演出的场次安排得很紧，怎么办？剧团对她采取相应的保护措施，在连续两场的演出中间给她找一个相对安静的地方，让她静静地休息二十几分钟。演出之余，并附以针灸和药物治疗，足有一拃长的银针直刺胸口，常使她冷汗淋漓。她闭起双目，咬紧牙关，忍受着痛苦，又一次扛了过来。建展馆的二十二场戏一场不漏地演了下来。肖惠芳也再一次从"死"里逃生。谁料，到了 1992 年，肖惠芳又连续两次遭遇车祸。一次腰部受伤，一次左踝骨开放性骨折，左膝粉碎性骨折，右手两根骨头全断。在医院里，一住就是四个多月。不少人断言，今后她再难登台演戏了。

可是，肖惠芳并没有失望，也没有忧伤，她深信，只要能痊愈，将来好了也能派点用场。在病床上，她想起诗人郭小川在《青春颂》中的一句话："有用处就是福。"她忍受着病痛，经常吟咏。在医院里，许多朋友前去看她并鼓励说："大难不死，必有后福。"

说来也巧，刚出院不久，剧作家沈虹光带着她的戏剧新作《同船过渡》找上门来，请她扮演剧中的退休小学教师方静娴，并说，这个人物还是特意为她写的。

跛着一条腿的老太婆接下这个戏一演就演红了。从武汉演到北京，从北京演到上海，一路叫好声。因此，继荣膺文华大奖之后，她又荣获了"五个一工程"奖。95年金秋十月，在天府之国的省会举办的第四届中国观剧节上，又传来了一个振奋人心的喜讯：戏剧节设立的优秀表演奖，肖惠芳荣登榜首。此外，她还获得了上海"白玉兰"戏剧表演艺术奖和武汉的孟祥麟"优秀剧目演出"奖。这样一年之内，五项大奖同时落在同一个人身上，在全国还不多见。

如今的肖惠芳已过花甲之年，那条受伤的腿还时不时地给她捣乱。但是，她似乎变得更加充满活力，充满激情。对于四十余载朝夕相伴的舞台，她越发眷恋。她表示，如果有合适的本子，她还愿意"出山"再试身手。

《搭白算数》 居委会主任（居正中间一人）—肖惠芳饰

一个人格健全的艺术家

——肖惠芳人品艺品漫议

□陈先祥

（一）

表演艺术，是最能发挥女性才华的天地，出类拔萃的女性艺术家代代如泉涌现，汇成了巾帼人杰长长的画廊。在我结识的女艺术家中，肖惠芳是为数不多的胸怀宽广、气度不凡的一位。她让人感到既可亲又可敬。

生活中的她，朴素随意，热情大方，除了一双不大的眼睛闪烁着光芒、粗大的嗓门穿透着语言的魅力之外，衣着打扮都普通得如一般居民，以致多次让慕名谒拜的青年男女失望而去。就是这样一个艺术条件并不优越，且是"打着腰鼓"跨进艺术大门的平凡女性，却是能出色扮演身份悬殊、文化气质各异的各种人物的奇才。无耻无赖的二房东与清丽质朴的春妮，端庄典雅的宋庆龄与粗手大脚的周师傅，耿耿赤心的刘胡兰、江姐与古典洋人福劳辛……无论是泼辣的温柔的、高贵的卑贱的、美的丑的，乃至几句台词的小角色，她都能跨越时空、文化及形貌的差异与障碍，把一个个人物塑造得活灵活现，真如其人。

《大江东去》 饰宋庆龄

60年代她因扮演《七十二家房客》里的二房东而一举成名，人们认定她的戏路是难能可贵的"刁泼旦"。哪知80年代她多次在舞台与屏幕上"把宋庆龄演活了"。人们在惊服她可塑性强、戏路子宽的同时，也好心劝她守住这个观众心目中的"天下第一宋庆龄"的形象，不要再倒腾其他类型角色了。谁知90年代初，她又爱上了《丢手巾》中的女宿舍看门人周师傅，对这个一辈子饱经风霜而不知爱为何物、但积极地活着并为社会和他人奉献自己的老妇人，

《七十二家房客》 饰二房东

她同样倾注了真挚的爱和一如既往的创作激情。当她在当年的全省剧协工作会议上为同仁作汇报演出时，服务员竟把她当成闹会场的老太婆进行呵斥。剧界同仁们都为她在知天命之年又创造了独特的"这一个"而庆贺。此后，她倒霉地遇上了车祸，腿断了，手折了，下颌裂开如血嘴。望着病榻上的她，我悲凉地想：完了，《丢手巾》也许是她舞台生涯的最后风景线！不，大约是她的精神感动了上苍，也许是她的才华让上帝怜惜，"大难不死必有后福"

《丢手巾》--女生宿舍看门人

的祝愿在她这里应验了。她以花甲之年的半残之身，在《同船过渡》中创造了老处女方静娴。该剧一炮打响，轰动南北，创造了一部话剧统揽全省，乃至全国设置的各类奖项的当代戏剧奇迹。她和她的剧组——一群以高尚情操和高超艺术相依相敬、相辅相助的人，用艺术的典仪呼唤并加固逐渐沙化的精神堤防，馈赠给在利欲中挣扎的人们一剂强健灵魂的良药。他们用自己对人生的感悟以及对艺术的全部激情，创造了湖北武汉话剧史上的第二个高峰；同时，她和她的伙伴们也创造了自己人生的无限风光。

（二）

肖惠芳的艺术人生是辉煌的，然而那如同冷艳峻峭的海面冰山一样，只是她生命价值的表层。艺术，是一种浩渺深邃的心灵世界，是艺术家人格力量的对象化。艺术作品的真正价值取决于艺术家本身的品格，尤其是以自己的身、心、情作为创作材料的表演艺术家，其艺品与人品更有着"合二为一"的特性。人品是艺品的底蕴，艺品是人品的结晶，崇高的情操、美好的人性和健全的人格精神，是文艺作品的根与魂。肖惠芳的艺术品格与特征，同她健全美好的人格精神相辅相成、交相辉映。

肖惠芳热情善良，有着入世的悲怀与宽宏的仁爱。也许是为牧师的祖父的遗传，或者是颠沛流离清苦贫寒家境的磨炼，她有着对苦难的巨大承受力和对生活的热爱。人文环境的粗糙卑琐，生活的烦恼挫折，经济的困顿尴尬，似乎都没在她心上留下痕迹。不是她没有女性的脆弱和敏感，而是她超常的爱心消融着世间裂痕。她感激生活对她的一切赐予，于是回报给生活巨大的热情与真诚；她善于与人沟通，上至达官贵人、文人雅士，下至平民百姓，她都能友好交往、融洽相处，领导层珍视她，知识层敬重她，老百姓亲近她。唯其如此，她方能在进行艺术创造时打开记忆的仓库而"借得梨花三分白"或"偷得梅花一缕魂"。她热爱公益事业，在戏剧不景气的年代主动为剧团寻找观众，凭她的口才和人缘到处联系演出点，大专院校、企业厂县市村镇都有省话剧团的足迹。有一次人家问她一场戏多少钱，她说"六千"，对方打抱不平："看您的戏六千太少了，至少给一万！"演完后人家还另加夜宵。为省话剧团养车，为市话剧院跑钱修宿舍，为省剧协少儿戏剧小品展演赛求赞助，不分彼此和分内外，她都尽心尽力，成功率还颇高。她也乐于助人，不论亲疏远近，也不管事大事小，只要她知道了或有人求到她，她总是古道热肠努力做成。她遇事总是先为别人着想，得了荣誉不仅从不张扬，且大有占他人之先的惶恐。"同辈人中比我有才华的人多得很，只是没有这个机会。"她如做成了某件事，总是念念不忘张某、李某的功劳。即使有人误解她或是伤害了她，她也能找出对方的"道理"而予以谅解。那次车祸

《霓虹灯下的哨兵》—饰春妮

她受伤最重，可面对事故责任人的父母，她却百般安慰，深恐人家难过。

《怒吼吧！黄河》中的肖惠芳

她的爱心和热情给周围的同仁和朋友带来快乐与温馨，也给她的艺术注入了美好的灵魂。当她扮演的乐老师为一个后进生得了 60 多分而高兴得落泪时，观众也被深深地感动，那一份真情属于肖惠芳，当表现宋庆龄忧国忧民的情怀及其对孩子博大的爱心时，那心灵的沉重与情感的厚重，亦是属于肖惠芳，当看门的周师傅穿上惠苇和乔媛赠给她过年的新衣而含泪笑着时，那哭笑中深藏着肖惠芳对这个缺乏爱并渴求爱的老妇人的深切同情与理解。情，是通向观众心灵的敏感潜道，无须仔细掂量，是真是假，是深是浅，抑或是对是错，观众都会准确无误地当场反馈。大凡先感动了自己的，也就能打动观众的灵魂。塑造艺术形象去清净和疗救别人灵魂的人，才能真正称得上艺术家，才是真正的"灵魂工程师"。肖惠芳是当之无愧者！

（三）

肖惠芳不仅有着入世的悲怀，还有着出世的洒脱。如果说她的悲怀是在生活与艺术中广施善良与仁爱的话，那么她的洒脱则来自欲念的淡泊与心灵的宁静。其表现是，事业上随遇而安，生活上知足常乐！

她当了一辈子演员，从未争过角色，分配什么干什么，而且都把它干好。舞台只有一方，主角只有几个，大多数人只能作陪衬红花的绿叶。但凡有事业心的演员谁都想争一争头块牌，争演主角和 A 角。如果说"不想当元帅的士兵不是好士兵"的话，可否也容许我们说不想当主角的演员不是好演员呢？然而，"想"是心的追求，"争"则是行动的不服；"想"可促进自己对技艺的积累，"争"却是整体凝聚力的耗散。肖惠芳只是默默地追求和挚爱着艺术，从未想过争什么。年轻时，排在她前面的"当家花旦"和"重点培养"一大排，轮不上她；进入中年，才高等发光、独具特色。《姜花开了的时候》她演周师母，《香港大亨》中她演只有几句台词的外籍华侨夫人，特别是在《怒吼吧，黄河》中，她演一个不大的角色，还是给一个青年演员当B角。那年轻人还不愿肖惠芳看她排练，连在幕边看演出她也发脾气，这些她都付之一笑。她认为："角色虽小，同样是一个独特的人生，如把镜头对准她也是一台戏。"这也许就是她演小角色也闪光的秘密。

她从不争角色，但演的角色真不少！这也是艺德给她带来的福分，她自己也说："我要是争就到不了今天！"记得狄德罗说过："真理和美德是艺术的两个密友。"但愿肖惠芳的这一实践能对艺术圈内的年轻朋友有所启示！

《海鸥》　　七大娘----肖惠芳

艺术上她没有满足的时候，但在生活上她却没有过高的要求。难道她就没有过不公平的待遇？难道她就没有俗人俗事的干扰与愤懑？有的，只是她不往心里去，她想得开。一次，工资只发了200多元，她一声不吭，仍然笑眯眯，她说："我是一级，其他同事比我发得还要少，我要有意见人家怎么办？！"房子小了，旧了，她说："这就很舒服了，还有好多人没房子住哩！"出去开个会、评个奖，主办单位要她打的，她总是去挤公共汽车，说："节省一个是一个。"就是在北京演出，她也不要车。有一次司机主动追出来送她，她说："走走，锻炼锻炼！"司机埋怨她说："肖老师，您也该摆一下子谱了！"

身在名利场中，心却安常处顺。这是一种多么难能可贵的生存状态啊！一个人，无论职位多高、名气多大，只要真心地把自己放在普通老百姓的位置上，他就会免去许多烦恼，并活得轻松自在。平日里，她挤公车，排长队，干家务，而那国母的高贵、大演员的风采、艺术的神圣，只能是属于舞台和银屏。她，一个在邻里接济亲友施惠中念完小学的学生，一个伴随着共和国文艺事业里程而成长起来的文艺工作者，没有人世间的善良和亲情就没有她的生命，没有人民的喜爱也就没有她的艺术，活着就是美好的，活着还能从事心爱的艺术，更是锦上添花。还能有什么奢望和抱怨的呢？

《枫叶红了的时候》--饰秦昕

自信和谦逊是肖惠芳的又一美好品德。自信的人往往很难谦逊，而谦逊的人也大都难得自信，她却把这对看似矛盾的品格天衣无缝地融为了一体。她的自信浸透在整个人生态度而不浅露于一时一事，因而持久而深沉，它依托于自强自重的稳固基础之上，摆脱了盲目和轻率，因而成为她人生的一种信念。沈虹光说肖惠芳："她从来只说自己不行，而从不说不干。"这个评价既点出了她的谦逊，也说明了她的自信。

人的美德，第一就是谦虚。谁谦逊，谁吸收能力强，他的才能也就发挥得充分。越浅薄的人越易骄傲，越丰富的人越能谦逊。所以达·芬奇生动地形容"空心的禾穗高傲地举头向天，而充实的禾穗则低头向着大地"。肖惠芳说自己不行是十分真诚的，不同的是，她会通过自己的努力去把"不行"

变成"行"。接受一个新角色她总是感到"脑子里空空的没有底"，于是，就急忙下去观察生活、分析生活和消化生活；当对生活有了一种独特的感受时再开始自己的角色创造。一旦有所得就主动拿出来听取大家的意见。哪怕《同船过渡》一炮打响，她还频频打电话到看过戏的同行家里征求意见。

《同船过渡》获得了很大荣誉，她十分感谢领导和同事，并真诚地将她的搭档胡庆树推向首位。她说："我是从实践中蹚过来的，没有系统学过，得向人家老胡学习！"

她的为艺如同为人一样，永远把自己摆在一个普通演员的位置上，总是从零开始。也许这就是她成功的奥秘。正如大海，它把起点放在地平线以下，海面也总不超过地平线，因而它才获得了最宽容、最博大、最深沉的品格。正因为她虚怀若谷，方能在艺术和人生的双层轨道上齐头并进，既获得了辉煌的艺术人生，也创造了真善美的社会人生！

（四）

肖惠芳健全的人格与良好的品行，是她的艺术大厦的坚实根基，让她获得稳定的创作心理素质、准确明快的爱憎判断、丰富活跃的审美联想、敏感深透的切身领悟以及身体力行的创作激情。这些介于演员和角色之间并统帅整个创作过程的良好创作心理素质，是艺术方法，也是创作个性，而良好的创作个性则是她每个角色都能圆满成功的保证。纵观肖惠芳的表演艺术，贯串着一种纵横驰骋的凛然大气，渗透着感人肺腑的真切情怀，显示出陶醉人心的浓烈香醇。大气，真切，浓烈，是她艺术的特征，也是她人品的特征。

肖惠芳是艺术的光荣，也是女性的骄傲。她贡献给观众的是美好的艺术，奉献给社会的是做人的启迪。当我于忙碌中断断续续写完这篇文稿时，感到好一阵遗憾，怨自己未能早20年发现她并学习她！高尔基曾说："具有健全头脑和善良心的人真是伟大的、美丽的奇观，这种人极像春天的太阳。"我想，把这句话转赠给肖大姐是十分恰当的！但愿我们的艺术家们在这道德理想还在持续消解、泛化的今天，人人都做"春天的太阳"。

（原刊于《戏剧之家》1996 年第 1 期，总 23 期）

要存浩气在人间

——访国家一级演员肖惠芳

金仁章　胡燕华　《湖北日报》1996.12.16

在《开国大典》等影、视、剧中，她6次饰演宋庆龄，给观众留下了深刻的印象，在生活中她为打捞孙中山先生座舰——中山舰，鼓舞与呼吁，仅在近年来的省政协会议上，她就参与递交4份有关打捞中山舰的提案。

12月1日上午，我们专门采访了这位受人尊敬的女性——省话剧团国家一级演员肖惠芳。

"中山舰打捞终于开始。我们的努力没有白费！"提案得到答复和落实，记者刚落座，肖惠芳就道出了自己由衷的喜悦。接着，她拿出一袋材料，讲述了事情的经过：

1986年春，我省动议打捞中山舰。辛亥革命武昌起义纪念馆一位负

打捞中山舰开工仪式会场

责人找到我，并引见介绍了许多想打捞中山舰的人和有关情况，希望我参加为打捞中山舰广泛呼吁、宣传。我二话没说就应承了，参加了他们的活动。为什么？

千秋功业，山河与共，要存浩气在人间。

其一，童年时代，在汉口利济路附近，我曾亲眼看见日本鬼子将中国人吊在城门上毒打。当时，我就想，要是有人能消灭这帮强盗，那该多好！中

山舰是在抵抗日机的战斗中蒙难的，现在国力强盛了，当然应让这艘英雄之舰重见天日。其二，中山舰与护法运动、中山先生广州蒙难、武汉抗战等近代历史事件息息相关，是进行爱国主义与革命传统教育的生动教材。其三，打捞中山舰可以增强海内外华人团结，促进海峡两岸早点和平统一。

随后，肖惠芳坦言，自己的所为，还受到了所饰演角色的影响。她说，孙中山与宋庆龄是一对感情笃深的夫妻。1922年，广东军阀陈炯明叛乱，他俩险遭毒手，事后，宋庆龄在《广州蒙难》中写道："那天晚上，我终于在舰（中山舰）上见到中山先生，真如死别重逢。"第二年，他俩又在中山舰参加了"孙大元帅蒙难一周年纪念"活动。1978年，宋庆龄在接见我们《大江东去》剧组时，还曾略带羞涩地说过："我是10月25日结婚的，我总记得这一天。"可以想象，倘若宋庆龄在世，她定会力主打捞中山舰的。你们知道，演员塑造人物形象，是一个生命转化为另一个生命的创造性劳动。我曾6次饰演宋庆龄，并因此阅读了许多她的著作以及各方面的资料，尽一切努力，去了解和把握她，进入她的内心世界。日久天长、我的某些思维也受到了她的思维的影响。所以，听到打捞中山舰的消息。我就热血沸腾，总想为此尽点绵薄之力。

采访结束时，肖惠芳表示，如有可能，她

和中山舰打捞队队长李光辉同志合影

将继续为打捞、修复、陈列中山舰贡献力量。

关于打捞中山舰我所知道的一些情况

肖惠芳

80 年代，我历任湖北第六届人民代表和第六、七两届湖北政协委员，在当代表和委员期间，为了抢救打捞中山舰，从民间酝酿，四处呼吁，到向政府和人代会及政协大会历次提案，策划打捞修复方案，筹备注册基金，申请政府和国家文物局批准等，我参加并知道一些情况。虽然具体工作是政府文化厅，辛亥革命纪念馆同志们和打捞、修复单位做的，我也在政协会议上多次提案，上下呼吁，协调配合，参与想办法，出主意，尽了自己的一份努力。

中山舰，原名永丰舰，1922 年 6 月，陈炯明叛乱，孙中山先生和宋庆龄于此舰避难，并在此舰上坚持指挥平叛战斗 50 多天，为革命历史留下壮烈的一篇。事后，为纪念此事，此舰改名"中山舰"。1938 年 10 月 24 日参加保卫武汉，在武昌金口赤矶山江面与日寇飞机激战，与友舰共击落敌机 3 架，后战斗中多处受重创，军舰和战员全部壮烈沉入长江水中。

有着光荣壮烈历史、举世瞩目的中山舰，它在武昌金口长江段，沉睡了近 60 年，解放后，武汉人民为了打捞它曾经作了多次探测，长江航道局打捞队，省打捞队，宜昌打捞队，江苏靖江打捞队均在江中探到此舰，并确定方位，有的在水下还捞起了舰上一些零部件，终因为计划和经费条件种种原因，都想打捞却未能实施。直到 1986 年江苏省文化厅、旅游局向国家文物局报告：正式请求打捞此舰，并要拖至南京，作为文物陈列展览之用。引起我省文物界、文化界和社会人士的强烈反应和注意。中山舰是保卫大武汉而沉没，并且就沉没在武汉市境内长江辖区，它不仅是辛亥革命孙中山平息陈炯明叛乱的历史见证，也是抗日战争英雄历史的见证。打捞英雄的战舰，武汉有天时，地利，人和条件，历史的任务当仁不让，我们为什么不争取呢？我们也要向国家文物局申请，请求打捞。打捞中山舰是一个庞大的工程，"军舰"不仅要捞，还要复原，问题诸多。在辛亥革命武昌起义纪念馆，有海联的，了解中山舰沉没情况的人，以及许多有识之士。经过商谈，我们开了几次会（有会议记录），探讨如何打捞，如何复原，经费来源，以及还需要许多单位配合的问题等，决定请辛亥革命纪念馆拟文，向省人民政府打申请报告和请求批示。

1986年8月，我们向省人民政府提交"关于申请打捞重要革命文物中山舰的报告"，获得省领导的支持，并提出了具体意见（见鄂文86文物225号文件张维先同志的批示）。

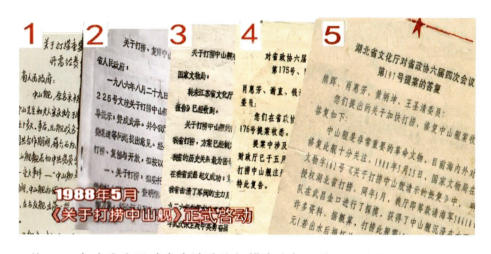

从1986年向省人民政府申请建议打捞中山舰，到1988年第六届省政协会议多次提案，获政府明确答复，责成省文化厅文物处辛亥革命纪念馆负责打捞修复任务，这是与打捞中山舰相关的几个文件。

1988年5月3日，在第六届湖北省政协第一次会议上，由我和熊辉（辛亥革命武昌首义熊秉坤之子）、蔡应珍（抗日名将蔡廷锴之女）、钱远绎（省民革常委）等委员，提交了"关于打捞重要革命文物中山舰"的提案。后又继续提案，终获得省政府、文化厅对提案的答复，从此正式开启了中山舰打捞之路。

关于申请打捞重要革命文物中山舰的报告

1986 年 9 月省领导的批示

鄂文（86）文物字第225号

先由省文化厅会有关部门，提出打捞和修理的经费预算，以及经费

关于申请打捞
重要革命文物中山舰的报告

渠道，然后再报省审定。

张（签名）八〇

省人民政府：

中山舰，原名永丰舰，一九二二年六月，陈炯明叛乱，迫使孙中山先生和夫人宋庆龄于此舰蒙难，并在舰上坚持指挥平叛战斗五十多天。事后，此舰改名"中山舰"，以资纪念。后来，孙中山先生在上海会晤共产党人李大钊，检讨了"祸生于肘腋"的事变，谋求与中国共产党合作。一九二六年三月，第一次国共合作期间，蒋介石为排挤共产党人，篡夺军权，非法扣押当时任中山舰舰长的中共党员李之龙，制造了中国革命史上的又一重大事件——"中山舰事件"。一九三八年十月二十四日，第二次国共合作期间，中山舰为保卫武汉，在武昌金口

省文化厅关于打捞、复修中山舰有关问题的请示，经省府领导批示，赞成此举，并就打捞中山舰的具体事宜和解决经费渠道等问题提出意见

鄂文（88）文物字第 49 号文件内容摘要（1988.3.13）

一、关于打捞，拟委托长航武汉航道局打捞队承担。计划于今年进行前期探测，89 年 3 月前枯水季节打捞。

二、关于修复与开放，拟分两期进行：第一期，先按原有图纸资料复原外形，修复简易码头停泊，筹办复原陈列。第二期，配置动力机具，恢复航行能力，使之既可固定，又是具有流动性的历史纪念博物馆。

三、关于经费问题，当前我省财力困难，除申请省政府拨给部分外，计划向国家有关部门申请补助，争取社会资助和借贷等多种渠道方式筹集解决。

四、组织领导，鉴于中山舰的打捞、修复、开放是一项任务繁重的系统工程，涉及的方面较多，联合有关部门成立"中山舰打捞、修复董事会"，聘请我省德高望重的领导、有关部门负责人和社会知名人士担任董事。

 1988 年 3 月 7 日（鄂文 1988 文物第 40 号）向国家文物局申请报批打捞中山舰。

1988 年 3 月 25 日，国家文物局（88）文物字 162 号《关于打捞中山舰请示的批复》文件，明确授权湖北省打捞。

（1994 年打捞中途，三省曾争捞中山舰，官司都打到国务院，舆论报导很多，最终，仍按国家文物局（88）162 号文件批示精神交湖北打捞，此不予赘述）

1994年5月19日湖北省人民政府给国务院
"关于恳请批准打捞中山舰的请示"

三省争捞"中山舰"

江苏 广东 湖北三省争捞中山舰　长江开发报1994.3.3日

打捞中山舰，项目启动要注册，要有基金，基金要按国务院《基金会管理办法》的规定执行。

对省政协六届委员会第三次会议
第175号、176号提案的答复

肖惠芳、谢直、钱远铎、蔡绘芝、彭学章、熊辉委员：

您们在省政协六届三次会议所提第175号、176号提案收悉。现将办理情况报告如下：

提案中涉及打捞中山舰注册基金的问题，省财政厅已于五月中旬给文化厅借款10万元，用作打捞中山舰注册基金，以利于打捞工作的开展。特此复告。

一九九〇年　月　日

责成文化厅文物处与辛亥革命纪念馆共同完成打捞、修复中山舰任务，明确执行单位，希望政协委员对各项工作予以监督和支持。

湖北省文化厅对省政协六届四次会议
第197号提案的答复

熊辉、肖惠芳、黄炳坤、王圣清委员：

您们提出的关于加快打捞、修复中山舰案收悉，现答复如下：

中山舰是非常重要的革命文物，目前海内外对打捞修复此舰十分关注。1988年3月25日，国家文物局在(88)文物字162号《关于打捞中山舰请示的批复》中，明确授权湖北省打捞。同年5月，我厅即筹款请海军38618部队在武昌金口进行了探摸，获得了中山舰沉没在水下的许多资料。据概算，打捞此舰需125万元，修复费600万元 ………………………（中间删略）………

3、打捞、修复、利用中山舰是我厅的一件重要工作，我们已责成我厅文物处与辛亥革命纪念馆共同完成这一任务。

希望各位委员对打捞修复中山舰的各项工作继续予以监督和支持。

一九九一年六月十七日

从此，在省政府直接（先是梁淑芬副省长，后是李大强副省长）领导下，文化厅成立了领导小组，文物处与辛亥革命纪念馆共同协办打捞、修复中山舰，开展了艰巨的工作。

第一阶段，从 1988 年 5 月正式筹划到 1997 年 1 月 20 日中山舰出水，用了 8 年多的时间（而实际打捞工程只用了 69 天）。第二阶段，从 1997 年元月 29 日，中山舰拖到湖北船厂修复，2001 年 9 月完工，2011 年 9 月正式对外开放展览，又用了 15 年，前后共计 23 年。为什么会花这么长的时间？原因很多。

打捞中山舰，要论证，要计划，国家正处改革时期，经费困难，又要按国家文物局的水下文物考古规程进行，加之长江水文变化很大，又是航运交通要道，打捞时间只能在枯水季节操作，

这是在打捞和修复中山舰过程中，肖惠芳使用过的视察证。

困难重重（工程进展很慢，其中还夹着广东省向国务院报告，也要参加打捞中山舰，我省向国务院又极力争取，最后还是按原国家文物局批示精神交湖北打捞，扯皮耽误了许多时间）。

1994 年 3 月，请北海舰队某部在金口水域水下再探摸，潜水考察沉舰情况。1995 年，经过 10 多家打捞单位投标，中国长江航运集团所属重庆长江救助打捞公司，以雄厚实力，提出"双驳抬撬，整体出水"的科学方案，一举中标。当年，该公司受托并进行打捞前水下探摸低光摄影，再次确证沉船为中山舰，确定坐标及沉舰情况，取得打捞第一手资料。1996 年 11 月 12 日孙中山先生诞辰 130 年纪念日，长航重庆打捞队正式开工，整个工程历经抛锚定位、排障打沙（舰重 700 多吨，除掉泥沙 1000 多吨）、穿套"千斤"、抬舰出水四个阶段，耗时 69 天。1997 年元月 20 日，沉没长江 58 年之久的中山舰，终于全部打捞出水。下一步，就是复原保修和展览了。

1997 年元月 29 日，舰身正式拖入湖北船厂一号船台，2001 年 9 月修复完毕。因为省政府拨款与募集资金不能到位，全国正处大改革，管理体制又有矛盾，造船厂复修和兴建中山舰展览馆的筹款渺渺无望，加上舰身出水后出现氧化迹象，文物保养急，不容再拖，省里没钱，但武汉市财经状况较好，湖北造船厂和选址建展览馆的 3000 多亩地又都属武汉市管，为了让中山舰充分发挥效益，及早与观众见面，省政府领导调整思路，经研究决定将中山舰移交给武汉市，作为旅游及文物教育展览基地。

　　1999 年 5 月 7 日，湖北省政府办公厅印发文件通知，将中山舰移交给武汉市政府管理。2011 年 9 月 26 日，中山舰在金口建成博物馆，正式作为武汉市国防教育和爱国主义教育基地对外开放。

1938 年 10 月 24 日下午武汉会战，遭日本海军 15 航空队轰炸，中山舰在浴血奋战中被炸沉，舰上官兵全体壮烈殉国。

打捞中山舰工程在长江金口段水上作业　▲

双驳阶梯起浮抬舰横移到离岸50米处
中山舰全部露出水面　　▼

中山舰在湖北船厂修复完毕 辛亥革命纪念馆
馆长张树生和肖惠芳在中山舰船台上合影

在金口建成的中山舰博物馆

金口中山舰博物展览馆
国防教育 爱国主义教育基地

中山舰博物馆

中山舰博物馆内

将这一段历史浮出了水面

艺德无价

正学 《中国建材报》1997.3.29

　　提起肖惠芳，文艺界都十分熟悉。她因在《开国大典》《洁白的手帕》等影视剧中先后六次扮演宋庆龄，并曾于1978年受到宋庆龄的亲切接见和赞许而名噪一时。如今，这位在花甲之年不幸遇上两次车祸的湖北省话剧团国家一级演员，仍以其半残之身顽强地活跃在舞台上。

　　作为国内第一个饰演"国母"宋庆龄的肖惠芳，给人的印象是朴素大方、待人热情，衣着打扮都普通得如一般居民。肖惠芳因扮演《七十二家房客》里的二房东而一举成名，人们认定她的戏路是难能可贵的"刁泼旦"。哪知七八十年代她又多次在舞台上、屏幕上"把宋庆龄演活了"。人们好心劝她守住这个观众心目中的宋庆龄的形象，不要再倒腾其他角色了。哪知，

九十年代初肖惠芳又爱上了《丢手巾》中的女工宿舍看门人周师傅。

去年 11 月 8 日，《中国演员报》总编辑陈牧在给她的一封信中评价道："在我国的话剧舞台上，你是第一个演宋庆龄的演员……我看过其他演员演的宋庆龄，只有你演出了她的高尚和深度"，"只有真正的艺术家懂得艺术形象的完成需要付出多么艰辛的劳动!只有在这时，才尝到'创造'的甘味，体会到'苦在其中，乐也在其中'。这也正是我对你的理解吧。"

肖惠芳是一个在邻里接济、亲友施惠中念完小学的学生，没有人世间的善良和亲情就没有她的生命，没有人民的喜爱也就没有她的艺术。因此，她总忘不了回报哺育她艺术生命的生活，花甲之年的她多次下乡或到革命老区搞服务性、慰问性演出。一次，一位年轻人兴致勃勃地找到她，邀她与另外几位扮演领袖人物的演员赴四川演出，并说，事成之后可以拿到一笔数目可观的酬金。她说："我不忍心把宋庆龄的形象拿出来当商品"。还有一次，在武汉剧院演出，主办单位邀请了数名明星与肖惠芳同台献艺。演出前，一些"大腕"明星漫天要价，出场费上千、上万，甚至上百万，而她却未曾索要一分钱。事后，有人把同台晚会上她不索酬劳的服务与某些"大腕"的漫天要价说成是"一台两制"。在现今的演艺界，肖惠芳独守一格，难能可贵。

1992 年，肖惠芳不幸遇上两次车祸，致使腰部受伤，左脚粉碎性骨折，右手两根骨头全断。伤愈后，她参加了话剧《同船过渡》的演出。从武汉到北京，又从北京演到上海、广州等，由此摘取了由文化部设立的全国戏剧最高奖——文华奖的桂冠。1995 金秋，她又以《同船过渡》的演出获了上海白玉兰女主角奖和第四届中国戏剧节设立的优秀表演奖。

武汉晚报 1997.4.5
栏目

万家灯火 走近你的家

1

3月25日夜晚，肖惠芳拨通了通往北京的电话，捧着湖北省文联第三届"文艺明星奖"的证书，她第一个告诉了老伴曹艮俊。

曹艮俊是湖北电影制片厂的一级美工师、制片人，常年奔波于祖国各地。他们相约，不论谁有喜怒哀乐，第一个要告诉的是彼此。

63岁的肖惠芳以六演国母宋庆龄而闻名。在40多年的舞台生涯中她演出了60多个剧目，塑造了一个又一个令人难忘的形象。花甲之年她又以《同船过渡》中的退休小学教师方静娴形象摘取了"文华奖""五个一程"奖"上海白玉兰奖""武汉孟祥麟优秀剧目演出奖"。

生活中的肖惠芳是个什么样儿呢？那是她刚刚饰演完宋庆龄回到武汉，许多学生来看她，端庄、典雅、华美，令人钦羡。著名剧作家沈虹光女士在武汉大学写过这样一篇

文艺明星奖

《我的邻居》的文章，写的是：我的邻居因演宋庆龄而闻名。那日下午，她回到家中，衣着端庄，手指纤细，指甲上闪着珍珠般的光泽……第二天清晨，邻居家的门开了……她头发有些蓬松，穿着也很随意，只见那双漂亮的手指夹着一块蜂窝煤……辛勤地操作家务……这个作品得了"优"奖，还在某杂志上发表了，沈虹光将她那获"优"的作品递给曹艮俊来看，曹艮俊诙谐道："不是你的作品'优'，是我的老婆'优'。"甚是得意。

六十年代肖惠芳与她的爱人曹艮俊合照

《七十二家房客》 她台前演二房东　他后台搞舞台装置 演出完毕未下妆肖惠芳与曹艮俊合影

生活中的肖惠芳并不轻松，过了耳顺之年的肖惠芳已是两个孙子的奶奶了，儿孙之事总让她牵挂，她希望孩子生活幸福，也特别想念不能常和她在

电视《梨园泪》 镜头前肖惠芳她是主角
曹艮俊幕后他是美工 两人在化妆室后台留影

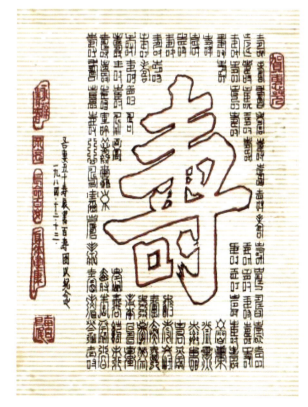

一块的小孙孙，她不论去开会或演出，最让她忙乎的就是为小孙孙们选购一件小礼物，想象着孙儿们见到礼物的高兴劲。

"我不是一个条件很好的演员，能有今天，老伴给了我事业上许多的帮助。"肖惠芳没有进过高等学院，曹艮俊只要有空在家，便会安排好一切，为的是让肖惠芳能静静地多读一会书。肖惠芳创作过很多角色，第一位观众就是曹艮俊，"虽说我够不上专业水平，可几十年的耳鬓厮磨多少也能品出点味儿来"。出于职业的需要，肖惠芳需有个好的身段，曹艮俊精心搭配菜谱，稍有一点肥肉片他都要削下，肖惠芳事业上的成功受到各方关怀，而上报材料的整理曹艮俊都是亲自进行。

1984 年 2 月 13 日是肖惠芳 50 岁的生日，可她正在北京演出《中国革命之歌》。那日清晨，当曹艮俊书百寿图，带着儿子、媳妇齐齐站在她面前时，惊喜中的肖惠芳说不出一句话，她深深地感谢丈夫为她做出的一切。

出了名的肖惠芳社会活动多了，演出也多了。许多演出她想不去，为的是"陪陪老伴聊聊天"。"你这么大年纪，只有多努力才会艺术长青，别当了名人就请不动了。"老伴的提醒使肖惠芳更看重自己的艺德，不论有无报酬，还是下乡演出，她都认认真真地演，挤公共汽车归家也是常有的事。

2月18日清晨，一束清新娇艳的鲜花仿佛告诉肖惠芳与曹艮俊共同走过40个春秋的日子。在值得纪念的日子里，他们没有通知孩子们，也没有惊动朋友们，他们只想静静地加快那40年的风雨人生，当初春的阳光洒满整个大地时，他们相携着走进大自然，请人摄下了值得回忆的瞬间。

（原文标题"两情相依"，原刊于《武汉晚报》1997年4月5日）

2 瞧这一家人

沈虹光

春节去曹家拜年。肖惠芳说，老曹要出个画册，想叫你写序，不好意思跟你说。旁边的曹先生真的难为情了，埋怨肖惠芳，呜噜呜噜的。那意思是："哎，你看你……你看你什么呢？"

我先生哈地笑出了声，大咧咧地说："老曹画册的序，沈虹光不写谁写？"

这就定了下来。

写什么呢？曹家的主角从来就是肖惠芳，舞台上她站中场，曹先生在哪儿呢？在边幕里探头探脑，擦着装台弄得脏兮兮的手，眼睛到处瞟，看看还有什么要收捡补救的。

写序时想到的不是他的画，而是他的绰号。绰号有两个。一个起自上世纪六十年代初，省话剧团上演《甘蔗田》，这是一出古巴剧，反美的。曹艮俊设计，中前景一高一低两个木屋，当中由平台铺出一条小路，两边都是甘蔗田，小路呈之字形往上升，剧中有个疯子，沿着小路游走，边走边喊：血呀，白糖都流到美国去啦，留下的是我们的血呀！舞美的视觉效果和空间分配都不错。只是那平台的高度当时罕见，站上去吓死人，又没有轻巧的新型材料，实打实的东北松搬都搬不动。木屋的柱子也扎实，导演许伯然要求做旧，曹艮俊不做。许导就操起斧头亲自去砍，砍不动，就骂他"高重实"。高重实是上海人，一个著名的老演员，燕京大学出身，抗战时就活跃在演剧队，话剧界都知道，这时就躺着中枪，一说"高重实"，大伙都说没错，正是曹先生的艺术风格，成了他的绰号。

第二个绰号说的是曹先生的工作作风。他是舞美队长，绘景、制作、装台，包括远景装车都是他指挥，常常身先士卒亲自爬上车去，就听他嚷嚷，张着两手这里那里大把大把地抓，被抓的就骂他"大把"。这"大把"也是个现成的人名儿，而且就姓曹，是汉剧《打花鼓）里的一个丑角，见了金子大把抓，见了银子也大把抓，见了打花鼓的小媳妇漂亮也想抓，是个反派。曹先生就不让肖惠芳看《打花鼓》，但捂不住大伙的嘴，"大把"比"高重实"少一个字，又是开口音，好叫，嘴皮一碰就出来了，用得多流行广，新进剧团的小学员也"大把大把"地叫，他不认不行。

那时候演员也参加运景、装台、抢景等舞台工作，等于全团人员都受"高重实""大把"之累，都骂他。

曹先生经骂，岿然不动，急了就吵，下棋也吵，跟儿子都吵，还抢棋子儿。可他有短板，口齿跟不上，呜噜呜噜的总是吵不赢，大伙就笑他，一笑又好了。他心倒不窄，"四不"主义，不迁怒，不记仇，不出恶言，最后"一不"就是不改。

和风细雨的日子里曹先生是蛮享受的，下班回来跟儿子下棋，肖惠芳袖子挽着，洗洗涮涮烧火做饭，一个丈夫两个儿子都那么高大，饭量大，一煮一大锅，衣裳多，换洗一大盆，肖惠芳是名演员，改革开放后在舞台上扮演"国母"的第一人，穿着丝绸旗袍高跟鞋，仪态万方地站在聚光灯下，惊艳！回家就褪去了光华，成了三个大男人的老妈子，撅着屁股干活，丈夫的衣裳比儿子的还难洗，颜料要用手一点点地搓，有洗衣机都不行，掺了油漆的要用指甲抠，浸在冷水中的手指冬天都破裂了，裂缝发黑，贴着胶布。

　　我与曹家做过邻居，是"团结户"，拆了墙是一家，这些情况我是亲眼所见，绝无夸张。

　　刚进剧团学员班时肖惠芳来上过台词课，是我老师，后来同事，亦师亦友，她口齿伶俐，语言生动，曹先生的话常常被她打住，听得着急嘛，便由她来说，白秆绿叶，她一开口就择得清清楚楚。

　　经过曹家厨房门口，常见肖惠芳烧饭炒菜，过年必做的是糖醋排骨和糖醋鱼，压得满满的一样一大盘，费工费时。曹先生不以为然，这么麻烦干吗？他就是稀饭咸菜，切几片猪耳朵，来一条猪尾巴，咪一口小酒，就上天了。肖惠芳气哼哼的，你不吃儿子还得吃嘛！做累了，手里拿着锅铲靠在厨房门口跟我抱怨。

　　我说老曹忙。调到湖北电影厂后，电影电视一部接一部，确实很忙。

　　肖惠芳说，我不忙吗？是的，她是话剧、电视、电影几栖，确实也很忙。

　　我就说老曹不会做家务事。"谁天生会做？"她反驳得飞快，"说不做家务不是不会做，而是不肯做，不是水平问题，是态度问题！"话剧演员有台词功夫，她还当过台词老师，抨击曹艮俊时一句句都像说台词，顿挫铿锵，掷地有声。

　　我忍不住发笑。

　　她却委屈地红了眼圈，说曹先生自私，不懂得照顾人，不替他人着想，这一辈子她受了好多苦哦。曹先生晃来晃去的听到了，呜噜呜噜的不知说什么，一看肖惠芳的表情，话头又缩回去，还是"四不"，让肖惠芳无可奈何……

（本文摘自《楚天都市报》2007.12.29转载，原标题"他搭台 她唱戏"）

　　如今，育儿成才，大儿曹跃已是博士企业家，二儿是湖北电视台国家一级摄影师，上图为退休后肖惠芳夫妻和两个儿子合影。

用心灵守护舞台的人

——记著名表演艺术家肖惠芳

杨友明 《文化报》1998.2.26

　　任何时代都将会有像她这样用全部身心呵护艺术、守卫舞台的人，正由于此，艺术才不至于湮没。

　　她，湖北省话剧团的肖惠芳，国家一级演员，五十年如一日，静守一方舞台，默默耕耘，已没有人能数得清她究竟获得过多少鲜花和掌声。从解放初歌剧《刘胡兰》中刘胡兰的英雄塑造，到新时期"国母"宋庆龄的多次成功扮演；从六十年代话剧《七十二家房客》连续四百多场次的火爆演出，到1995年《同船过渡》轰动大江南北，一举夺得"文华奖""五个一工程"奖"白玉兰奖""第四届全国戏剧节表演奖"等多项大奖，与同伴一起创造出一部话剧包揽全国几乎所有戏剧大奖的当代奇迹。

藏族老阿妈---肖惠芳饰

　　在艺术的大道上，她辉煌过，但她一天也没有停止过求索。今年，她已六十四岁，足迹仍然踏遍荆楚大地，身影仍然在舞台上展现。

她用和风细雨滋润了人们的心田，她用艺术照亮了人们的内心世界，可是有多少人知道她艰难跋涉的苦涩和痛楚，多少人知道她的艺术生涯曾三次被判死刑。《七十二家房客》久演不衰，致使她的声带过度疲劳，再也无法发声，医生劝她放弃舞台生涯，她放弃不下自己热爱的事业，割舍不了喜爱她的观众，遍求名医，终于让那迷人的嗓音再次回荡在剧场大厅中间。八十年代初，协和医院的专家诊断出肖老师患有冠心病，建议立即停止一切演出活动，剧团领导关心她，让她休息，可她天天打针，坚持把二十二场《五二班日志》演完。天妒奇才，1992 年肖老师两次遭遇车祸，左膝粉碎性骨折，右手两根手指撞断。痛苦的折磨无法消磨她顽强的意志，四个月出院后，她再次捧起剧作家沈虹光的剧本《同船过渡》，肖老师再次胜利地出现在舞台上，她与胡庆树的对手戏已经达到"出神入化"的境地。于是之、陈佩斯等戏剧大家盛赞这是近年来看到的最好的话剧。

《怒吼吧！黄河》 肖惠芳－饰何兰

肖惠芳在艺术的内在尺度上追求艺术表现的深度和力度。她珍惜每一个创造角色的机会，几十年来，她共出演了六十多个剧目，也扮演过 B 角和一些很不起眼的小角色，有时甚至没有一句台词，她从来都是一丝不苟地把人物塑造得有模有样，有人评价她的表演艺术"贯串着一种纵横驰骋的凛然大气，渗透着感人肺腑的真切情怀，显示出陶醉人心的浓烈香醇"。

在艺术之外，肖惠芳又时刻守护着艺术的纯洁性。真正的艺术是属于普通观众，而不是金钱能衡量的。肖惠芳没有进过专业的戏剧院校科班攻读，她的艺术创造力来自生活，来自群众的智慧，因而她的心中时刻惦记的仍然是今天的普通观众，她热爱生活，积极地参加社会基层各种群众艺术活动，辅导，关心和培养了许多年轻的新人，让文明和文艺在人民大众中生根开花。

积极参加剧协筹办历届少儿戏剧
小品比赛培养和提高儿童艺术才能

倡文明 提高人民素质修养到
学校 基层 社区举办演讲比赛

参加剧协举办的牡丹花戏剧奖活
动选评有才华的戏剧青年接班人

为全国挖掘 推送影视新人 ▷

"同船过渡"又一曲

——兼谈肖惠芳表演

阮润学 《戏剧之家》2019.7 二稿

最近观看了由湖北省话剧院首演的沈虹光的话剧新作《临时病房》，实在叫人兴叹不已。它使我们在"临时病房"中，体味到人生的况味，听到了时代行进的脚步声，引发起诸多的联想和思考。这实在是难得一见的好戏。

祖籍江苏、生长生活在湖北的"吴楚才女"作家沈虹光，八十年代初期，她的处女作《五二班日志》，由湖北省话剧团排练演出，即在全国产生影响；接着又写了《寻找山泉》《丢手巾》《搭积木》三

部话剧，也均经湖北省话剧团首演成功。1994 年写了《同船过渡》，由武汉话剧院排练演出，获第五届文华大奖和文华剧作奖、导演奖、表演奖，同时获得中共中央宣传部精神文明建设"五个一工程"奖。此剧还被日本一个剧团翻译演出。如果说《同船过渡》标志着沈虹光剧作进入一个新阶段，《临时病房》可以说是"同船过渡"又一曲。而仅三个人物的《临时病房》似有更多更深的意蕴，似更有感染力。此前沈虹光还写了《幸福的日子》，由日本剧团东演在东京新宿纪伊国屋剧场首演，后由上海话剧艺术中心公演。去年上海话剧艺术中心又携此剧赴日本演出引起热烈的反响。从其选材和创意、风格和手法来看，《同船过渡》《幸福的日子》《临时病房》似可以说是沈虹光剧作的"同船三部曲"。

"百年修得同船渡"，这是中国人千百年生活体验的真谛。它告诉人们，同在一条船上，应当相互关爱，并爱护这一条船，才能到达彼岸。大而言之，我们的地球是一条船，小而言之，一个社区、一幢楼舍、一个家庭也是一条船。话剧《同船过渡》说的是：在一位饱经沧桑的老船长的帮助下，同住一个楼舍单元的一对年轻夫妻和退休独身女教师两个家庭之间以及小夫妻之间矛盾的消解和关爱。《幸福的日子》说的是，一位未婚大龄女青年在其朋友的支持下，与一个母亲出国失去了联系、父亲又刚刚去世的老职员之间的矛盾和相互沟通理解、相互帮助。"人的一生，其实也不长，凑到一起是缘分，同船过渡吧。"这是这三台戏所蕴含的精义，也是给人们的启迪。相互关爱和帮助是一切群居动物生存之秉性。据说，美丽的天鹅在长途迁徙飞行中，不断地变换队形，就是因为要不断替换飞在前面消耗体力较大者，而弱者总是飞在后面。人类生活在地球这艘宇宙航船上，更需要有"同船过渡"的精神。

通过常人、常事、常境的描写来映射时代和社会的变化，是沈虹光剧作惯用的手法，"同船三部曲"则显得更是娴熟。《临时病房》就是写的临时设在医院一间普普通通的办公室里的病房，住的是两位普普通通的病人。那位本不想住医院的农村老太太刘大香时常叨念着："家里还有两个孙子一个孙女，还有一窝猪一窝鸡一群鸭，房前屋后还有菜园子，还有一条船也得打油了，上镇里买东西，都得坐它呢，我怎么放得下。"那位城里退休的老爷爷李天佑，年轻时虽然曾想当数学家，后来只当了一个会计，"胳膊上带着袖套，打打算盘，写写账本"。然而，从刘大香那里我们知道，"那时候"，她丈夫患"盲肠炎，是一个不起眼的小病，本来是不要命的"，因为没有钱，"连镇上的医院也住不起，躺在家里，就是活活地疼死的。"现在，她"住的这个大医院，就像宾馆"，儿子还专门给她买了手机。李天佑的一个儿子、一个闺女都出国了。这是他很引以为自豪的。透过这两位普普通通的老人的家庭，我们看到了农村和城市所发生的新变化。但也并不都是美好的。刘大香就说了"外面的世道野得很哪""儿子的钱是拿命换来的"。"别人说他是个老板，我看他还是个苦力。"李天佑也感叹说，儿女"小时候就希望他们好好念书，有出息。可是长大了，书念得好了，有出

息了，也就走得远了，隔洋隔海，看都看不到了"，自己却"成了空巢老人了"。剧作家让我们听到了时代实实在在的脚步声。描写常人、常事、常境的作品并不难见，但要写好真还不那么容易，而要使人小中见大，感受到时代的脉动，体会到人生的况味，则非一般的手笔所能为之。

在生活的漩流中发掘人间的真善美，是"同船三部曲"又一鲜明特点。

沈虹光在她的剧作中没有展现惊涛骇浪、惊天动地的场面，多是一个一个日常的生活漩流，她却能以睿智慧眼，巧手捧出其中的真善美，奉献给观众。《临时病房》中的刘大香是自称劳碌命的一位农村老太太，热情，率直，勤劳，节俭，善良，乐于助人。患上恶性肿瘤，儿子在深圳做沙土生意有了钱，送她住进医院治疗，她认为自己"又不是什么大毛病，能吃能喝能动弹"，这一天三顿饭吃下去，总得做点什么呀，她"想把自己的饭钱挣出来"，背着护士，为住医院的病人洗衣服，还在医院收集空易拉罐卖钱，说是"看到能挣的钱我不去挣，我心里就难受，哪怕一角两角，把它挣回来，搁到口袋里了，我就踏实了"。

清丽的笔触，娴雅的风韵，情趣生动的叙述，这是沈虹光剧作风格给人的印象，也是沈虹光其人音容笑貌给人留下的印象。大概这是人们常说文如其人吧。《临时病房》一开头，作者写道：一个三伏天的下午。护士王艳艳抱着卧具，两腿生风匆匆而上，嚷着："加床了加床了！"把卧具一放，又着腰喘气，偏头对后面的人，"刘大香，刘老太太，哎，人呢人呢？"返回门边，对外面，"刘大香，刘老太太，这儿，这儿，在这儿！"接着是写护士"规范地微笑""用规范地动作指胸牌"向病人介绍临时病房的情况。透过这段文字，我们一下子在临时病房里看到了一位年轻的护士规范的服务和一位刚从农村来住医院的老太太特有的表现。

出于多方面的原因，沈虹光破例担任起《临时病房》的导演，这对她来说，或许也是不得已而为之。好在有著名话剧表演艺术家肖惠芳和王学峻的精诚合作，又有甘家志、朱广琪两位老导演真诚相助，再加之舞台美术设计大家薛殿琪先生的加盟，在此剧的总体节奏、场面调度、情景营造、角色创造等方面，并无多可挑剔。

《临时病房》仅三位演员，肖惠芳、王学峻两位资深老艺术家的表演可谓炉火纯青，刘瑜是一位优秀青年演员，表演也很到位。演员虽少，戏却精彩，并不觉单调乏味。肖惠芳扮演农村老太太刘大香，一上场背着大包小包，东张西望，从眼神中看出，她在盘算，住这么好的地方得花多少钱？放下大包小包后，便拿起洗把大开大合做起清洁。几个动作，表现出一位勤劳俭朴总是闲不住的人。王学峻扮演城里退休老职员李天佑，两位老艺术家表演的一段争吵戏好精彩，你一言他一语，你来他去，忽东忽西，使安静的病房不得安宁，表现了两个老小孩的任性，直到护士前来问他们吵什么，两人面面相觑，才得以各自上床入睡。肖惠芳在表现刘大香说话粗声大气，睡觉鼾声如雷，性情执着较真的同时，表现了对人善良、同情、关怀。当知道李天佑因心脏病住院后十分小心谨慎，端茶送水，语调也显得轻柔，生怕李天佑心脏停摆。帮助李天佑洗衣服，李天佑要给钱，并坚持说这是他原则；刘大香坚决不收钱，固执地回答，帮助别人是我的原则。李天佑拉肚子弄脏裤子，刘大香要帮他清洗，李天佑十分尴尬，刘大香却爽直地说她养了几个孩子，什么没见过。这些表演真切自然，令人叹服。剧中小护士初孕难受，向刘奶奶诉苦，肖惠芳此时的表演充满着母亲的情怀，使人为之深深感动。

70年代中期以来，肖惠芳成功塑造了一个又一个独特的艺术形象。在大型话剧《大江东去》中扮演宋庆龄，曾得到宋庆龄的亲自指点和肯定。接着在北京创演的大型歌舞《中国革命之歌》、电影《陈赓蒙难》中成功出演宋庆龄。肖惠芳主演的话剧《五二班日志》，表现了"文革"刚刚结束之后一位小学教师对学生特别的关爱。此剧参加全国话剧汇演获奖。肖惠芳和胡庆树主演的话剧《同船过渡》，由武汉话剧院首演，同时获得文化部文华大奖和中宣部精神文明建设"五个一工程"奖。剧中，肖惠芳扮演的方老师，表现了一位住在"团结户"中的退休女教师生活在挤压空间无奈的烦躁和对爱的期盼。此外，肖惠芳还在话剧《丢手巾》出演一个配角守门人，盛获好评。其中的一段独白多次在综合文艺晚会演出。肖惠芳所创造的舞台艺术形象从大政治家宋庆龄，到普通女教师，到农村老太太，到职工宿舍守门人，都栩栩如生，给人留下难忘的印象。肖惠芳在上海演出深受观众欢迎，获上海白玉兰奖。

去年，沈虹光在访问日本时，曾说"戏剧应该教人学好"（见《戏剧之家》2004 年第 1 期沈虹光《东京三记》）。这大概可以视作沈虹光的戏剧观吧。"同船三部曲"以及沈虹光的其他剧作，则生动体现了她的戏剧观，都是在教人学好，都是在张扬"同船过渡"精神，当然是通过戏剧艺术。

（稿一原刊《戏剧之家》2004 年 4 月）

一个普通孩子的病情牵动老艺术家肖惠芳

张 皓 《楚天都市报》2008.4.18

昨日，我省著名话剧表演艺术家、78 岁的肖惠芳女士在保姆搀扶下，走进协和医院病房。4 岁的恶性淋巴瘤患者雷志宇见到后，欣喜地喊："奶奶好！"一同前来病房的，还有 59 岁的理发师潘建平。小宇对潘建平说："爷爷，我生病了，我长不大了！"潘建平眼中噙满泪花。

肖惠芳女士是扮演宋庆龄的"专业户"，曾受到宋庆龄本人接见，多次获得中国话剧界的各项奖项。潘建平因理发技术过硬，曾被公派到驻希腊大使馆做工勤人员，后来在武昌开了一家理发店。肖惠芳经常到小店理发。肖惠芳不是小宇的亲奶奶，潘建平也不是小宇的亲爷爷。肖惠芳和潘建平也只是顾客和理发师的关系。

　　3年前，肖惠芳总看到小宇在理发店玩，潘建平和爱人将这个小邻居照顾得很

肖惠芳女士（中）在病房陪伴小宇　　　　记者李响摄

好。肖惠芳每次来理发，也给小宇带些好吃的。

　　小宇的父亲雷汉是下岗工人，母亲王翠来自农村。两人都靠打零工谋生。2008年小宇出生后，雷汉在家带了1年孩子，家庭经济状况捉襟见肘。今年3月，小宇的右臂和右腋窝出现包块，经医院切片检查，被诊断为恶性淋巴瘤。雷汉和妻子几次抱头痛哭。医生称，小宇有80%的治愈可能，但至少要6个疗程，费用约40万元。目前，小宇在做第一次化疗，医疗费困难。昨日，老艺术家肖惠芳女士去看望并希望社会爱心人能帮帮这个家庭和这个孩子。

　　（注：后湖北电视台谈笑同志为其募捐解决了问题）

人文 周刊 楚天都市报

工笔写意 人即文章

主编 刘我风　2012.7.16

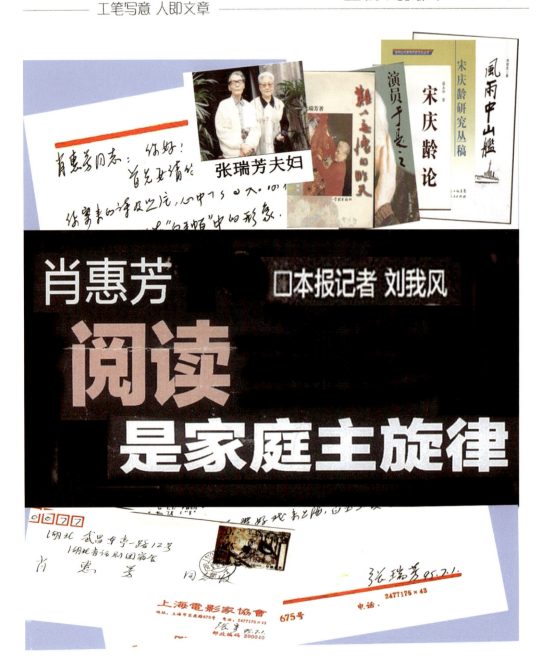

张瑞芳夫妇

肖惠芳　　口本报记者 刘我风

阅读
是家庭主旋律

"……收到你寄来的诗及照片，心中十分高兴。你在《开国大典》中的剧照，让我想到你在《洁白的手帕》的形象。我认为你的形象气质是最接近宋庆龄的。宋庆龄我是见过多次的，从解放初期到'文革'前夕，时常能看到她。有些人演她太矜持了……"

这是 1995 年张瑞芳写给肖惠芳的一封信，是两代表演艺术家的一次隔空交流。6 月 28 日，94 岁的张瑞芳在上海去世，肖惠芳女士找出当年张瑞芳随信送给自己的一部自传，再次阅读到深夜。

60 多年的话剧生涯，让这位湖北演艺界的"肖妈妈"养成了晚睡早起的习惯。为了预约采访，我晚上 11 点电话"骚扰"，她在电话那头精神十足，没有丝毫倦意。

7 月 5 日，我来到"肖妈妈"肖惠芳家，分享她的读书之道。

演宋庆龄读宋庆龄

肖惠芳的客厅里，最醒目的是"宋庆龄在书房"的剧照。肖惠芳的书架上，最多的也是关于宋庆龄的书和资料，"只要是写宋庆龄的书，我都会找来仔细读。"

1978 年，肖惠芳在话剧《大江东去》中首演宋庆龄，当年 8 月 29 日，她和《大江东去》主创人员一起受到宋庆龄亲切接见，这也是宋庆龄唯一一次接见扮演她的演员。

回忆 30 多年前的难忘经历，肖惠芳的动作表情总是和语言是同步："宋庆龄注视我的眼神，似在端详，又像是在回忆。她告诉我，她喜欢穿黑高跟鞋，一辈子不烫头发。坐着的时候，有时候左脚在前一点，有时候右脚在前一点，双手则习惯轻握在胸前。她还亲身示范了生气的样子。后来她在家里看到《大江东去》实况转播，说：演得有些像啊！并让身边的工作人员打电话，'祝贺演出成功！'"

宋庆龄去世后，肖惠芳又先后在舞台和影视作品《洁白的手帕》《陈赓蒙难》《宋庆龄和她的姐妹们》《中国革命之歌》和《开国大典》中多次塑造宋庆龄的形象。虽然宋庆龄再也看不到肖惠芳的演出，但肖惠芳和宋庆龄身边的工作人员成了终生朋友。特别值得一提的是宋庆龄的生活秘书杜述周，就是看了肖惠芳在《陈赓蒙难》中扮演的宋庆龄，才向《宋庆龄和她的姐妹们》编剧赵瑞泰推荐了肖惠芳的。

为了更好地塑造宋庆龄的形象，"宋庆龄"成为肖惠芳百读不厌的经典题材。上世纪八九十年代，肖惠芳曾应邀在大学和机关做过专题讲座：《我所了解的宋庆龄》，内容包括"宋庆龄和她的家庭、宋庆龄和孙中山、宋庆龄和中国共产党员、各界名人评价宋庆龄、我所见到的宋庆龄"等五大板块，让听者耳目一新。

"您现在是宋庆龄专家了！"

饰演宋庆龄在孙中山故居照

"不。"肖惠芳以一个宋庆龄式的微笑轻轻摇头，"我读宋庆龄，起初是一个演员做功课——演戏是一个生命对另外一生命的转化。不会演戏的演戏，会演戏的演人啊！后来，则完全是因为热爱，是被宋庆龄的人格魅力所感召！"

阅读同行如见师友

"六演宋庆龄之外，我记得您还五次参演本省著名女作家沈虹光的作品：《五二班日志》《寻找山泉》《丢手巾》《同船过渡》《临时病房》，并在《七十二家房客》中塑造了一个恶俗的"二房东"形象。

谈到宋庆龄之外的平民角色，肖惠芳马上还原成一口汉腔的"肖妈妈"，"说起二房东，我想起导演巴特尔的一句话：演好宋庆龄难，演好二房东也难。既能演好宋庆龄，又能演好二房东，更是不容易。"

"应该是多年话剧舞台给您打下的功底。"

"对！"肖惠芳翻开张瑞芳的传记，"你看，张瑞芳也说了，一个影视演员的成功，可能有赖于各种客观因素。而话剧演员在舞台上是硬碰硬的，这就是很多话剧出身的演员能成为影视明星的原因。"

"您还记得见到张瑞芳是什么时候吗？"

"新中国成立我就加入了文工团，我是看着张瑞芳的戏成长的啊！"

1982年初，肖惠芳在电视剧《洁白的

肖惠芳和沈虹光

手帕》中再演宋庆龄，金山在上海电视台评奖时说："瑞芳很喜欢这个演员，这一个宋庆龄演得不错。 倒不是说她演得天衣无缝，但是她塑造了一个形象，这是很不简单的，这样的演员要大力表扬。"金山和张瑞芳曾经是夫妻，后来一直保持艺术交流。

1995年5月，肖惠芳在《同船过渡》获上海第六届白玉兰女主角奖，到上海领奖时，有个联欢会，大家有的唱歌，有的跳舞。这时候，张瑞

肖惠芳和张瑞芳在一起

芳发话了：咱们话剧界，可不可以来一个节目？肖惠芳便站起来，朗诵了一首流沙河的《理想》。其实此时张瑞芳并不知道眼前就是她欣赏的"宋庆龄"，只是按照肖惠芳座位上的名字亲切地叫她："惠芳，你可不可以帮我把这首诗抄下来？我现在年纪大了，争取用半年的时间背下来。"肖惠芳回到武汉后，立即把《理想》全文抄下来寄给张瑞芳，信中附带了一张自己在《开国大典》中的剧照。于是，便有了本文开篇中的那封回信。"张瑞芳的书，还有其他同行的书，在我读来都不是一行一行简单的铅字。见字如面，读书如见师友。"

求知欲就像吸墨纸

在肖惠芳的书桌上，余秋雨的书非常醒目。

对此，孙女点点曾经非常不屑："奶奶，这个人，在青歌赛上不留情面地纠正别人，多好为人师啊！"

"旧时代有句老话，'宁给你一吊钱，不给你进一言。'能够听到专家给自己进言，千金难买啊!我看青歌赛，听歌倒在其次，关键还是听余秋雨的点评。"肖惠芳在上海演出时曾和余秋雨有过一面之缘，对余秋雨印象深刻，"那时他还是上海戏剧学院院长，非常年轻。后来他走出象牙塔，做了一系列的文化普及工作，这是年轻人之福，也是我们这些老读者之福。从《文化苦旅》《山居笔记》到《千年一叹》《行者无疆》以及修订版的《寻觅中华》《摩挲大地》……他出一本我读一本，帮我补上多少文化课!自传体的《借我一生》和《我等不到了》，不仅能帮我们更好地理解他的文化散文，还可以帮我们理解余秋雨这个人。理解万岁!"

我静默了。

当网络暴力甚嚣尘上的时候，余秋雨知道自己有这样一位德艺双馨的粉丝吗？只有山才能理解山，只有大海才能理解大海!

"离开学校这么多年，您还一直惦记着补文化课呢!"

"我在汉口懿训女中读书时，理想是当一名医生。后来成为一个演员也不错，人类灵魂的工程师。我喜欢读书，当年的台词老师曾经夸我，你的求知欲就像吸墨纸一样!我的孩子们也爱读

书，1977年恢复高考，大儿子在知青点上考上了华工（今华科大）。今年，我们家同时毕业了两位硕士研究生，一个是小儿媳，一个是大孙女。我和老伴不仅给予精神鼓励，还给予经济援助。读书是我们家的主旋律。"

2016年2月26日 星期五
农历丙申年正月十九

激扬智慧　放飞梦想

第56期 准印证第1027/SG号
湖北日报传媒集团主办 湖北省教育厅、共青团湖北省委协办

【本期头条】

大师寄语

"大学生记者团，这个办得好！""我们的各行各业，都要有自己接班人。"

"大学生朋友们的优势，有的我们可能也没有，所以，我们也要向大学生朋友们学习。"

"年轻，多好！有太多的梦想，等着你们去实现呢。""希望你们在工作上、事业上有所建树，作出更大的成绩！"

最美夕阳红
——再访话剧大师肖惠芳

>>> 2版

肖惠芳老师（中）与湖北日报大学生记者吴瑕（左二）、倪鹏（左一）及湖北日报视启媒尔览（右一）、郭玲（右二）合影。

最美夕阳红

张云宽　《湖北日报》2016.2.26

　　从事新闻工作以来，我笔下的名家新秀数不胜数。有一位老人，在所有的报道对象中，给我留下了最难忘的印象，与她的交往，从八年前一次不期而遇的采访开始，一直延续至今。她如同一座灯塔，指引着我这位晚辈前进的道路。

　　她就是我国著名话剧表演艺术家、湖北长江人民艺术剧院国家一级演员肖惠芳老师。

猴年春节临近之际，我与《湖北日报》大学生记者团的小伙伴们，来到位于沙湖之滨的一间寓所，再次聆听肖惠芳老师的艺术人生、生活感悟以及谆谆教诲，感受话剧名家的艺术情怀和人格力量。

"谢谢你，云宽，不用老来看我，你们这么忙。"早已在门口迎候的肖惠芳老师，用人们熟悉的声音，热情地向我们打招呼，眼神中透出的是一如过往的期待与欣喜，"快进来，快进来，喝茶，吃橘子，唉，你们都这么忙。"

八年前，在第六届央视小品大赛上，已在全国享有盛名的肖惠芳老师作为参赛年龄最大的演员，带着脚伤代表湖北演出了小品《爱的呼唤》，面对主持人董卿不解地询问，肖惠芳老师说出了全国人民备受感动的两句话"因为还没演好，还没演够"。著名艺术家巩汉林作为评委点评时，向肖惠芳老师深深鞠躬表达敬《不老的戏痴——品评话剧大师肖惠芳》《她为话剧而生

肖惠芳老师高兴地阅读湖北日报大学生记者团团刊《青春志》创刊号

湖北日报记者 陈勇 摄

——肖惠芳精神引发的热议》《有戏演是福》《话剧大师肖惠芳的幸福观》《生命因舞台而精彩》，受肖惠芳老师的精神感染，我先后写下了一系列报

道，在采访报道过程中，肖惠芳老师对艺术的苛求、对名利的淡泊、对晚辈的期待，以及对年轻记者的关怀，时时打动着我，激励着我。

"演了一辈子戏，才知道演戏太难了，难在走进人物的内心，难在不停的角色转换，难在纵使耗尽一辈子的精力，也探不到底，看不到头！"肖惠芳老师曾深情地对我说，"演员，是一切职业的职业，意味着必须付出更多的心血和汗水。你们做记者也是如此，一篇好的报道，除了脚本之外，还需要用心，用情去融入。"

光阴似水，言犹在耳。八年来，我的工作岗位几经变化，一线记者的生涯渐渐远去，取而代之的是为一线记者服务的工作。而肖惠芳老师为人从艺的精神，却始终流淌在我的血液中。

"理想是灯，照亮夜行的路，理想是路，引你走到黎明。"这首《理想》，无数人曾被肖惠芳老师的朗诵打动过。在我眼里，她早已是照亮我前行的灯，引我走到黎明的路。

"大学生记者团，这个办得好！"听取我和小伙伴们介绍《湖北日报》大学生记者团情况，认真阅读了送上的团刊《青春志》和文学作品集《青春心语》后，肖惠芳老师立即露出孩童般的兴奋，"我们的各行各业，都要有自己的接班人。我看了省里的十三五规划，非常好，但再好的事业，需要有人来实现。相信大学生记者团一定会越办越好。"

"我们的优势，有的大学生朋友们没有，需要我们去传授。大学生朋友们的优势，有的我们可能也没有，所以，我们也要向大学生朋友们学习。"肖惠芳老师动情地说，"现在社会上一些急功近利、金钱至上的思潮，对孩子们是有不好影响的，我们的教育，要充分注意到这个问题。应该从小就抓起。"

上世纪 80 年代，肖惠芳老师作为扮演宋庆龄的特型演员，参演了电影《开国大典》（上、下集），主演电影《陈赓蒙难》《陈赓脱险》、电视剧《洁白的手帕》，酬劳都是 1000 余元。作品在全国引发强烈反响后，肖惠芳老师毅然谢绝了一些能带来丰厚收入的商业演出邀请，可在一些主题性晚会演出、为基层群众演出的现场，却常常能看到她忙碌的身影，她从不收分文。

"演员的名气是角色所赋予的，不能把扮演的角色当商品，演员只是普通劳动者，理应为人民群众服务。"回首过往岁月，肖惠芳老师仍然坚守这样的处事原则，并自始至终以身践行。

《湖北日报》老摄影记者张其军，肖惠芳老师非常熟悉，翻阅我们送去的《时光的记忆——张其军摄影作品选》时，肖惠芳老师看得是那样的认真投入，那一刻，时间仿佛静止，一旁的我们不忍心打扰，在打开全球华人第一刊《特别关注》合订本，得知这份期刊是中国期刊第一时，肖惠芳老师显出异样的喜悦，"谢谢你们，送来这么多的精神食粮，太好了！现在身体不大方便，看电视时间长了会累，有了这些精神食粮，这个年，过得充实咧。"

"真羡慕你们，年轻，多好！有太多的梦想，等着你们去实现啊。"肖惠芳老师面带微笑，满脸期待地说，"希望你们早点飞黄腾达，注意哟，不是让你们赚多少钱，获得多少名利，而是工作上、事业上有所建树，作出更大的成绩！"

上世纪 60 年代，肖惠芳老师曾一口气演出话剧《七十二家房客》300多场，以致声带受损，被医生宣判舞台"死刑"，80 年代初，她连续演出话剧《五二班日志》20 多场，引发冠心病，专家执意要求停止演出，90 年代初，她曾遭遇两次车祸，腰、腿、手、膝严重创伤，有人断言她再也难返舞台。肖惠芳老师没有倒下，一个个鲜活、生动的舞台形象，向人们呈现这位话剧名家的执着追求。

已八十有二的肖惠芳老师历经生活的坎坷，现在的日子恬静而充实。话剧舞台虽离她已远去，精神世界却广博丰富。临别之时，肖惠芳老师饱含深情朗诵了美国盲人女作家海伦·凯勒的名篇《假如给我三天光明》：

"有的时候，要是人们把活着的某一天看作是生命的最后一天，该多好啊！这就更显示出生命的价值。如果认为岁月还很漫长，我们的每一天就不会过得那样有意义、有朝气，我们对生活就不会总是充满热情。"

肖惠芳老师，话剧圈内都亲切地称"老娘"。而我，已习惯了称她为"肖妈妈"，在漫长的艺术生涯中，她用女性的坚韧不屈，生动诠释了"戏痴"的丰富内涵，深刻解读了"艺术服务人民"的不变宗旨。

　　朝霞美，美在希望正在天际铺开，夕阳红，红在映红那满天的云霞。

幸福晚年

后　记

沈虹光

　　《演员肖惠芳》，是湖北文艺名家资助项目中的子项目，旨在记录老艺术家的事业成就和艺术精神，众多艺术家的个人轨迹，汇集起来，也可从一个角度呈现湖北文化艺术发展的进程。做好艺术家个人专辑，对于保存艺术，传承文化，泽被后世都有意义。省委宣传部立项出资，省文联主持，艺术家们接受资助，也犹如领受任务，出书出碟，录音录像，讲述自己，也要对他人对社会有意义，不比完成一件作品轻松。需要做大量具体而又繁琐的工作，艺术家们亲力亲为，如果没有助手，还是很辛苦的。

　　肖惠芳有幸，有个听话的而又肯干的先生曹钅俊，肖惠芳的事，就是曹钅俊的事，一辈子都是这样，做家务是唯一的例外。2018 年底，两位"80后"老人开始工作，肖惠芳动嘴，曹钅俊动手，开始听肖惠芳的，慢慢转移，听曹钅俊越来越多。曹钅俊编过自己的画册，收获好评，有实践经验和成果，肖惠芳不服不行；搜集资料要跑外勤，与剧院、出版社打交道，肖惠芳力有不逮，也不得不依仗曹钅俊。如此曹先生也不谦虚了，大包大揽，肖惠芳愿意不愿意都让了贤，粗活细活都交给了先生。

　　曹先生时常给我打电话，今天到剧院，明天去文联，剧院找谁，文联找谁。谁没有找到，见到谁，这个谁说不了解情况，要等那个谁来了再说。每一趟都不能达到预期的目的，每一处都要跑好多趟。他一一说给我听，要我帮忙，告诉他还有谁说话管用，有时要我找，有时要我告诉电话，他去找。

这样的电话听起来就很辛苦。最难的是你急他不急，热脸挨冷脸，一推二六五。相关的领导说了话，也是推一下动一下。无奈的是你还怪不得他们，人家忙着呢，党的工作，上级的指令，日常艺术生产，都比你要紧，有的要限时完成。您额外地插入，频道都转不及，简直就是干扰。不关他痛痒，不是上级指令，早一天晚一天又怎样呢？设身处地，那些同志的态度也可以理解。曹艮俊就在这种情况下一步步推进。他耐得烦，有韧劲，钻山打洞，六十多年的资料，剧照，评论，说明书，专访，报道，刊物，一片纸，一行字，凡是沾边的信息记录，都捞出来。在省话资料室，他还翻到 50 年代肖惠芳在一出戏中，扮演一个角色所写的表演手记，让肖惠芳惊喜过望。青年演员肖惠芳的字迹整整齐齐，节省纸张，写得密密麻麻，感觉那个年代的人好爱学习，对职业好虔诚。

武汉最热的时候，八月的一天，曹艮俊又给我打电话，说稿子整理好了，要我看看。我说你看就行了。他不肯，一定要我看。我就说凉快一点我上你家去。他说还是我来吧。我连忙阻止说，使不得，这么大年纪了，让孩子送过来。他说我已经来了，就在你门口了。我和先生大惊失色，连忙开门，他穿着汗衫短裤，一手提着大资料袋，一手提着大西瓜，两手都沉甸甸地站在门外。赶紧请进，让座，先生把西瓜切好，他不吃，说刚在院子门口买的，就是给你们吃的。在茶几上摊开书稿，一一讲解，剪报、刊物、文章都复印了，照片都制成图片，需要采用的文章制成电子版，说明书、剧照也都按照他的设计重新制作，哪篇文章配哪个照片，都安排好了，编排了顺序，已经有书的模样了。

曹艮俊说，有省话某某老同志看到了，很感兴趣，这些内容很亲切，戏是他们一起演的，事情是一起做的，把这些剧照资料集中起来，就看到了那个时代的文艺活动，看肖惠芳，也是看他们的历史。说书出来了一定要给他们。

我听了也高兴，好好地夸了曹艮俊。

他倒谦虚起来，说问题还多，要我提意见。

还提什么呀？奔九的人，顶着高温酷暑到处跑，兢兢业业一丝不苟，是的，他是为老婆，倒要问问，有几个丈夫能为老婆花这样大的功夫。不关吃喝，也不挣钱的事儿，这么下神费力干吗？老婆提出来就得打住，烦都要烦死了，不如搓搓麻将。曹艮俊也搓麻将，也编书，打开电脑看他整理编排的资料图片，比麻将章子码得漂亮多了，认识他几十年，编书这件事，让他的形象陡然上升一大截。年前肺上发现个瘤子，他也不在乎，这么大年纪开什么刀啊？不管它，它又好了，又说不是。他心理素质好，不容易受挫，到单位办事儿，小青年淡淡的，隔了好几代，你说的他不懂，一句话顶回来，他不生气，不气馁，二回还去。一年后，书稿交到了出版社编辑手上。

大出版社的编辑，文化修养高，懂得尊重人，有想法都与两老沟通，也跟我联系。我说一切听你们的，肖老师年纪大了，诸多病痛，我只希望出书得快一些。编辑说，明白。走到这一步，指日可待了。

肖家在红莲湖，风景优美空气清新，两老说书出来后，要我和先生过去住两天，既是庆祝，也是休息，房间都留好了。突然爆发的疫灾把一切都打乱了，人命关天，武汉封城，除了抗灾战疫，什么都顾不上了。

转眼之间，封城 56 天了。春花烂漫，阳光明媚，在阳台往外看，树木绿得喜人，是挡不住的复苏和希望，可院内空空，还是不让出门。电话铃响了，显示是肖惠芳。又犯病了吗？这是我的第一反应，有点忐忑。接听，是曹艮俊的声音，问了一声你好吗，就要我写后记。

什么后记？脑子转不过来。他说他写不了，这种情况下，不行。这才想起肖惠芳这本书，当时说好的，我写序言，他写后记。他问我写什么。我说你做了那么多事，写写你的想法，编书花絮，困难和快乐，都可以。他笑笑，算是答应了。隔了这么久，现在突然来电话说不行，还是你写吧。没有容我问肖惠芳的情况，电话就挂了。

一篇后记倒没有什么，写写也累不死人，但他说不行的语气，含混而无奈，想到他家的情况，让人担心。

肖惠芳来过电话，说春节前大病了一场，突然昏厥，人事不省。孩子们赶紧把她抬下楼，"塞"进车内。想到她的体形，这个"塞"字用得很传神。他家离光谷同济医院比较近，那时候还未封小区，也未禁车，就开车送过去。

光谷同济是新冠诊治定点医院，只收治新冠患者，非新冠患者一律不收。医院能够接诊，是破例了，真要感谢他们。诊断为脑梗，心衰，必须住院。这就不行了，医院都改成了传染病房，满楼满院都是新冠病人，传染性极强，想收也不敢收。便去武昌的七医院，肖惠芳在那里住过两次，诊治效果不错，也熟悉。殊不料七医院已被武汉大学中南医院全面接管，紧急改造成了新冠定点诊疗医院，非新冠病人门都进不去。只得返回家中。

　　3月7号给我打电话时，大概是缓过来了，中气挺足，语言表述和口齿都很清晰。我问她现在的情况，她说保姆回家了，小儿子封在市内过不来，大儿子在北京，来不了武汉。孙子孙媳在毗邻的楼内，孙媳能干，时常过来料理，不料那栋楼内出了两个新冠病人，全楼封闭，孙媳也出不了门。好在可以网购，孙媳在网上买好了，托物业送到两老门口，让爷爷出来拿。

　　好笑的是，一辈子衣来伸手、饭来张口的曹艮俊，如今侍奉汤药，洒扫庭除，当起保姆。一辈子伺候丈夫和孩子的肖惠芳，如今衣来伸手、饭来张口，成了老佛爷。我问曹艮俊会做饭吗。肖惠芳说，他做的饭菜比保姆做的还好吃。我笑肖惠芳，你骂曹艮俊，骂了几十年，现在怎么样？端茶送水全靠他吧？是啊是啊，全靠他了。肖惠芳不胜感慨，2月18号，是他们结婚62年，她说曹艮俊呀，真是感谢你呀。曹艮俊说，应该的，应该的。

　　看看他家的情况，这个后记只有我来写了。

　　盼望武汉解禁开城，盼望两老平安健康，盼望《演员肖惠芳》如愿出版，届时去红莲湖住几天，既是庆祝，也是休息。对了，愿意看看这本书的老同志，都应该赠送一本。他们一同从过去走来，或许会在这本书中发现自己的身影呢。

2020 年 3 月 18 日，于封闭的东亭。

肖惠芳

历年来主要参加舞台演出剧目
担任角色和拍摄过的影视节目表

肖惠芳历年来演出剧目担任角色表 1

时 间	剧 目	担任角色	演出单位
1951	刘胡兰	胡兰子	鄂南文工团
1952	母亲的心	母亲	鄂南文工团
1953	曙光照耀着莫斯科	安妞达	湖北省话剧团
1953	赵小兰	魏大姐	湖北省话剧团
1954	妇女代表	老牛婆	湖北省话剧团
1955	尤利乌斯·伏契克	安娜	湖北省话剧团
1955	海滨激战	周洁	湖北省话剧团
1956	母女俩	母亲	湖北省话剧团
1956	幸福	胡淑芬	湖北省话剧团
1956	雷雨	鲁妈	湖北省话剧团
1957	刘莲英	刘莲英	湖北省话剧团
1957	丹娘	女秘书	湖北省话剧团
1959	槐树庄	老成婶	湖北省话剧团
1959	高华堂	华堂母亲	湖北省话剧团
1959	灾年庆丰收	黄婆婆	湖北省话剧团
1959	智取威虎山	老太太	湖北省话剧团
1960	吝啬鬼	福芳辛	湖北省话剧团
1960	八一风暴	刘群	湖北省话剧团
1962	七十二家房客	二房东	湖北省话剧团
1962	红岩	江姐，李青竹	湖北省话剧团
1963	回头记	刘玉兰，张仙梅	湖北省话剧团
1963	同甘共苦	芳纹	湖北省话剧团
1963	两个队长	魏三婶	湖北省话剧团
1963	密电码	李奶奶	湖北省话剧团
1963	古柏新枝	六婆	湖北省话剧团
1964	一家人	大嫂	湖北省话剧团
1964	永葆青春	常素华	湖北省话剧团

肖惠芳历年来演出剧目担任角色表 2

时间	剧　　目	担任角色	演出单位
1964	东方红	朗诵	
1968	收租院	红英	湖北省话剧团
1972	追报表	王二嫂	湖北省话剧团
1974	高原风雪	央金阿妈	湖北省话剧团
1975	迎着朝阳	殷翠花	湖北省话剧团
1976	万水千山	周大娘	湖北省话剧团
1976	凌云峰	杨冬英	湖北省话剧团
1977	姜花开了的时候	刘师母	湖北省话剧团
1977	怒吼吧黄河	何兰	湖北省话剧团
1977	幸福花	婆婆	湖北省话剧团
1977	枫叶红了的时候	秦昕	湖北省话剧团
1978	于无声处	梅林	湖北省话剧团
1979	大江东去	宋庆龄	湖北省话剧团
1979	一双绣花鞋	胖女人	湖北省话剧团
1980	权与法	丁牧	湖北省话剧团
1981	香港大亨	李夫人	湖北省话剧团
1981	孝顺儿女	杨映兰	湖北省话剧团
1982	五二班日志	乐老师	湖北省话剧团
1984	中国革命之歌	宋庆龄	文化部
1985	寻找山泉	刘纹	湖北省话剧团
1986	宋庆龄和她的姐妹们	宋庆龄	武汉话剧院
1987	寻找男子汉	朱大姐	武汉话剧院
1990	丢手巾	周师傅	湖北省话剧团
1994	同船过渡	方静娴	武汉话剧院
2003	搭白算数	肖太婆	武汉话剧院
2004	临时病房	刘大香	湖北省话剧团

肖惠芳历年来参演主要影视节目表
(有些电视剧未记录在内)

时间	剧 目	影视类型	制作单位
1981	洁白的手帕	电视剧饰宋庆龄	鄂电视艺术中心
1984	陈赓蒙难	电影饰宋庆龄	八一电影制片厂
1984	陈赓脱险	电影饰宋庆龄	八一电影制片厂
1985	中国革命之歌	电影饰宋庆龄	八一电影制片厂
1989	开国大典	电影饰宋庆龄	长春电影制片厂
	地上和地下的人们	电视剧	湖北电影制片厂
	杜鹃	电视剧	湖北电影制片厂
	老子和儿子	电视剧	武汉电视台
	清明前后	电视剧	武汉电视台
	一碗热干面	电视剧	武汉电视台
	梨园泪	电视剧	湖北电影制片厂
	江上一艘驳船	电视剧	
	都市茶座	连续综艺节目	武汉电视台
	欢快今宵	连续综艺小品	湖北电视台
	经视一家向前冲	多集电视剧配音	湖北电视台
	巴西"女继承人"	126 集电视剧配音	湖北电视台
	陈毅探母	电视小品	中央四台播出
	吆喝	春节小品	中央三台播出
	爱的呼唤	电视小品比赛	中央三台播出
	女工宿舍看门人	中南地区小品比赛	广东卫视播出
	特殊任务	中国曹禺戏剧小品赛	中央台播出

家 庭 篇

青春年华

1950——1982

以艺为缘
舞台相伴

1954

1957

1966

1973

1982

钻石婚照

66个春秋俩相依

初为人母　　　两个儿子　　　在农村生活　　　育儿成人走向了社会

儿孙成材满堂福

长孙大婚全家聚庆哈尔滨　　　　　　　　　　　　为老爷子70祝寿

和孙子重孙聚一起　　　两个儿子孙子孙女和两老合照　　　2013住公正路全家合影

四世同堂　　　　　　　　　　　　　　　　　2017

截图

书中集体照放大

1958年省下放总口农场劳动文艺连队的女同志们

1964年地委书记李衍授在当阳和我们剧团下农村工作人员合影

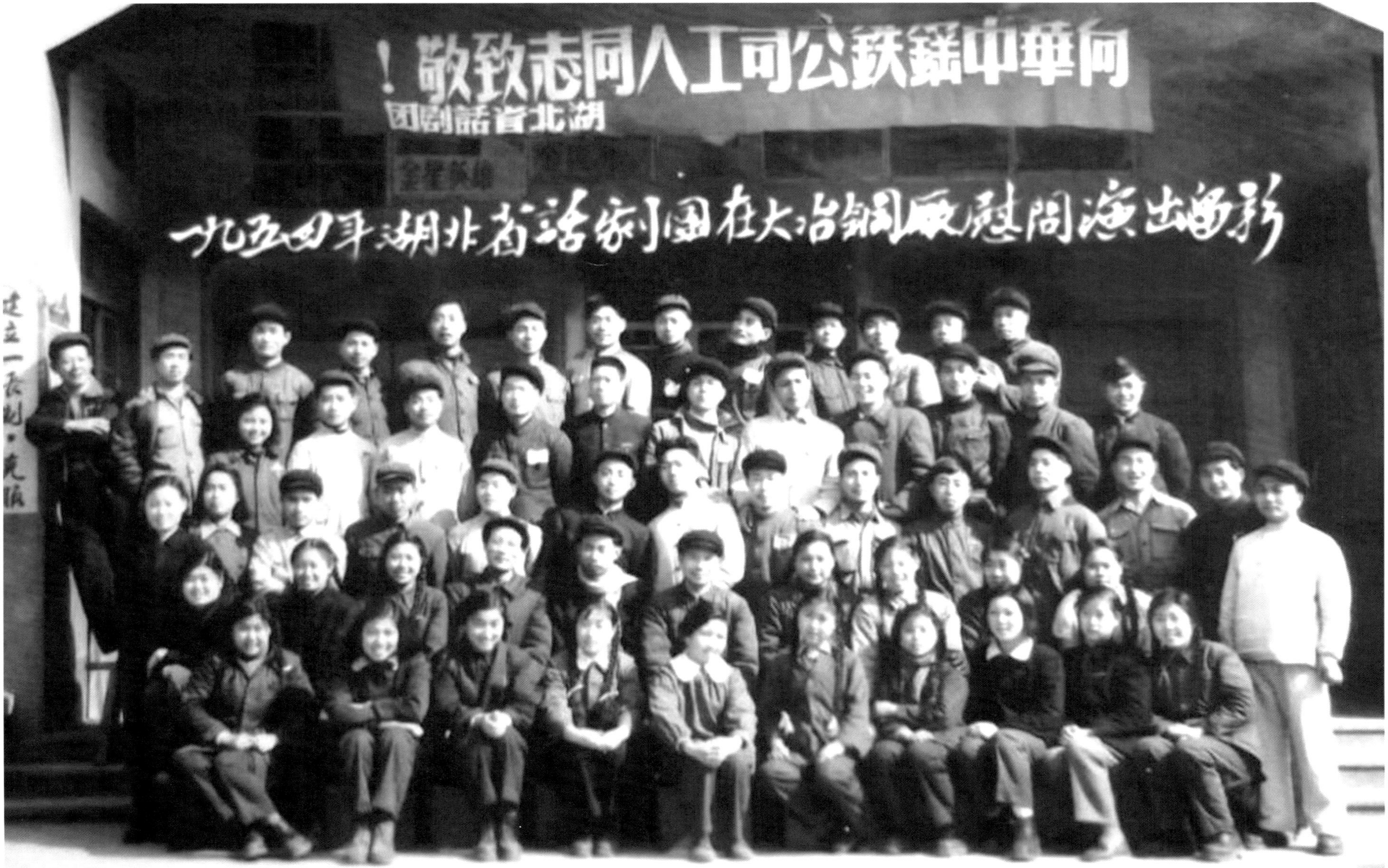
向華中鋼鐵公司工人同志致敬！
湖北省話劇團
一九五四年湖北省話劇團在大冶鋼廠慰問演出留影

湖北全省文工团整编，文艺大队（省歌剧团 省话剧团 管弦乐队）成立，在博文中学操场合影。1952.9.5

湖北省话剧团成立30周年团庆全体演职员合影　　1982.9.5

△ 肖惠芳和张珉、罗慎及
宋庆龄与上海故居工作人
员合影。

▽《开国大典》拍摄天安
门场景的戏，演员造型化妆
后集体合影。

图书在版编目（ＣＩＰ）数据

演员肖惠芳 / 沈虹光策划 ；森生编选.-- 武汉 ：
长江文艺出版社， 2021.5
　ISBN 978-7-5702-1775-5

　Ⅰ. ①演... Ⅱ. ①沈... ②森... Ⅲ. ①肖惠芳－纪念
文集 Ⅳ. ①K825.78-53

中国版本图书馆 CIP 数据核字(2020)第 171239 号

演员肖惠芳
YANYUAN　XIAO　HUIFANG

责任编辑：杜东辉　　　　　　　　责任校对：毛　娟
封面设计：水墨方　　　　　　　　责任印制：邱　莉　　胡丽平

出版：　长江出版传媒 | 长江文艺出版社
地址：武汉市雄楚大街 268 号　　　邮编：430070
发行：长江文艺出版社
http://www.cjlap.com
印刷：武汉盛世吉祥印务有限公司

开本：787 毫米×1092 毫米　　　1/16　　印张：26.25　　插页：9 页
版次：2021 年 5 月第 1 版　　　　2021 年 5 月第 1 次印刷
字数：395 千字

定价：168.00 元